新世紀叢書

當代重要思潮・人文心靈・宗教
社會文化關懷

近代日本的百年情結：日本人論

南　博◎著
邱琡雯◎譯

近代日本的百年情結：日本人論

【目錄】本書總頁數共480頁

占領時期

現代(一)

現代(二)

〈導讀〉

日本人論與當代日本的認同

吉野耕作

探討日本人論的專書很多，這次譯成中文版的《近代日本的百年情結：日本人論》可說是涵蓋層面最廣的一本，網羅了明治維新到一九九〇年代初期近五百本的論著。對日本國民性有興趣的人來說，沒有其他書籍能和這本《日本人論》一樣提供如此豐富的資訊了。

南博在一九八〇年就出版《日本人論的系譜》①，當時，日本人論正開始流行。一九七〇、八〇年代，已有非常多的日本人論問世，直到現在，仍不斷有人對日本人論這個現象提出質疑。一九八〇年代出現的日本人論多是平裝的口袋書，這本《日本人論》卻是極具份量的精裝書，或許象徵日本人論現象的重要性已與日俱增。

南博的《日本人論》主要是把日本人論當成文本（text）來分析。這種分析本身非常重要，為了確切掌握這本書的意涵，有必要先讓讀者明瞭日本人論到底帶給「日本研究」以及「日本人認同」什麼影響，本文想談談當代日本認同過程中日本人論的位置。

廣義而言，「日本人論」是指關於日本人的文化、社會、國民性特徵的一般論述，本書正符合這個定義。從明治到現代，廣義的日本人論以不同形式周期性地出現，狹義的日本人論則指最近流行的、探討日本人特殊性的著作。在此，我無法將主題從明治設定到現代，僅能以一九七〇年代到八〇年代初盛行的日本人論為焦點來做說明。另外，我也會觸及日本人論所引發的回應和批判，以及這個現象帶給日本社會的影響。

現代的日本人論

正如《日本人論》一書所詳述，日本人論探討的日本特質及其相關論述隨著時代而有所不同。以二次大戰之後來說，一九五〇年代的日本人論自我反省的色彩較濃，認為極端國家主義與軍國主義是造成日本社會封建的主因，但相反地，一九七〇年代到八〇年代初流行的日本人論，透過和西方的對比突顯日本的特徵，並對日本特質重新評價。就像本書所說的，此時的日本人論因不同背景的知識份子及文化菁英的參與，呈現百家爭鳴的盛況。我們可以把日本人論中最常提到的日本社會及日本國民性之特質，濃縮在下面五個命題或前提裡：

第一、不同於西方的個人主義社會，日本是一個講求集團主義的社會，並從集團主義衍生出社會結構及社會心理的特質，「縱向社會」、「依依愛戀」正是掌握這些特質的關鍵概念。第二、不同於歐美人重視語言和邏輯的溝通方式，日本人講究表面服從或以心傳心，這是一種非語言及超越邏輯的溝通。第三、在社會同質性和單一性的命題（或前提）方面，許多日本人論都強調西方、特別是美國乃多元民族和種族的社會，日本卻是單一民族的社會。第四、日本人論強調文化乃特定民族所擁有，也就是主張日本文化（思考及行動模式）只有與生俱來的日本人才能理解。第五、不同於西方以狩獵和遊牧生產方式為主，許多論述強調日本具有集團主義、非語言、超越邏輯等社會文化特徵，這些都是歷來的風土及生產方式（稻作）所形成的。

日本人論批判

一九八〇年代初，有些學者憂心日本人論的影響過大而開始進行批判，日本人論批判本身，也成為日本輿論界和海外日本研究的一個特殊領域。譬如，杉本良夫和馬歐耳（Ross E. Mouer）合著《日本人是「日本的」嗎》就是日本人論批判的先驅之作。別府春海是最早進行日本人論批判的代表人物，他在《做為意識型態的日本文化論》以及許多論文裡，曾多方面地探討過日本人論。另外，戴勒（Peter Dale）透過歷史文獻廣泛批判日本人論，他的作品《日本特質的神話》[2]也不能忽略。

日本人論批判的層面很廣，我整理了其中幾個主要的觀點。第一、日本人論大多是從作者個人經驗或日常鮮為人知的事情中，收集自認為適合的實例恣意建構出來的「理論」，因此，就方法論來說，沒有任何學術價值。之所以會去收集自認為適合的實例，是作者被某種意識型態利用所致[3]。第二、日本人論是一種符合支配階層利益的保守意識型態[4]。正如這些批判所說的，日本人論經常強調企業的集團主義以及支撐集團主義的村落文化和稻作文化，換言之，日本人論不太重視階級間的關係，而是看重企業內的關係以及集團間的和諧。日本人論強調的這些理念成為經營支配者的意識型態，也成為日本人論批判的主要撻伐對象。第三、日本人論在解釋戰後日本經濟成長的原因時，大多歸功於集團和諧及情緒性溝通等文化特質，這種主張助長了日本人的文化優越感。第四、日本人論常過於強調日本文化及社會的均質性，而忽略了多樣性。

從這些批判出發，一九九〇年代之後的日本人論開始強調日本內部的多樣性，以及日本和其他社會之間的共通性，網野義彥《日本論的視座》和小熊英二《單一民族的神話》這兩本書最具代表性。現今，日本研究的學者都在解構「單一民族論」的神話，這已是研究者的共識與規範⑤。

日本人論的再生產與消費

我們要追問的是：到底是哪些人在閱讀日本人論呢？日本人論的批判者並沒有指出這個盲點，換言之，是什麼樣的社會集團、基於什麼樣的理由，會去積極回應或「消費」日本人論？身為社會學者的我有興趣的是日本人論的消費（接受）過程。此外，像日本人論這樣的文本容易被當成日本獨特的產物，然而，我族特殊性是一個超越時空且可普遍觀察的現象，對於這種特殊性抱持知性關懷也不足為奇。所以，我在《文化國族主義的社會學：現代日本的認同去向》一書中，把日本人論現象視為各種我族特殊論的形態之一，試圖從文化國族主義這個更寬廣的視野重新定義日本人論⑥。

透過一九八〇年代末期所做的實證調查發現，多數會積極回應日本人論的讀者，不是一般所說基於觀念論上的關懷，換言之，他們並不是因西化引發認同危機想拯救日本而去「消費」日本人論，或是因鼓吹日本經濟成長乃拜日本文化獨特之賜、擔憂助長文化優越感而去閱讀日本人論。相反地，他們是從實際的層面，也就是為瞭解決自身環境中的具體問題才去接受日本人論。有太多具體實例，在此無法逐一介紹，我只能舉出代表性的兩個例子來說明。第一、對經營、勞雇關係有興趣的商業人士會對日本人論產生興趣，他們把日本社會的特徵放在日本式的經營或組織理論的脈絡中。第二、對異文化溝通有興趣的人也會對日本人論抱持親近感，他們不單想學習英語會話，也想瞭解日本社會和其他社會（歐美社會）之間的文化差異，並渴望透過這種學習達到真正的國際交流，所以，他們積極回應日本人論之中日本文化與西方文化的對比方式，並將日本人論的文本放到異文化溝通的世界。

一九七〇年代到八〇年代初是日本人論的全盛時期，大多出於知識份子或文化菁英的創作，之後，日本人論開始飽受批評。然而，批評的出現並不意味重要性減弱，相反地，日本人論的文本以各種形式擴大再生產，並在各個階層中蔓延開來。以外語教育產業的再生產為例，為了因應個人在全球化社會的工作，除了流暢的外語能力外，具備異文化的相關知識也開始受到重視。有關日本社會或國民性（民族性）的論述，在標榜改善異文化溝通障礙的英語會話產業中被再生產。不限於英語會話，學習外語時經常會將母語和外語象徵的「文化」拿來對比，外語老師正是文化差異相關論述的再生產者與傳播者。當然，教外國人日語的教室中，也可看到語言教材加進了比較文化論的內容，日語老師不僅把課堂當成日語教室，也提供日本文化論的相關訊息，特別在許多高級班的日語教室中，老師會以日本人論的著作為教材。傳統的日本人論提供了刻板印象的日本資訊，現在，這些傳統著作又被當成外語教材來用，並且毫無批判地被持續消費下去⑦。

從上面的說明可以預見，日本人論的形式雖有改變，但仍不斷地被再生產。就這個意義來說，「日本人論」這個議題的重要性不減反增，日本特質的強調就算有所改變，也會在不同場合中被不斷生產，特別是全球化的現代社會，有關文化差異的論述只會越來越活絡。

如前所述，日本人論並不是日本國民性的客觀研究，而是因應不同時期社會、文化、經濟狀況以及國際情勢下的產物，這點是讀者在閱讀時必須特別注意的。從這個立場出發，南博的《日本人論》不僅幫助我們掌握日本國民性相關論述的發展流變，也提供了多元層面咀嚼日本近代史的最佳材料。

吉野耕作

現職上智大學總合人間科學部社會學科教授，曾任東京大學大學院人文社會系教授，倫敦政經學院（London school of Economics）博士。著有 *Cultural Nationalism in Contemporary Japan: A Sociological Enquiry*（London and New York: Routledge, 1992）、『文化ナショナリズムの社会学—

現代日本のアイデンティティの行方』（名古屋大学出版会，一九九七），以及編著 *Consuming Ethnicity and Nationalism: Asian Experiences*（London: Curzon Press/ Honolulu: University of Hawaii Press, 1999）。

註釋

①南博『日本人論の系譜』，講談社現代新書，一九八〇。

②杉本良夫、ロス・マオア『日本人は「日本的」か―特殊論を超え多元的分析へ』，東洋経済新報社，一九八二（『日本人論の方程式』，筑摩書房，一九九五として再版）。別府春海『イデオロギーとしての日本文化論』，思想の科学社，一九八七。Peter Dale, The Myth of Japanese Uniqueness, Croom Helm, 1996.

③杉本良夫、ロス・マオア『日本人は「日本的」か』。

④例如，河村望『日本文化論の周辺』，人間の科学者，一九八二。

⑤網野義彦『日本論の視座―列島の社会と国家』，小学館，一九九〇；小熊英二『単一民族の神話―「日本人」の自画像の系譜』，新曜社，一九九五。

⑥吉野耕作『文化ナショナリズムの社会学―現代日本のアイデンティティの行方』，名古屋大学出版会，一九九七。Kosaku Yoshino, *Cultural Nationalism in Contemporary Japan: A Sociological Enquiry, Routledge*, 1992.

⑦吉野耕作『文化ナショナリズムの社会学』，第九章（「消費社会における文化ナショナリズム――日本人論の「再生産」と異文化マニュアル」）。

〈譯序〉近代日本的百年情結

邱琡雯

會翻譯這樣的一本書，除了個人長期接觸日本文化這個單純動機外，最重要的是，我深刻體會到台灣對日本的深層依賴，以及認知到從被殖民至今的百年期間，反日、仇日、哈日、媚日等錯綜複雜的歷史情結如何糾葛、如何捆綁一個台灣人的意識。因此，我先以《日本人論》中的亞洲、從《日本人論》反思台灣人論這兩個脈絡來說明個人譯介《日本人論》到台灣的意義。

《日本人論》與台灣

誠如南博在本書開宗明義所言，日本人確實是一個愛好自我定義的民族，在這自我定義的漫長百年中，日本一直透過他族來對照自己、找尋自己。從明治維新把日本推向近代國家開始，日本便把他族設定在所謂的西方人，自此之後，日本人論的論戰就在和西方人的對照下不停地來回擺盪。人類學家青木保①在整理二次大戰後日本文化論的流變時也提到，日本人論所指涉的他族或對話的他族，通常限定為西方、西洋、美國或是歐美。可以說，日本人在自我定義的百年時光裡，只有比日本人更高級、更上層、更值得模仿的西方人才足以列入日本人論的論戰中。

所以，包括《日本人論》在內的多數日本人論，其論述的對象都只限於西方，亞洲幾乎是不存在的，換言之，我們只看到「日本v.s.西方」的對照，很少看到「日本v.s.亞洲」的關係。以中國為例，中國是亞洲的一部份，但中國也幾乎是缺席的，我們在《日本人論》中清楚看到，近世以來的日本多麼渴望擺脫中國的束縛，即便日本也承認中國文化與文明曾在歷史上帶給自己深遠的影響。

雖然，亞洲在日本人論中缺席，但眾所周知，日本人在談論「日本v.s.亞洲」的關係時，日本式的東方主義（**orientalism**）總是無所不在。福澤諭吉主張日本必須脫離疲憊、停滯、落後、愚癡的亞洲，進入科學、文明、進步、近代的歐洲，「脫亞入歐」成為明治維新之後近代日本躋身強國之林最重要的意識型態，這種對亞洲東方主義式的偏見也束縛了日本對亞洲「其他可能」的認識。譬如，文學家谷崎潤一郎②或夏目漱石③都曾在二十世紀初到過中國，也曾露骨地表達他們在文化上及種族上對中國的歧視。不幸的是，這種歧視似乎沒有褪色，近年來，日本仍以優越的姿態看待台灣及亞洲的哈日現象，仍戴著有色眼鏡去鄙視發展中的亞洲國家④。

那麼，台灣呢？台灣又是如何自我定位呢？

如前所述，《日本人論》的對象是西方，如果也有所謂《台灣人論》，對象想必不是日本就是中國，台灣人很少和西方直接對話，更少有人會把台灣和東南亞做比較。這是歷史的宿命，也是人類的通病，因為，人們總以「親密的強勢文化」做為模仿對象或參考指標，即便這些強勢者多是壓迫者。當看到《日本人論》的日本人徘徊在「西方崇拜 v.s. 西方批判」、「日本人優秀說 v.s. 日本人劣等說」之際，我們也該反思，台灣人論之中同時存在著仇日媚日的兩極想法，統獨各方也分別設定了自我和中國的不等距離。對弱勢者而言，這種與親密強勢文化之間的拉扯，注定是一場永無止境的夢魘。另一方面，當在批評日本「脫亞入歐」的思維或日本對「亞洲東方主義式」的偏見時，我們也該想想，台灣到底如何對待自己的東南亞鄰人，比之於日本對亞洲的歧視，台灣對東南亞文化及人種上的鄙夷，其實是有過之而無不及的⑤。

因此，譯介《日本人論》到台灣的意義就在於從「知彼知己，知己知彼」的過程中，找到屬於台灣人主體性的方位，既是多元的，也是辯證的。

關於南博

在此，必須介紹《日本人論》的作者南博，對台灣讀者而言，他的名字非常陌生或幾近無知。

縱觀南博八十七年的生涯，可用「華麗」二字加以形容。南博一九一四（大正三）年生於東京，原本考進東京帝大醫學院，主修解剖學和生理學課程，後來轉入京都帝大文學院哲學系。一九四〇年赴美國康乃爾大學讀書，隔年太平洋戰爭爆發，美日開戰，南博拒搭美國國防部準備的美日交換船隻返國，滯留美國成為敵對國僑民，飽受精神煎熬。取得康乃爾大學博士學位後，他到紐約大學、哥倫比亞大學進行異常心理學和精神分析學的臨床實習與研究。一九四七年回到日本，先在日本女子大學任職，隨即轉任一橋大學，一九七八年退休成為該校名譽教授，之後再轉赴成城大學任教，直到一九八五年退職為止。

除教學之外，南博也創立許多研究機構與社團組織，包括社會心理研究所、傳統藝術協會、社會行動研究所、日本心理中心等，並曾擔任國際應用心理學會常任理事、日本社會心理學會理事長、國際心理學聯合評議員、日本映像學會會長、日本新聞專門學校校長、全日本氣功協會會長、日本劇團協議會顧問等職務。南博和中國也有些許淵源，曾於一九五〇年代初進入鐵幕內的共產主義中國，晚年因學習氣功而經常出入中國，並於一九八八年獲頒人民大學名譽教授。南博在知識與學術方面的表現多彩多姿，除了正規的論文、著書、翻譯、編纂早已著作等身外，也不時發表時事評論和散文雜記，並透過廣播電視、乃至參與電影演劇的製作展現豐饒洋溢的才華，具體實現改革日本的畢生職志。

南博是二次大戰之後將美國社會心理學引介到日本的重要學者之一，原本他想從事的是實驗心理學研究，也就是以生理心理學或動物心理學等為基礎，朝需求理論或象徵理論的研究邁進。然而，當時日本在這方面的研究條件並不完備，促使他轉向社會心理學發展，特別是探索文化與人格之間的關係，換言之，他關注的不只是心理學或臨床上的人格，而是社會歷史、文化生產、意識型態等脈絡中的人格。南博早在一九五三年就出版《日本人的心理》，這是他研究日本文化和人格的重要起步，也是《日本人論》一書的雛型。南博的另一個重要領域是大眾傳播，大眾傳播和社會心理學也有密切關係，南博不僅將美國「大眾傳播」一詞傳譯到日本社會，也大膽研究電影、流行歌曲等當時日本學者還未顧及或承認的題材。他在八十高齡出版鉅作《日本人論》之後，又鑽研明治以來日本人的兩大禁忌「性」與「天皇制」，原本打算結集推出《續日本人論》，但因肺炎病逝而作罷。

此外，值得一提的是「私領域」中的南博。

南博不僅系出名門，學養俱佳，外貌更是英俊瀟灑、風度翩翩，對於婚姻和女性，他有異於常人的實踐及獨樹一幟的看法。南博在六十歲的生日舞會上，因友人及門生的特意安排（包括現任東京都知事石原慎太郎），「無意地」和相戀二十六年的青年座新劇女演員東惠美子「結婚」，兩人並在長達三十四年的「別居」後，於一九八三年開始同在一個屋簷下生活，正式辦理結婚登記。東惠美子比南博整整小十歲，她在《永遠不變的愛：與社會心理學家南博的五十年》⑥裡回憶和南博相識、相隨半世紀的生涯時說，南博在人前總以姓氏的「東」介紹她，從不稱她為「妻子」或「家內」（太太的別稱），兩人關係正式公開後，南博改稱她為終身伴侶（**life partner**）。他們承認彼此是自主的個體，也是自由的伴侶，並對「自由結婚」立下三個誓約：一、尊重對方的工作；二、理解對方的工作；三、相互理解但不干涉。

當然，這種對婚姻的特殊實踐也和南博對女性的看法有關，東惠美子說南博不像傳統保守的日本男性學究，只會要求女人三從四德或相夫教子，相反地，他非常樂於肯定並欣賞女性的自我追尋與自我成長。南博勸她要擺脫大家庭的束縛學習獨立，強調女性要有自己的工作及專業意識，更鼓勵她從二十幾歲開始學習古典優雅的「地唄舞」。東惠美子也得過不少演藝大獎，一九九八年還獲頒藝術選獎文部大臣賞。男性不會恐懼女性的成長，特別是恐懼親密伴侶的成長，就這點來說，南博算是自信和進步的典範。

最後，我要特別感謝兩位日本老師的鼎力協助。一位是當代日本人論研究的重量級學者吉野耕作教授，願意在百忙中為《日本人論》中文版的導讀執筆，讓台灣讀者更瞭解《日本人論》一書在日本人論中的特殊地位，以及日本人論研究的過去、現況和未來。另一位是和南博交往長達三十多年，也是南博重要弟子的文教大學人間科學部市川孝一教授，他提供我許多南博的生平資料及著作年表，讓後輩能更完整捕捉這位學者的風采。此外，也要謝謝翻譯過程中諸多日本友人的耐心指點，讓譯者更貼近日本，並與本書讀者同享深度日本的知趣。

《日本人論》中文版的問世以及相隔十一年後的重新再版，不僅是我個人生命中日本情結的階段性整理，也由衷地希望，是後殖民社會的台灣重新認識日本和認識自我的一次機會。

二〇一四年　盛夏

註釋

①青木保『「日本文化論」の変容─戦後日本の文化とアイデンティティー』，中央公論社，一九九〇。
②西原大輔『谷崎潤一郎とオリエンタリズム：大正日本の中国幻想』，中央公論新社，二〇〇三。
③川村湊「大衆オリエンタリズムとアジア認識」，川村湊他編『近代日本と植民地7　文化のなかの植民地』，岩波書店，一九九三。
④邱琡雯編《日本流行文化在台灣與亞洲II》，台北：遠流出版社，二〇〇三。
⑤邱琡雯《性別與移動：日本與台灣的亞洲新娘（增訂一版）》，台北：巨流出版社，二〇〇五。
⑥東恵美子『永遠の愛をつらぬいて：社会心理学者・南博との五十年』，大和書房，二〇〇二。

〈前言〉
愛好自我定義的民族

南博

世界上沒有比日本人更愛好自我定義的民族了。研究日本人的著作、論文、記錄已經多得無法數計，現今的生活中常常看得到這些出版品。

這是一本嘗試客觀整理日本人論系譜的專書，從明治到現代，也可說是日本人自我意識的近代史。

日本人論當然也和日本文化論及日本論相重疊，本書以「國民性」（民族性）為焦點，外國人所寫的日本人論也以譯成日文、並帶來重大影響的書籍為限。

在此，必須談談個人的經歷，二次世界大戰期間及其後，我曾在美國有過一段研究生活。當時，經常觸痛我心的是日本人和美國人之間的巨大差異，無論是個人層面或社會心理層面。

因為有這樣的經歷，一九四七年回到日本之後，我才能客觀地思考日本人的國民性，同時把戰後日本人如何進行「意識革命」的問題，當成畢生的關注重點。

首先，我和日本女子大學及一橋大學的學生共同進行「觀眾的心理調查」研究，從當時的流行電影、歌曲與戲劇著手，這些活動在形塑日本人的心理上發揮極大的影響力。另外，我曾於一九四九年擔任「傳統藝術協會」會長，和歌舞伎、能劇、狂言、文樂等領域的年輕藝術家攜手合作，進行日本傳統藝術的研究。

在這些成果的基礎上，我展開日本人心理的研究調查，並於一九五三年出版《日本人的心理》一書。之後，我持續研究有關日本人的生活、文化、心理與行動，三十年後更嘗試以「自我」這個概念分析日本人的心理與行為，而有《日本的自我》（一九八三）一書問世。

《日本人論》是這個研究過程的總結。我陸續整理曾接觸過的千百本關於國民性的書籍，從中選取代表作加以分析，因此本書也可說是日本人論的集大成。

接下來，我將回顧日本人論發展的歷史脈絡，盡量避免網羅全部的論述者。換言之，即便當時是引起熱門話題的著作，但在日本人論的研究上沒有獨到見解，我也不會收錄在書裡。

日本正邁向國際化，全世界的目光都投向日本，國際間不斷在追問日本的國民性為何。當我們重新思考日本的國民性時，確實有必要回顧過去種種的日本人論，這是撰寫本書的動機，希望這本書能廣為各方人士不吝指教。

本書的完成，除了野上まさ子女士之外，還要感謝許多人的協助，對於他們的熱忱與努力，再次致上我的謝意。岩波書店的小川壽夫先生，始終以至誠及不辭辛勞的態度面對龐大資料的收集、整理與著述，我也由衷表達最深的感謝。

一九九四年六月

緒論

何謂國民性

「日本人論」是一個從明治到現在不斷被廣泛討論的話題，本書是解說日本人論、也就是日本國民性論述的專書，首先，必須定義何謂國民性。所謂「國民性」是指以日語做為共通語言，屬於日本這個國家大部份國民共有的意識及行動特質。

然而，把日本人論等同於日本國民性論述會產生一些問題，那就是忽略了階級、階層、性別、年齡、地域等差異，一味強調日本人的共通特質侈談國民性是否可能。我認為可以超越階級、階層及其他區別，只擷取大部份日本人所具備的共通國民性，因為，社會心理學與文化人類學都已證明，的確存在某個國民或民族出現最頻繁的人格特質了。

日本人最頻繁出現的人格特質中，被認為最重要的是以下兩點。

第一、絕大多數的日本人對於人際關係都很敏感，不太會去自我主張，偏向採取以他人為重的態度。正如諺語「棒打強出頭」①所說的，不願妥協一意孤行的人「在日本人中算是很稀有的」。

第二、日本人不僅在面對自己同胞時，呈現出人際關係上的敏感，在面對外國人時，也常常存在著「和外國人比起來，日本人是……」這種強烈的比較意識，這是日本人過於意識到自我的結果，也就是說，日本人有「太多的本國意識」。外國人並不常常討論自己的國民性，但出於日本人之手的日本人論卻非常多，正反映出日本人熱中比較的國民性。

因明治維新、中日甲午戰爭、日俄戰爭、第一次世界大戰、日本法西斯成立、第二次世界大戰及戰敗等社會變動的影響，而發展出各式各樣的日本人論。從論述者的觀點和方法來區分的話，有以下幾種類別。

自然風土觀點的日本人論

這是考察史前日本列島的自然和風土對國民性造成影響的日本人論。首先，從風土觀點提出日本人論的是志賀重昂《日本風景論》（一八九四）與內村鑑三《地理學考》（一八九四）。昭和初期，和辻哲郎發表《風土》（一九三五）一書，它的特色是從寬廣的視野比較日本風土與歐亞各國的風土，後來，和辻的風土論被認為在歷史及地理觀點上有所謬誤而遭批判。戰後，運用新的地理學與生態學方法發展出更精緻的風土論，但這些論述對社會歷史條件的分析仍顯不足。

歷史觀點的日本人論

歷史觀點的日本人論，最主要研究的是國民性在歷史上的哪一階段得以形成、固定，國民性又如何做為社會心理的傳統得以延續至今。這些論述從歷史進程追溯國民性的源起和形成，可分成如下幾個階段：

溯及原始時代

首先，是將國民性的源起溯及繩文時代與彌生時代②的原始起源說。這是考古學和人類學推論下的結果，依不同的論者，透過遺物、遺址的造形與象徵之美，探索原始人的精神結構，並假設原始人的心理是日後國民性心理結構的深層基底，並且延續至今。然而，對於這種說法陸續出現許多批判；接下來，要談溯及神話的這部份，它和國民性的深層心理也有關係。

溯及神話

這是從《古事記》③和《日本書紀》④的神話中追溯國民性由來的日本人論，可分成兩種研究取向。

第一、以丸山真男為代表的傳統歷史意識中「古層」的概念。《古事記》和《日本書紀》兩本書裡使用的語詞，以及「實質創意」中展現「不斷自然形成的能量」⑤，都被認為是形塑國民性基底的傳統歷史意識。譬如，現今所說的「禊」這個概念，就是把罪惡視為一種污穢，並加以洗淨的意思。

第二、借用榮格心理學的理論溯及《古事記》和《日本書紀》的日本人論。譬如，河合隼雄《中空構造日本的深層》（一九八二）當中出現的諸神，是以榮格的「原型」說來思考。然而，原型是一種超越歷史的「普遍意識之表現」，這和日本特殊國民性之間產生難以結合的矛盾。加上《古事記》和《日本書紀》是為了伸張古代王權的正統性而寫，將現代國民性的起源訴諸這些神話未免牽強。從比較神話學的立場來看，也有人主張日本神話受中國神話影響，因此，硬要從神話中找出國民性論述的根據有其問題。

溯及古代

從古代社會探索國民性的形成背景乃是基於以下的見解：日本的古代王權向中國朝貢，相對於中國，日本顯然居於劣勢的地位。然而，日本引進中國精神文化與物質文化最好的部份，並由此努力提升自己的文化。唐朝時，日本派遣唐使到中國，進行佛教文化的交流，已慢慢形成自己獨特的文化，但仍局限於以天皇貴族為主的階層。例如，《萬葉集》是用漢字加上萬葉假名書寫而成的。

《古今和歌集》（九〇五）問世後，萬葉假名被簡化，開始普及的是片假名及平假名，以前只局限在天皇貴族的文化也慢慢流傳到一般百姓之中。值得注意的是，不同於當時中國的唐繪，日本也產生獨特的大和繪。大和繪象徵的自然美反映出日本人的美學意識，也被視為日本國民性萌芽的前兆。

溯及中世紀

中世紀之後，日本力圖擺脫來自中國的影響，並孕育出獨特的文化。溯及中世紀的日本人論，就是要找出這個觀點下的國民性論述。

進入中世紀後，在許多領域裡，開始出現溯及古代探討日本人美學意識的論述。譬如，二条良基的連歌⑥、世阿彌的能樂⑦、雪舟的水墨畫⑧等作品，已是公認的日本國民性之代表。另外，不同於古代佛教是所謂的貴族佛教，中世紀的鎌倉佛教宣示了民眾宗教的出現。同時，中世紀佛教承續了沒落貴族流傳的無常觀，這種宗教上的無常觀、受到無常觀影響的美學意識、由此衍生的命運說等等，都孕育出日本人獨特的「捨棄、斷念」之生活觀，直到現在，這些觀念仍反映在流行歌曲或演歌上。因此，溯及中世紀，可以明顯看出國民性的形成過程。

溯及近世⑨

國民性形成的歷史背景從中世紀轉向近世。

近世最早支配日本的是織田信長，他力圖革新並建構嶄新的日本文化，譬如，對千利休的茶道⑩、狩野永德的繪畫⑪予以高度評價，在表演藝術的世界則推廣幸若舞⑫。在千利休茶室中看到的非對稱性是日本人美學意識的典型表現，集大成的桂離宮造景則是江戶初期的建築物。到了近世，浮世繪、光琳．宗達的繪畫⑬、近松．西鶴的文學、歌舞伎⑭等藝能創造出元祿時代的文化，也影響了現代人的美學意識。

值得注意的是，從江戶時代開始，日本人的美學意識就已形成所謂雙重性格或雙重結構。從能樂、繪畫、連歌等代表中世紀的文化藝術裡，可以體會到「侘び」⑮、「寂び」⑯簡素淡白之美。另一方面，近代東照宮的建築或歌舞伎等藝術也孕育出華麗絢爛的世界。

在學問和思想上，日本不僅渴望擺脫中國的影響，到了江戶中期，更出現反中國的傾向。儒學大師荻生徂徠提倡日本式儒學的古學，當時，提出最精彩日本人論的是國學大師本居宣長。他徹底批判日本人崇拜中國文化思想的「唐心」，認為「唐心」就是中國人之心，已經被現世權力或戰爭給玷污了。相反地，「大和心」從太古以來就已存在，是一種遵循自然法則的「清淨之心」，乃日本人固有的心理所在。還有，他主張人有「不捨的執著」這種與生俱來的特質，即便是武士，其內心深處也潛藏著此種心情。本居提出他對日本人美學意識的看法，認為「憐惜萬物」⑰的纖細感受是其重點。

由此看來，本居的日本人論是溯及神話和古代的典型論述，現今，我們看到溯及江戶國學的日本人論，其實和溯及神話與古代的論述乃如出一轍。

再從另一個角度觀察，本居是不折不扣的「日本人優秀說」之先驅。然而，從比較西方人和日本人的立場出發，以更寬廣的視野主張西方人優秀說的是日本最早的西洋畫家、也是西洋學學者的司馬江漢。他在《春波樓筆記》（一八一二）中說道，「日本的開發是晚近之事，因此民智短淺，思慮不深……技術也不及歐洲」。所以，現在常常溯及近世去談日本人崇拜西方的論述，都將這股西方崇拜的情結追溯至江戶後期。

還有，另一個可溯及近世的例子出現在江戶末期，是關於「粹」的美學意識。九鬼周造在《「粹」的結構》（一九三〇）一書中主張，「粹」是日本民族固有的美學意識，事實上可溯及近世的日本人論。

溯及近代⑱

明治維新使日本國民性產生根本的變化，直到戰後的現在仍持續著，這就是溯及近代的日本人論。

帶給近代日本國民性最大變革的是絕對主義天皇制的確立，以及由此產生的天皇崇拜。明治政府為了建立新的近代國家，首要課題就是強迫國民服從立憲君主制底下「現人神」的天皇，因此，在文化教育所有層面實施嚴格的統治，透過教科書和教育詔曰⑲，由上而下將尊皇、忠義、奉公、孝行、服從等精神打造成國民性的一部份。

為了建立近代國家，和天皇制並行的是政府強力推行的「文明開化」與「富國強兵」這兩大政策。這兩大政策讓國民性產生雙重意識：㈠為了迎頭趕上歐美，日本人產生西方崇拜的近代化情結；㈡天皇崇拜中封建身份意識的抬頭。這裡的西方崇拜，造就了日本的另一種優越意識，即對於中國等東方各國的優越感。

隨著二次大戰敗戰，帶給日本國民性最大改變的是天皇崇拜以及擁護天皇制的意識。

在美國政策的主導下，占領軍不追究天皇的戰爭責任，天皇也已經不再是「現人神」，只是普通的一介平民，在「人間宣言」中做為神的天皇信仰已經全然喪失。然而，這些措施並沒有改變日本人崇拜天皇的意識，反而提供一定程度擁護天皇的社會心理基礎。加上戰後昭和天皇在日本國內各地旅行，以及媒體對於「民主化天皇」的大肆宣傳，間接強化了美國占領政策中擁戴象徵天皇的國民意識。所以，日本國民性無法根本改變的原因就在於，天皇制對人們思想、言論、自由的剝奪，使得真正民主主義的實現永不可得。

也曾出現反天皇制的意識，少數派之一的高野岩三郎就提出共和國憲法的主張，但終究只是例外。還有人透過與美國的比較指出，日本在科學技術和物質方面的落後、以及日本統治階層的過度自負，但他們都沒有碰觸到反省侵略戰爭這個深層部份的意識。

分析日本人特殊心理的日本人論

這是觀察日本社會的特殊心理結構，並以此為主軸分析國民性特質的日本人論。譬如，人際關係中的「依依愛戀」⑳（土居健郎）最具代表性。還有，展現特殊家族意識的家人共同殉死、自古以來從寬看待的同性戀男色、日本人獨有的人際恐懼症之一視線恐懼症、經常提及的日本人的自我不確定等。然而，就像「依依愛戀」這種說法一樣，這些特質已經被證明出未必是日本人所固有，換言之，所謂獨特的心理分析仍必須謹慎考量社會歷史的條件，否則會落入「心理學主義」的死胡同。同樣地，直接或間接引用弗洛依德、榮格的理論到國民性研究，也犯了「心理學主義」的謬誤。

民意調查觀點的日本人論

這是以特定的假設、針對不特定多數者進行訪談或問卷調查，之後回收答案並加以統計分析的國民性研究。

現今，調查結果的統計處理技術已非常發達，可長期用量化方式掌握國民性的演變。譬如，統計數理研究所、ＮＨＫ民意調查部的國民性研究是這個領域的權威。

無論透過個別訪談，還是透過對集團成員的大規模調查，免不了因調查內容、調查者與被調查者之間的性格與互動、調查時間場景等影響而出現結果的偏差。儘管有些負面效果，但許多調查一致公認「義理人情」是明治以來未曾改變的日本國民性。

分析大眾文化的日本人論

電視是大眾文化的代表，製作了滿足多數觀眾欲求的節目，其他如賣座的電影、流行歌曲、演歌等，也普遍受到各階層人士喜好。無庸置疑，其中多少有國民性的因素在作祟。譬如，電影《男人真命苦》及電視劇《阿信》都隱含了國民生活情感的訴求，分析這些節目的內容，就能發現國民性的某些特質。另外，隨著電視節目的轉播而成為大眾文化的棒球、相撲、足球等運動節目，或是猜謎節目、搞笑節目等，它們的製作也或多或少以國民性為訴求，因此也成為國民性研究的對象。

為了更確切掌握國民性的現況，以上五種國民性研究的方法都必須分析國民性形成的歷史，特別是透過社會心理史來探究社會心理的變遷。

譯註

①原文：出る杭は打たれる。

②繩文時代是紀元前八千年到紀元前兩百年左右的期間；彌生時代是紀元前五、四世紀到紀元後三世紀左右的期間。

③《古事記》：奈良時代的史書，作者是太安萬侶，分為三卷，序文之外，上卷寫天地創造及神代諸事，中下卷記錄人代事項：中卷是神武天皇到應神天皇，下卷是仁德天皇到推古天皇的系譜及事件。由一百一十二首歌謠、神話、口述構成，極富文學價值。

④《日本書紀》：日本最早由天皇指定撰寫的史書，六國史之一，共三十卷；第一、二卷是神代，第三卷之後是神武天皇到持統天皇的系譜，採編年記事。

⑤原文：つぎつぎになりゆきいきほひ。

⑥二条良基（一三二〇～一三八八年）：南北朝時代的歌人及連歌師，連歌是詩歌的一種，由兩人以上互相詠唱和歌的上句（五・七・五）及下句（七・七）。

⑦世阿彌（一三六三～歿年不詳）：能劇演員觀阿彌之子，父子二人早年受足利義滿庇護，但晚年遭流放命運，

集能劇演員、能劇作家、能劇理論家於一身。

⑧雪舟（一四二〇～一五〇六年）：四十多歲時曾留學中國，透過強健筆觸及壯麗構圖，建立日本水墨畫的新風格，以國寶「山水長卷」及「天橋立圖」等畫作聞名。

⑨近世：近代與中世紀之間的時代。

⑩千利休（一五二二～一五九一年）：十六世紀堺（今大阪府中部）的富商，茶道千家的始祖，侘茶的創始者，被尊為茶聖。

⑪狩野永德（一五四三～一五九〇年）：桃山時代的畫家，織田信長和豐臣秀吉重用為御用繪師，代表作有安土城、大阪城、聚樂第等障壁畫，以粗獷筆觸及雄偉構圖聞名。

⑫幸若舞：鎌倉末期出現，配合敘事內容說唱及鼓拍的一種舞蹈，男性為主，內容以源平合戰或曾我兄弟的故事為多。深受武將喜愛，織田信長和豐臣秀吉皆曾親自演出。

⑬尾形光琳（一六五八～一七一六年）：元祿時期具代表性的京都畫家，仰慕俵屋宗達而成就宗達光琳派，以「燕子花圖」、「紅白梅圖」等屏風繪畫著稱於世。俵屋宗達，生年不詳，江戶初期的畫家，將大和繪注入新感覺，以嶄新構圖及色彩感創作障屏畫，代表作是「風神雷神圖」、「關屋澪標圖」。

⑭「歌舞伎」的漢字語源是歌（音樂性）、舞（舞蹈性）、伎（技藝、模仿），栩栩如生地將其特色表現出來，日語語源是傾く（かぶく），顧名思義有傾斜、脫離常軌的意涵。傳說最早的歌舞伎出現在一六〇三年，出雲大社的巫女阿國在京都唸佛跳舞時所做的表演。

⑮侘び：享受閑居的生活或地方，或指茶道俳句的閑寂情趣，強調簡素中的沈靜與寂寥。

⑯寂び：指古樸枯謝的深情意涵，也是松尾芭蕉流派的俳諧用語。

⑰物の哀れ：平安文學中的一種表現，指接觸特定事物而產生深情款款的趣味。本居宣長將物哀定義為《源氏物語》的本質，也是那個時代的精神特質。現在一般用來指接觸特定事物而生起的情感、情緒及情趣。

⑱近代：近世之後的時代或封建社會之後的資本主義社會，通常是指幕藩體制結束後明治維新到太平洋戰爭敗戰

為止的期間。

⑲勅語：天皇所說的語言，特別是舊憲法底下天皇直接向國民發布的文告。

⑳甘え：依戀於他人好意及親切中的一種狀態，譯為依依愛戀。

明治時期

I 明治時期

明治維新與日本人的自我意識

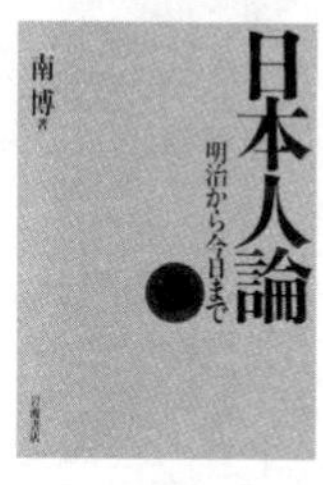

統治者是上、是主、是內，
被統治者是下、是客、是外。
上下、主客、內外之別，昭然若揭。
我想這兩者劃分出日本人人際關係中最清楚的界線，
也可說是日本文明的兩大要素。

——福澤諭吉

明治維新是日本人從未經歷過的社會革命，特別是來自先進各國的壓力， 13
讓日本從長期鎖國的狀態中掙脫出來，開始接觸先進的西方文明和文化。日本
和西方接觸的結果，使得日本人開始意識到自我與西方人不同。

在文明開化的口號底下，明治政府廢除以往封建時代士農工商的身份制，
開始向「四民平等」為基礎的社會邁進。因此，擺脫身份束縛之後，做為一個
自由個體的新日本人這種自覺也隨之出現。在這個背景下，有人開始發表關於
何為日本人的日本人論。這些論文由「明六社」草創時期（一八七四年三月）代
『明六雜誌』（一八七四・四）創刊
表性的知識份子合寫，成員包括西村茂樹、津田真道、西周、中村正直、加藤
弘之、箕作秋坪、福澤諭吉、杉亨二、箕作麟祥、森有禮等十位。

當時，這些知識菁英所論述的日本人論可分成兩大派：一是「日本人不變
說」，主張明治維新並沒有根本改變日本人的封建意識；另一是「日本人變化
說」，強調明治維新及隨之進行的文明開化，徹底改變了日本人的國民性。接
下來，我們就來看看福澤諭吉所代表的日本人不變說，以及西周所強調的日本 14
人變化說到底為何。

日本人不變說

提倡日本人不變說的福澤諭吉，回顧父親的一生，感嘆封建制對出身卑微的人是多麼不公平時曾說，「父親在封建制的束縛下一事無成，徒留空恨地離開人世」，「我痛恨封建的門閥制度，也體會到亡父的心情而獨自哭泣。門閥制造就了一己之私，這是父親的大敵」（《福翁自傳》）。福澤認為武士討死和切腹之類的行為並沒有什麼改變，還提到男僕權助被主人使喚做事掉了一兩銀子，因愧疚而以繩索勒頸自殺的故事，這個典故被稱作「楠公權助論」，在當時引起很多非議。

福澤認為「御一新」這個說辭，「只是把幕府的看板卸下，掛上明治天朝的暖簾」，政府方針即使有所改變，「人民則不然，他們是舊幕府專制下無動於衷的瓦石，從古至今，他們的人生道路或方向都沒有變過，即使七年間有了汰舊換新，但氣質依然沒變」，他斷言明治維新「並沒有達到改造天下人心之功效」（〈駁斥西先生內地旅行之說〉）。

15 福沢諭吉『福翁自伝』（時事新報社一八九九・六、復元版角川書店一九五三・七）

「楠公権助論」（『学問のすすめ』第七編「国民の職分を論ず」一八七四・三、のち岩波書店一九四三・一二）

「内地旅行西先生ノ説ヲ駁ス」（『明六雑誌』二六号一八七五・一）

福澤所說的人民「氣質」相當於現在的國民性，同年發表《文明論之概略》使用「人民的氣風」、「人心」等字眼也等同於國民性一詞。關於此點，他在該書有更進一步的說明。「要尋找文明的所在，必須先尋找影響這個國家氣風之所在。所謂的氣風是指：該國人民具有的智慧道德之表現」，「想要知道全國人民的氣風，想要探索其智慧道德的意涵，必須觀察他們工作的集體表現，以及他們如何表達一般的人情世故。智慧道德不僅用在個人，也可指稱國家。換言之，國家的智慧道德就是國家中普遍存在的智慧道德之總量」。福澤認為整體而言，日本的智慧道德比西方先進國家低落，但國民性中最致命的問題不在於知識水準，而是人民對封建社會人際關係中權力的服從心態，「在日本，倚重權力的現象，普遍存在於所有人際關係中」。這種權力支配及服從所衍生出的人際關係，才是日本人面對西方人時自卑感的根源。

然而不得不說的是，不只有政府渴望權力，這是舉國皆然的國民性，也是區分日本和西方極為明顯的界線。「統治者是上、是主、是內，被統治者是下、是客、是外。上下、主客、內外之別，昭然若揭。我想這兩者劃分出日本人人際關係中最清楚的界線，也可說是日本文明的兩大要素」，福澤痛陳維新之後，日本人依然保有封建時代服從權力的強烈傾向。

福澤批判日本「人民的氣風」，在面對自己國家的權力時卑躬屈膝，當面對西方人的優越感時，也呈現出同樣的卑微。譬如，他引用其門生也是後來慶

16 『文明論之概略』（著者蔵版一八七五・四、のち岩波書店一九三一・五）

應義塾塾長小幡篤次郎的文章（《民間雜誌》第八編）所言，即便西方人踢打了日本的人力車夫，「怯懦卑屈的人民沒有氣力去回應這種事，他人也無可奈何，不少人忍氣吞聲也不願上法庭訴訟」，福澤警告日本人注意面對西方時的自卑感。換言之，福澤是當時最瞭解西方人和西方文化的日本人，因此，他斷言如果不培養每個日本國民獨立自主的胸襟，日本這個國家也無法達成獨立，從這番見解可以看出，他是當時少數對西方抱持客觀態度的日本人論之先驅。

和福澤同一時期批判藩閥制度的是陸奧宗光，他是紀州①藩士，後來也成為明治時代著名的外交官，他在〈日本人〉一文中說道，「時至今日，還有人主張非薩摩②、長州③之人就不算有影響力的人，這種想法豈不令人嘆息」，陸奧批判即使到了明治時代，「藩閥政治公私混淆、私相授受的現象仍然存在」。日本人本來應以國家安全為重，卻被藩閥政治牢牢地支配，「正當國家危急存亡之秋，也沒出現毅然奮起的有志之士，這是因為日本人民怯懦萎靡、沒有志氣」，陸奧表達了近似日本人不變說的想法。

在福澤和陸奧之後，翌年（一八七五年）中村正直發表了有關日本人不變說的〈人民性質改造說〉一文。中村是明治維新前被幕府政府派往倫敦管理留學生的官員，回國後從一八七〇（明治三）年到隔年出版了斯邁爾斯（**Samuel Smiles**）的《西國立志篇》（***Self-help*, 1859**），一八七二年又譯完彌爾（**John S. Mill**）的《自由論》（***On liberty*, 1859**）。中村很早就成為基督徒，對西方基督宗教的

17

陸奧宗光「日本人」（一八七四・一、のち『伯爵陸奧宗光遺稿』岩波書店一九二九・一）

中村正直「人民ノ性質ヲ改造スル說」（『明六雜誌』三〇号一八七五・三）

道德給予高度評價。

中村在前述論文中曾指出，「雖說是政新一體，但人民並沒有達到一新的狀況」，「政體」好比裝水的容器，人民是裝在裡面的水。如果水放在圓形的容器就會變成圓形，放在四方形的容器就會變成四方形。即使換了政體（容器），裝在其中的人民（水）並沒有改變。明治之後，做為容器的政體的確比從前來得好，但中村卻強烈批評「人民依舊是從前的人民，奴性的人民，傲下媚上的人民，無知文盲的人民，沈迷酒色的人民，不愛讀書的人民，不知天理怠忽職守的人民，知識短淺、格局狹隘的人民，無法吃苦耐勞的人民」。

福澤和中村之後，日本人不變說也出現在自由民權運動的思想中，最激進的人物之一植木枝盛在《民權自由論》中感嘆，「從古至今，日本的平民就沒什麼朝氣，他們擔心的只是自家的事，對國家大事毫不關切，對公眾之事非常疏離」。他在〈故事乃人民之事〉中強調「國家安全人民就會安樂，國家危難人民也難自保」，堅守主權在民的思想。

前面提到的論述者，從日本人不變說的立場分別對國民性提出不同的改造方法及設定不同的達成目標，福澤重教育，陸奧與植木重政治，中村則偏藝術和宗教。

18 植木枝盛『民権自由論』（発行人船木弥助一八七八・四、のち『明治思想集I』筑摩書房一九七六・三）

日本人變化說

不同於福澤主張的日本人不變說，強調明治維新帶給日本國民性極大轉變的是西周。他在明治維新前曾留學荷蘭（一八六二～一八六五年），是當時頂尖的哲學家與社會科學家。他在〈內地旅行〉一文中清楚表明了「日本人變化說」的立場，「如果與西方人友好交流是既定方針，那麼，准許西方人在日本國內旅行也是天經地義之事」。因為，「明治維新過了七年，社會已有許多變化」，西極力主張西方人可在日本國內旅行。但他也指出，國內旅行會造成以下幾個負面的影響：㈠外國人會進入日本從事貿易，㈡外國人會進到不該去的地方，㈢保護遣返外國人的作業十分繁瑣，㈣即使有翻譯仍無法和外國人溝通時會很麻煩，㈤西方人會把狗帶進日本，㈥會引起衝突麻煩，㈦可能有暴徒混在其中。

西認為政府若秉持「友好交流」一貫方針，負面影響是可以解決的，旅行範圍並非全無限制，「今年只限東海道地區」、「明年是山陽地區」，他建議

19 西周「內地旅行」（『明六雜誌』二三号一八七四・一二）

逐步擴大旅遊範圍。

然而同福澤一樣，西也承認日本人不變說部份屬實，在〈以洋文書寫國字之我論〉一文中談到，擅於模仿是日本人不變的國民性，「日本人長於因襲、善於模仿，卻拙於自我中心的才華表現」，也感慨這樣的結果使得日本「到現在還不曾出現過獨樹一幟的個人」。

西在〈私情說〉又論及國民性中的「私情」，以現代用語來說，這是人際關係中的日本式特徵，日本人善用表面（tatemae）和關係（kone），以外國人看來，不僅違背情理且難以理解。人際關係中的好惡及所有事物都是依「私情」而定。對外國人而言看似不合情理，然而，如能登堂入室就可瞭若指掌。這就是所謂「難以言喻的私情」，「單從字面上理解，私情是薄情的反義詞，若仔細推敲，會發現私情其實和公義是相反的」。

剛才提到福澤發表〈駁斥西先生內地旅行之說〉兩個月後，西也發表了日本人論系譜中首次出現，一種全面的、相當於國民性論述的〈國民氣風論〉（national character），並表明其傾向日本人不變說的立場。「日本從神武創建以來，皇統綿延二千五百三十五年，上奉君主、自貶奴才的心性比起中國有過之而無不及」。西大膽批評日本人的天皇崇拜，並指出從古代到明治維新，和中國相較日本文明水準之低落。不僅如此，西還提出這種國民性的原因，他認為「國民的氣魄」卑屈起因於「歷史上政治的沿革」，日本人「安於被統治，自

20 「洋字ヲ以テ国語ヲ書スルノ論」（『明六雑誌』一号一八七四・四）

「情実説」（『明六雑誌』一八号一八七四・一〇）

「国民気風論」（『明六雑誌』三二号一八七五・三）

貶為奴才」已是政治道德的一種「氣風」，就是現在所說的「風土」、「地質上的氣風」。

西並沒有闡明「地質上的氣風」所指為何，只說「忠良易直」是日本的國民性，此一國民性在明治維新之後也沒有改變。「忠良」是殘酷的相反，「易直」和頑曲對立，接近福澤所主張的日本人不變說。如此一來，和他在〈內地旅行〉中的日本人變化說又大不相同。同一年裡，西的日本人論有所改變是因為越來越多西方人來到日本，與西方人相較，西體認到日本人確實劣等，而產生了日本人劣等說。「日本的國民氣質可能很適合專制政府，然而，和外國開始往來後，日本國內也逐漸瀰漫一股風潮，一股藉由智力掙脫束縛、戰勝威權的風潮。日本的國民氣質就是福澤所說無氣力的人民，日本想建立民選議院，最大的障礙就是這種無氣力的國民性」。從這段引文中可以看出，西提到福澤，其實也表達了他日本人不變說的立場。

西在〈兵家德行〉一文中引用本居宣長的短歌「日本的大和心，清晨聞到山櫻花」④，認為這是日本國民性的代表，櫻花是「忠良易直」的象徵，「忠是認真，良是溫和，易是清爽，直是正直，正吻合我日本同胞的氣息」。西以櫻花譬喻日本人的習性，是後來志賀重昂在《日本風景論》（一八九四）中以植物譬喻國民性的先行想法。但是，主張日本人優秀說的西期望以軍人性格代表國民性的未來，建議「把軍人性格當成日本固有的習性，發揮陸軍武官的軍人

21

「兵家德行」（內外兵事新聞一八七八・二・一九—五・二二）

特質，並將陸軍武官視為一般軍人楷模、武人最易實踐的目標」。

整體而言，西強調日本人模仿和私情等缺點，同時，也主張日本人是擁有大和魂的優秀民族，就這點來看，可說是日本人優秀說的先驅。接下來要介紹的是「日本人劣等說」，和福澤主張的日本人不變說有相通之處。

日本人劣等說

明治政府的基本政策是「文明開化」與「富國強兵」，出發點就是吸取西方先進國家的文明經驗，把日本快速推向經濟軍事的現代化國家。因此，在這個前提下，當時訪問日本的西方人多限定在外交官、傳教士、學者、技術人員等菁英份子。其結果是，和這些優秀的西方人相比，日本人確實顯得處處拙劣，在心理上不得不有矮人一截的自卑感。所以，部份知識階層主張「日本人劣等說」，強調日本人的水準較西方人低落。接下來，我將舉一些代表性的觀點。

為了提高日本人的知識水平，森有禮最早提出改造以漢字為主的日本教育體制。森於一八六五（慶應元）年被選為英國留學生，之後主要在美國深造，並以外交官身份駐美，一八七二年提出廢除漢字教育、以英語為國語，並極力主張廢除日語，也詢問過美國語言學者懷特尼（William D. Whitney）⑤的意見。懷

23 森有礼「英語国語化論」（一八七二）

特尼雖贊同採用羅馬拼音，但反對廢除日語和以英語為國語的看法。然而，翌年森在美國出版《日本教育》一書的序文中，再次提出廢除日語、以英語為國語的方案。

在教育問題上，森是一位具改革色彩的理性主義者，在政治思想上也表現出極為激進的性格，例如曾對家人抱怨「不需要有天皇」（直接引用木村力雄《異文化遍歷者森有禮》，福村出版（一九八六・十二）；出自於上沼八郎〈森有禮的教育思想與其背景〉，小西四郎・遠山茂樹編《明治國家的權力與思想》，吉川弘文館（一九七九））。結果，森的日語廢除論因過於激進，得不到任何人的贊同。

以羅馬拼音來注日文的這個觀點，曾出現在西周的〈以洋文書寫國字之我論〉當中，西反省到日本人擅於模仿、拙於創造，因而主張使用洋文。例如，不用漢字的好處是：印刷方便、西洋的機械名稱無需翻譯就可直接使用、日本人能更迅速掌握歐洲的所有事務。這是主張以羅馬拼音改良日文的先驅論述。西的這種說法在當時非常前衛，其前提是根源於日本人變化說。日本人變化說認為，明治之後日本人已成為新國民，只有積極借取西方長處，才能加速日本的變化與發展。然而，當時的這種觀點仍以日本人的知識劣等為前提。

西村茂樹支持西「改革文字論」的說法，他以日本人劣等說的觀點在〈伴隨開化而來的改革文字之我論〉[24]一文中指出，日本「人民愚昧、不知學問為何物」，所以有主張「廢除和文漢字、使用洋文」之必要。他是明治初期的洋務

24 西村茂樹「開化ノ度ニ因テ改文字ヲ発スヘキ論」（『明六雜誌』一号一八七四・四）

學者，透過以儒教為基礎的道德論述從事教育活動。一八八七（明治二十）年西村出版《日本道德論》一書，嚴厲批判日本人的自卑感以及由此產生的西方崇拜。

「雖然日本人當中不乏天資聰敏的伶俐之人，但大多思慮淺薄、缺少見識，易於趨同、自立心較弱。近年來，看到西方國家學術發達、國力強盛而心生嚮往，喪失自我的立足點，開口閉口都說西方好，也缺乏對西方真正的認識。」不僅是西村，許多人也常指出日本人知識劣等以及對西方優質文化的嚮往。

譬如，和西一樣到荷蘭留學，加入明六社的法學家津田真道在〈想像論〉一文中說，日本國民向來有崇拜西方白人的傾向，「我們是黃種人，卻不尚黃色，而偏愛白種人的膚色，這是天性使然，也就是喜好洋風的天性，鎖國政策解禁僅二十餘年，我國人民從衣服器具到文物制度、百般諸事都一面倒地吹向西方」。

另外，津田在〈內地旅行論〉中指出「日本人缺乏智識與開化」、知性劣等，但他卻給予西方人高度評價，贊成內地旅行。他說追上先進國家最好的方法是「讓自己國家的人民多到國外旅行，歷經磨練，增廣交際」，但畢竟這是不可期之事，所以，應允許「外國人到日本內地旅行」，「使人民的智識開化增長，藉由與外國人的交往磨練，日積月累必然有所進步」。他的說法接近西

25 『日本道徳論』（私家版一八八七・のち岩波書店一九三五・一）

津田真道「想像論」（『明六雑誌』一三号一八七四・六）

「内地旅行論」（『明六雑誌』二四号一八七四・一二）

的觀點，日本人為了追上西方先進國家百姓的水準，有必要增加西方人到日本內地旅行的機會，進行知性交流的準備。

關於此點，津田也在〈人才論〉一文中指出，日本人比先進國家的國民劣等，「我國現在的人才是鎖國時代培養出來的，稱不上是世界級的人才」，為了培育世界級的人才，有必要「涵養自由自主、獨立不羈的氣息，擴大人民的氣度」。雖然，日本人在知識水平上比西方人劣等，但可透過教育來改善，也就是透過教育制度近代化的努力去實現。因此，無論採取什麼方法，為了迎頭趕上西方知識水平所做的努力都是值得肯定的。相反地，針對日本國民體格劣質，也出現所謂的「人種改造論」。

明治初期來到日本的西方人不僅知識水準高，體格也遠比一般日本人強壯，換言之，日本人被西方菁英份子的智能與體力給震懾住了。因此，從明治初期開始，相繼出現人種改造論，主張和西方人通婚來達到人種改造的目的。最具整體性提案的是福澤的門生、企業家高橋義雄，他於一八八四（明治十七）年出版《日本人種改良論》一書。福澤在序言中寫道，所謂人種改良論就是「以人種改良為目的，勸導國民運動，改進衣食居住品質，選擇優良遺傳血統」的論述，全書內容的大要如下。

第一章〈人種改良之事〉，指出日本國民性的缺點是缺少堅忍耐力，「過

26 「人材論」（『明六雜誌』三〇号一八七五・三）

27 高橋義雄『日本人種改良論』（出版人石川半次郎一八八四・九）

於清淡，頑硬不足，太過浮疎，欠缺密實」。本居讚美日本人優點所寫的短歌，在許多日本人論當中經常被引用，但對高橋來說，這正是日本人的缺點，他反省到日本人缺乏堅忍耐力，為了培養體力和氣魄，主張要「鍛鍊身心」。第二章〈遺傳以及習養之事〉，介紹了當時剛剛傳入日本的外國遺傳學研究，鼓吹後天的「修養生息」，面對「境遇變異」以及「身心習慣增減」的重要。這裡所說的境遇是指自然環境，習慣是日常生活中經常鍛鍊肌肉使其發達的狀況，主張遺傳和習慣相互影響。

第三章〈體育之事〉，鼓吹當時還不很流行的體能訓練，認為「智育德育的發展和人的身心狀況有極密切的關係，必須藉體育之力才能奏效」，強調國民精神生活中體育之必要性。第四章〈生計品味之事〉，「衣食居住」的生活水準如果提高，「身心方面也會跟著提高」，日本人在衣食居住方面有必要改成西洋風格。最後，第五章〈通婚之事〉以日本人「劣等」說為前提，主張與西方人通婚改良日本人種。和優等人種通婚會帶給劣等人種許多好處，西方人在身高、體重、頭顱等方面都優於日本人，「於公於私，都是為了提高遺傳能力，日本人別再猶豫了，趕快尋求良緣和西方人通婚吧」，說明通婚之必要。高橋認為和西方人通婚未必會使日本人喪失愛國心，「和西方人結婚不必然會導致西化，就好比人吃牛肉，身體不會變成牛體一樣，沒有什麼好責怪的」，強力主張通婚說。

高橋的人種改造論修正了以往日本人劣等說偏重知識的瑕疵，提出肉體上的劣質必須透過通婚加以改善，這是具體而微的獨到觀點。高橋對明治以來基本國策之一的「富國強兵」，特別是獎勵生育的「強兵」政策並無太大興趣，或許他心底潛藏了和平主義的思維。後來，高橋在企業界功成名就，晚年浸染於茶道等傳統的風雅世界，在在顯示他和明治國家主義格格不入的性格。

隨著日本人劣等說逐漸降溫，以及日本人優秀說日益抬頭，在下一章我們會發現人種改造論已經慢慢銷聲匿跡了。

譯註

①紀州：今和歌山縣。

②薩摩：今鹿兒島縣。

③長州：今山口縣。

④敷島の大和心を人問わば朝日に匂う山桜かな：江戸儒學大師本居宣長（一七三〇～一八〇一年）的著名和歌。

⑤William D. Whitney（一八二七～一八九四年）：美國語言學家，梵語學及印度學的先驅，對語言學和東洋學的發展相當有影響力。

II　明治時期

歐化主義對日本主義

櫻花一直做為日本國民性的象徵，
其花雖美，一遇風雨立即凋落，
相對地，松柏科植物的強韌有目共睹。
日本江山之美，植物種類繁多，
正是涵養日本人過去、現在、未來審美觀的原動力。
——志賀重昂

第一章看到的洋化主義經常和日本人劣等說遙相呼應，這些說法大多出自學者或教育家的個人觀點，相反地，來自政府外交政策的考量，也就是由上而下的洋化與歐化也正在進行，特別是〈條約修正〉，以廢除日本和先進國家間的不平等關係為主要目的。外交部長井上馨為了改善西方人對日本人劣等及未開化的偏見，主張先從社交生活中和西方人平等交往，一八八三（明治十六）年興建鹿鳴館，請西方人參與並舉行盛大舞會。

井上於退休後的一八八七（明治二十）年，從日本人劣等說做出提案，主張和「優良知識及氣力」的西方人相比，「日本及日本人必須改變，變得像歐洲或歐洲人一樣」（〈條約修正締結理由書〉）。

針對井上的條約修正論，自由民權運動家提出反駁。井上離職後不久，同年十月植木盛枝在親筆寫的〈三大事件建言書〉中提到，和「言論集會自由」、「減輕地租」並列的是「挽回外交頹勢」。此外，來自全國的建言書也由各路英雄好漢帶到東京，然而，同年十二月卻因「保安條例」的實施遭到壓制，參與者被驅逐至皇宮三里處外，自由民權運動也受到重挫。

自由民權運動之後，當時意見領袖辦的「政教社」刊物《日本人》也出現了反對條約修正的言論。一八八八（明治二十一）年，政教社由最具代表性的評論家志賀重昂、三宅雪嶺、杉浦重剛等人組成，以其立場來看，鹿鳴館象徵的統治階層之歐化政策，只是政府希望藉由引入外資讓大資本家獲利的政策，他

29 井上馨「条約改正締結理由書」（一八八七・七、のち『世外井上公伝第三巻』内外書籍一九三四・三）

30 『日本人』創刊（政教社一八八八・四）

們嚴厲批判主事者「大多和外國人做生意，而且有利害關係」。政教社的成員雖然反對由上而下的歐化主義，並沒有全面排斥西方的科學技術，而是主張部份地接受。他們批判日本人過度崇拜西方的同時，也開始高唱提升日本人主體性自覺的國粹主義。

中日甲午戰爭（一八九四～一八九五年）前後，進一步提倡的是「日本主義」，比起狹隘的國粹主義，它以寬廣的視野批判當時政府的歐化現象。井上哲次郎、高山樗牛為首的「大日本協會」，於中日甲午戰爭後的一八九七（明治三十）年創立，隨即發行刊物《日本主義》。高山在雜誌《太陽》中發表〈禮讚日本主義〉一文，向全世界宣揚日本國民性之自覺。

『日本主義』創刊（大日本協会一八九七・五）

36 從國粹主義到日本主義

一八八八（明治二十一）年四月，地理學家兼評論家志賀重昂為首創刊的雜誌《日本人》提倡國粹主義。他在《日本人》創刊號的卷頭中寫下〈為日本人重新出發而餞行〉，這也是政教社成立的目的。「眼前最迫切的問題是選擇符合日本人民和日本這個國家的宗教、道德、教育、美術、政治及生產制度，從此，決定日本人民現在和未來的出路」。志賀自認為不是「保守主義者」或「革命家」而是「改革家」，不是「顛覆者」而是「修繕者」，其目的是要修補國家基礎脆弱的部份。

從具體宗教問題著手的是佛教哲學家井上円了的〈日本宗教論緒言〉一文。他認為「分析日本人之所以為日本人的原因……，會發現最具影響力的是佛教……，維持或推廣佛教就是使日本人成為日本人的重要方法」。

辰巳小次郎沒有井上那麼極端，但也批判了日本人的西方崇拜，他在〈日本人的外人尊奉〉中說，「現今，多數的日本人都只知外國、卻忘日本，以己

31

志賀重昂「日本人の上途を餞す」（『日本人』一号一八八八・四）

井上円了「日本宗教論緒言」（『日本人』一号）

辰巳小次郎「日本人の外人尊奉」（『日本人』一号）

為客、以彼為主，希望日本人能以古為鑑，矯正沒有自信的缺點」，強調日本人自覺的必要。

《日本人》第二號中志賀以〈「日本人」胸懷之志的告白〉為題，用國粹（**nationality**）這個字眼討論國民性。所謂國民性是指「大和民族千古以來流傳至今」的特質，要將此一特質「發揚光大」，並達到大和民族進化改良的目的，他也認為「保存國粹」是大和民族最重要的課題。值得注意的是，他使用的「國粹」一詞，和後來右翼團體偏用的國家主義完全不同。

志賀的國粹論並沒有提到「積極吸取西方文化」，但這卻是日本人自我反省的重點，文部省書記官西村貞在〈探索「日本人」〉一文中鼓吹「拿歐洲的牛奶餵養日本人是上上之策，這裡所謂的牛奶指理學，也就是科學」。

另外，加賀秀一在〈日本人心概論緒言〉中說，志賀的國民性論是以日本人的固有特質做為整體觀，他則主張不同階層、集團、個人各有其特質，在論述一個國家的國民性時，不必拘泥各階層、集團、個人的特質，而是以共通部份做為一般人的平均基準。這是繼西周之後首次提出的國民性之建言。

新聞評論家、熱中國權論的國友重章在〈日本政治社會的一種新現象〉中提到，逐漸浮上檯面的外人尊奉派可分為二種：一是「理論上的外人尊奉派」，這派早已喪失日本人的國民性格，主張全面西化，削弱國民的團結心及愛國心，導致日本人種的滅絕。二是「策略上的外人尊奉派」，此派主張為了

32 志賀重昂「「日本人」が懐抱する処の旨義を告白す」（『日本人』二号一八八八・四）

西村貞「「日本人」ニ質ス」（『日本人』二号）

加賀秀一「日本人心概論緒言」（『日本人』二号）

国友重章「日本政治社会の一新現象」（『日本人』三号一八八八・五）

加入列強之林，要求日本人改信基督宗教，把日本的國語改成英語，將日本舊有一切都轉為歐洲風格。然而，隨著條約修正議題的出現，國民漸進主義使這二派逐漸合而為一。

佛教思想家島地默雷在〈日本人的解剖〉中說，精神是形體的君主，「精神是歐美、形體是日本」的人是歐美人，不是真正的日本人。不管想把日本人變成什麼樣的人，日本人擁有建國以來持續的精神與形體。

《日本人》的作者並非偏狹的國家主義者，他們期待日本能主體性地吸取西方文化，就這點來看，算是相當進步的思維。志賀的〈日本前途之國是在於「國粹保存旨義」〉一文最具代表性，「保存國粹」主義就是擷取西方的文明開化精神，將它「同化」於日本，也就是把當前日本的前途置於保存國粹的脈絡中。

從移植西方文化的角度切入，日本人論逐漸朝理論層次邁進，哲學家加藤弘之的演說稿〈日本人的性質〉正是一例。他認為日本人伶俐的天性絕不輸給歐洲人，日本人的模仿性遠高於創造性，歐洲國家花了一兩百年的時間學習他人之長，日本所進行的文明開化僅短短二、三十年，卻已有明顯的進步。操之過急是違反自然的，日本人的反動特質很強，極端模仿西方是不智之舉，但在學問或宗教上一味墨守成規也行不通。換言之，加藤主張以漸進方式推動西洋開化。

33

島地默雷「日本人の解剖」（『日本人』三号）

志賀重昂「日本人前途の国是は「国粋保存旨義」に撰定せざるべからず」（『日本人』三号）

加藤弘之「日本人の性質」（『日本人』四号一八八八・五）

34

和加藤同一時代、也主張日本人反省說的是理學家宮崎道正，他在〈日本書生的前途〉中指出，日本人還未脫離封建時代的習慣，只會追求無用的、自以為高尚的學問，依然有很多人認為農工商等實業是卑賤的，加藤想強調西方文明的基礎在於理學的發達。

浮藻頑童從更寬廣的視野將日本人與歐美人做優劣比較，在〈隨感隨記之一〉中將兩者的差異整理如下。

「歐美人優於日本人的地方」：具獨立精神、團結心、忍耐力、擅長資產管理、重信用、可遠征、重視體育及身體鍛鍊、精於學理和應用、婦人潔身自愛、避免猥褻行為及語言。

「歐美人不及日本人的地方」：過於憐憫或尊敬婦人、婦人忘其本份而心生驕傲、儲蓄觀念很重破壞人倫關係、過於介入政治忘了自我份際、善於發明卻不考慮實用性。

志賀在〈日本前途的兩大黨派〉中，比較了日本人與歐美人，以日本人的「歐化主義」與「日本主義」來表達。他認為歐化主義是模仿的，日本主義是固有的。歐化主義的運動有如花朵，日本主義的運動則像果實。歐化主義的基礎是不穩的，日本主義則較為安定。歐化主義是迫切的、善變的、小說的、破壞的、革命的，日本主義是沈著的、誠實的、數學的、修繕的、改革的。因此，主張歐化主義的人被事大依賴的卑屈心理套牢，無法把日本帶向獨立自

宮崎道正「日本書生の前途」（『日本人』四号）

浮藻頑童「隨感隨記之一」（『日本人』六号一八八八・六）

志賀重昂「日本人前途の二大党派」（『日本人』六号）

主。相反地，志賀主張藉由「保存自我實力」的日本主義才能壯大國力，獲得更多的利益。

這是第一篇將日本主義與歐化主義做如此鮮明對比的論文，此後，日本主義成了政教社的基本立場。雖然，日本主義宣稱國民為主的政治原則，但國民所指為何的疑慮仍有待解決。

關於此點，豐渚學人在〈期待中等種族〉中主張，藉由「中等種族」也就是中產階級的力量加以改造。他認為中產階級不會諂媚上流，也不會與貧民同一陣線，他們採取保守進步的中庸之道，不希望破壞，但也不滿足於現狀。中產階級被期待能將外國文明同化於日本，又能克守日本社會的固有特質，豐渚提出和志賀相同的觀點，是一種近於日本主義的中庸改革之道。

之後，高山樗牛在〈禮讚日本主義〉一文中定義日本主義，那就是以國民性的自主獨立精神發揮建國之初抱負的道德原理。日本主義排斥所有宗教，因為宗教反國民性、反建國精神，而且會阻礙國家發展。日本國民的思想入世而非出世，日本固有的神道全都是現世宗教。日本人光明正大、有為進取，日本主義主張光明、重視生命，是一個能揭示國民安身立命場域的理論。高山強調日本主義不是宗教，不是哲學，而是國民實踐道德的原理。

豊渚学人「中等種族ニ望ム」（『日本人』九号一八八八・八）

高山樗牛「日本主義を賛す」（『太陽』三巻一三号一八九七・六）

日本人論的成立

上述國粹主義的國民性論，大多只流於片斷的意見陳述，僅以浮面的形式告終；同時具備國際法學、歷史學、社會學、心理學等知識背景的有賀長雄，在《國家哲論》中詳細探討並比較日本人和西方人的國民性。

日本人優於西方人之處是富於「風流文雅的氣質」，日本人都能作詩作歌，和他人有共同的興趣，感情行為也一樣。因此，缺乏個性是日本人的缺點，日本人追求流行的傾向也特別強。日本社會分成上中下階層，上流的貴族官員遵守「舊制」欠缺個性，貧窮的下等階級因循「舊習」，所以，只能期望中產階級的人較有個性。

有賀批判日本人缺乏個性這點值得評價，但他對女性存有偏見，認為女性除了「皮、骨、『行儀如儀』」之外一無所有。他的日本人論考察國民性的歷史層面，前所未見地開展出全面性的日本人論。有賀認為日本人缺乏個性，是因為德川幕府三百年來奉天下太平為圭臬，以「法制、舊格、儒教」掌控老百

37

有賀長雄『国家哲論』（牧野書房一八八八・八）

姓的結果。

三宅雪嶺在《真善美日本人》、《偽惡醜日本人》二書中首次正式討論日本人的本質，這兩本書在一八九一（明治二十四）年六月《日本人》刊登攻擊政府言論、被迫停刊前由政教社出版。

《真善美日本人》中寫道，「為了讓日本人發揮自己的特長，彌補白人的缺陷，朝向真善美圓滿幸福世界邁進的這項任務」，首先，必須從自我認識出發。三宅認為日本從歐美習得許多「工藝學術、制度文物」，從而產生「外人崇拜」的情結，所以，他主張日本人要對自己的能力有信心。以《源氏物語》為例，試問在國外能找到幾位像紫式部這樣的女作家？有這種能力的日本人其任務是「發揮真的境界」，如史蹟研究、東洋文化研究、派遣亞洲大陸學術探險隊、生物學、地質學、人類學的研究等。第二項任務是伸張善和正義，三宅主張為了達到這個目的，必須以「富國強兵」策略對抗外國，以國力為後盾向世界弘揚正義，盡到追求至善之力。第三項任務是向世界介紹日本之美，禮讚「氣候溫和、風物純情」的風土之美；日本人對於自然美的感受是長時間培養出來的，譬如，再怎麼貧困的家庭也會美化日常生活，「牆壁上貼著浮世繪，隨著四季遞嬗，變化容器中的花卉」，顯示高水準的日本藝術。日本藝術具有「輕巧、清爽、曼妙」等特質，日本的優質藝術在和各國藝術相較時，應盡可能展現日本的風格。這種將日本獨特的傳統藝術拿到國外去高度評比的想法算

38 三宅雪嶺『真善美日本人』（政教社一八九一・三）

是先驅，也就是說，三宅主張日本國民性的優點也能在國際間發揚。

三宅為了勾勒日本人的全貌，不忘提示與真善美對照的偽．惡．醜等負面，而寫下《偽惡醜日本人》一書。首先，在〈偽〉的章節中他論及日本人知識水平的問題，日本人「明察義理的能力」不輸白人，可惜沒有好好發揮，譬如，學術界十分官僚，所謂的學問或理論對社會也沒什麼幫助。此外，被雇用的外國老師馬馬虎虎的人很多，三宅感慨崇拜西方的情結也波及學術界。其次在〈惡〉這章中，主要攻擊明治之後和政府掛勾貪圖私利的企業家們，批評這些「紳商是社會之惡」，以公益之名行私利之實，是包攬政府企業的「奸商」及「博奕商」。在〈醜〉的章節中，主要以美術為例，批評當時的許多美術家都很「卑陋賤劣」，「看一眼就令人心生不悅，再看兩三眼更使人嘔吐」。他進一步指出崇拜或模仿西方的問題點，強烈抨擊以鹿鳴館為首的歐化政策。最後，三宅以「模仿極致，舉國成為歐美的劣等翻版，增加的只是歐美人民中的劣等種族而已」為結論，三宅的「日本主義」不是日本讚美論，而是客觀的自我批判，主張與其模仿西方，不如好好發揮日本人的特質。

同一時期，土肥正孝的《日本風俗改良論》更具體論述了日本人的自我反省。土肥自創「大日本風俗改良會」，依其創社宗旨，風俗就是所謂「習慣的總稱」，他從這些習慣中列舉出不好的項目。「人間階級之弊」（譬如，官尊民卑或男尊女卑）包括「衝突競爭」、「宗教迷信」、「西方崇拜」、「言語不

39 『偽惡醜日本人』（政教社一八九一．五）

40 土肥正孝『日本風俗改良論』（風俗改良雜誌社一八九一．四）

正」、「依賴心」、「自暴自棄」、「虛度光陰」、「奢侈虛飾」、「表面虛禮」、「允許妓院」等，強調風俗改良的必要性。

然而，不同於三宅或土肥的自我反省，一八九三（明治二十六）年開始出現保守復古的日本人論，新聞評論家暨政治家天眼子（鈴木力）的《國民之真精神》一書便是。他認為舊日本國民對於服從主義既滿足又卑屈，仍堅守忠孝節義的精神，但隨著明治維新的西風席捲全國，日本人的精神狀態呈現半西方、半日本的奇怪景象。鈴木批評當時社會瀰漫自我中心的傾向，因此，他強調武士道的重要，指出農商之人認為自己雖在法律上被賦予權利，但只要順從上位者的命令即可，這和明治初期日本人不變說的觀點頗為接近。鈴木還主張「國魂國風」是一個國家成立以來自然具備的形貌，而且是無法改變的。他也批判日本人喪失本國觀念，一味追求異國風俗，認為去除西方崇拜的卑屈心理是目前的當務之急。他的論點和政教社的日本主義相近，但比三宅或志賀的觀點狹隘許多，是日後盛行的大和魂論之先驅。該書寫於中日甲午戰爭（一八九四年八月）爆發的前一年，當時已是軍國主義盛行的年代。

在這樣的時代氛圍中，誕生了志賀重昂的日本人論與日本文化論：第一、闡明維護日本精神傳統之「國粹保存主義」；第二、中日甲午戰爭後不久，他於《日本風景論》中提出日本文化論。志賀在〈日本氣候海流的多變多樣之

天眼子『国民の真精神』（博文堂一八九三・九）

41

志賀重昂『日本風景論』（政教社一八九四・一〇、のち岩波書店一九三七・一）

事〉章節裡說道，日本境內的松柏科植物對於國民氣質的養成有很正面的幫助，不同於一般認為櫻花是日本人性情的代表，他主張日本應該是個「松國」。因為從本居宣長之後，櫻花一直做為日本國民性的象徵，其花雖美，一遇風雨立即凋落，相對地，松柏科植物的強韌有目共睹。志賀進一步闡述，「日本江山之美，植物種類繁多，正是涵養日本人過去、現在、未來審美觀的原動力」，為了啟發日本未來的人文氣息，極力主張保護日本的風景。他以農校出身的地理學觀點，詳述自然環境對日本人心理所造成的影響，然而，志賀仍有不足，欠缺探討歷史社會等因素如何影響國民性的形成。

志賀的《日本風景論》出版後，日本最具代表性的基督徒內村鑑三在名為〈志賀重昂氏所著的《日本風景論》〉文中，嚴厲批判志賀偏重地理學觀點的日本人論。前言部份，內村稱志賀為日本的拉斯金（John Ruskin）①，認為《日本風景論》確實足以成為「近代名著」，但他譏諷主張「國粹保存論」的志賀為「純粹的日本人」，痛擊志賀提出世界之美均在日本的誇張說法。內村也批評志賀對當時仍處戰爭狀態的中國竟抱持高度的敵愾心理，從這裡可以看出，內村是反戰的和平主義者。他認為日本之美是園藝之美和公園之美，欠缺偉大之美；日本之美令人陶醉，卻難以令人自我提升。上述的批評是從「批評家的義務」提出的，在愛國心高漲的年代，這種秉持批評家之責，不偏向國家立場的發言誠屬難能可貴。

內村鑑三「志賀重昂氏著『日本風景論』」（『六合雜誌』一六八号一八九四・一〇）

早在志賀《日本風景論》發表之前，內村就寫了《地理學考》（之後的《地人論》），和後來的人文地理學與社會地理學有著相近的觀點，開展出他獨自的風景論、風土論以及日本人論。內村主張應該透過地理學培養健全的世界觀，「不僅做日本人，也要做世界人（Weltmann）」，提倡「愛國不以愛自己國家為滿足」，而是「為了全宇宙而去愛自己的國家」，清楚表明和平主義與國際主義的觀點。同時，他認為地形未必能左右一個國家的歷史，擁有自由意志的人不是自然的奴隸，一國的歷史是土地與人民互動的結果。他也自負地表示日本人被「東洋主義」孕育培植，又兼容消化「西洋主義」，日本人擁有「與生俱來的同化能力」。當時，日本國內存在歐美憲法，自由思想又與忠君愛國的觀念並列，這些現象讓內村對日本人的同化能力有相當程度的信心。

內村從地理學觀點提出日本人論，至今仍常常成為話題的是有關「島國根性」的這個部份。雖然只是片面之說，但做為日本人論的一個重要切入點卻不容忽視。接下來，我將介紹明治三〇年代以後關於「島國根性」的幾篇論文。

首先是一篇沒有署名的文章〈關於所謂島國根性〉。日本是島國，日本人具備島國根性是極自然之事，因為是島國，東西南北可以任意航行，把地球當成整體，不知國與國之間的壁壘。如果將「島國根性」與「鎖國思想」一視同仁而批判日本人思想封閉，其實並不妥當。

接下來，也是一篇未署名的文章〈所謂島國與海國思想〉，作者更積極主

『地理学考』（警醒社書店一八九四・五、のち『地人論』と改題一八九七・二）

43 「所謂島国的根性に就き」（『日本人』三次一四一号一九〇一・六）

張「島國根性」的觀點。要成為真正的海國必須是島國，真正的島國根性是海國思想的泉源。因為具有島國根性，日本人才能真正做海國男兒。明治維新後，海運急速發展，日本採西歐海軍制，短期之內便締造出不遜於先進國家的海軍，也是得力於日本人海國素養之賜。該文進一步指出，和大陸國家的人民相比，日本人享受航海及海洋運動的樂趣，更樂於以世界為家、往來於各地。

「所謂島国と海国思想」（『日本人』三次一五九号一九〇二・三）

最後仍是一篇沒有署名的文章〈日本人的氣質〉，作者提到社會變動時的英雄人物，例如，性格完全迥異的豐臣秀吉與德川家康，問到他們能否代表當時日本人的性格，其實是以偏概全地評斷日本人，相當草率。同樣地，將日本人的氣質說成「島國根性」，不但侮辱他人，也侮辱了自己。

「日本人の性質」（『日本人』三次一九一号一九〇三・七）

隨著西方各國地理、歷史、文化等資訊的進入，比較日本人與西方人的論述也逐漸多了起來。

日本人優秀說

隨著日本在甲午戰爭以及十年後日俄戰爭（一九〇四～一九〇五年）中的得勝，日本人開始有戰勝國的榮耀心態，也開始自覺其國民性是優秀的。接下來，我將介紹從這種心態發展出來的多元的日本人優秀說。

甲午戰爭前，鈴木券太郎就在〈人種體質論與日本風土〉一文中闡述過，大和民族的體質習慣於外國風土，因此，日本人向外征戰也很有耐力。另一方面，日本風土非常優質，適合白人居住，也成為白人眼中的樂園。在此前提下，鈴木針對日本人貴遠賤近、一味崇拜西方、否定自我等提出警告。之後，更詳述他的日本人優秀說，認為彰顯日本人的特質是日本人的任務，而寫下〈膽敢在此考察日本人的特質與天職〉一文。鈴木說日本人的抱負向來宏偉，由於日本國情和人情的特殊性，也就是「歷史上君主制的極美極善，以及地理文物形勢的純善純美」所導致。他主張日本人有特殊的優點及長處，比其他

44

鈴木券太郎「人種体質論及日本風土」（『日本人』一次七三号一八九一・六）

「敢て日本人の特性並に天職と云ふ所のものを稽査一番せん」（『亜細亜』一四号一八九一・九）

「國家的種族」精良，必須發揮這些特長不能怠惰，日本人以「優秀種族」自居，負有教化後世之重責大任。

《馬關條約》簽訂的一八九五（明治二十八）年，憲法草案起草人之一的政治家金子堅太郎以〈日本人種的特性〉為題發表演說。他認為明治維新後的日本，確實達到驚人的文明開化，但這是歐美人對日本的褒獎。嘲笑日本的人會認為，這不過是日本對西方風俗的模仿罷了，骨子裡還是純粹的日本。然而，金子反駁這種論點，他強調日本人並非只有模仿，初期雖是模仿，卻逐漸朝符合日本國民國情的方向去修正及應用，進而創造出日本的文明開化。

甲午戰爭勝利引發了日本人優秀說的極端論述，同時，也激發了否定日本人優秀說的西方崇拜論。

代表這種觀點的是律師櫻井熊太郎的〈西風亡國論〉。他提到崇拜西方的人一味否定日本的「舊制」，認為從衣食行動到社會組織、遺傳特性都得改成西方那一套，否則就無法達到文明的境界。櫻井強調當今歐洲的富強文明是根植於國民的自尊心，因此，學習歐洲的文物工藝仍必須建立在日本人自尊心的基礎上。他批評那些崇洋者誤解歐洲的精神文明，喪失做為日本人的愛國心與自尊心，根本不配做日本人。崇洋者的毒害不僅於此，一旦被他們的思想感染，日本國民可能會消失殆盡。

政治家渡邊國武在〈日本國民的能力〉一文中說日本人具有「不可思議」

金子堅太郎「日本人種の特性」（『太陽』一巻九―一〇号 一八九五・九―一〇）

45

桜井熊太郎「ハイカラ―亡国論」（『日本人』三次一四八号一九〇一・一〇）

渡辺国武「日本国民の能力」（『太陽』一〇巻一号一九〇四・一）

的能力，從「朝鮮、中國」擷取制度文物和佛儒二教予以日本化，輸入歐洲的利器文物靈巧運用，日本官民十分英勇，熱烈討論政治經綸，編制出世界第一、精良超強的陸海軍。

小山正武在〈日本國民的特性＝其健全發展之必要〉中也指出，影響國民性的主要因素是該國的「建國歷史」與「地理關係」。日本歷史是世界少見的，國民和元首之間保有父子般的親密關係，相敬之情極為深遠，平時奉行恭儉、慈愛、勤勉、服從的原則，緊急時舉國團結一致，犧牲奉獻準備迎戰。而且，憐弱濟貧、連敵人都能去愛等都是日本人的特質。

小山認為「愛敵人」是日本人國際的、和平的國民性之表徵，然而，笹川潔在〈日本文明論〉一文中卻明白點出，日本人的好戰性格也是日本人的優點之一。他認為日本人非常聰明敏捷，無需外國人的指引也能向世界進軍。日本人好戰是因為日本人喜歡競爭，喜歡競爭是因為喜歡追求進步，因此，日本人是天生進步的民族。日本人原是活躍的、清新的、樂天的，但因佛教的影響，變得只知一心向佛。外國文明並沒有破壞日本的風俗習慣，健全的思想及自我的觀念依舊殘存，純粹的日本文明始終流轉不停。

芳賀矢一發揮自身的留歐經驗，從文化史觀點開展出前所未有的《國民性十論》，他是當時具代表性的國語學及國文學專家，在日俄戰爭（一九〇五）、

46 小山正武「日本国民の特性＝其健全的発達の必要」（『日本人』三次四二四号一九〇五・一二）

笹川潔「日本文明論」（『太陽』一一巻一二号一九〇五・九）

芳賀矢一『国民性十論』（冨山房一九〇七・一二）

英日同盟（一九〇五）以及「排斥黃種人」（排日運動）等日本國際地位開始成為話題、受到國際矚目之時，他繼三宅雪嶺之後發表了全面性觀點的日本人論。

芳賀舉出日本人的十項特質：

㈠忠君愛國。
㈡敬祖愛家。
㈢現世的、實際的。
㈣愛草木、好自然。
㈤樂天灑脫。
㈥淡泊瀟灑。
㈦纖麗精巧。
㈧清淨潔白。
㈨重視禮節。
㈩溫和寬恕。

首先是「忠君愛國」，芳賀認為日本國民對皇室的態度乃古今中外少見，強調明治之後日本人對皇室的效忠及愛國心，武家時期養成的武士道精神轉而效忠明治天朝。「敬祖愛家」中則指出，日本原是神祇政治與宗族政治之國，重視村落中氏神、先祖、家名的傳統。日本國民具有「現世的、實際的」特質，佛教也重視現世利益，卻一直不被強調，依芳賀的看法，重視實踐道德的儒教與日本的國民性相吻合。明治維新後，尊王攘夷的論調馬上變成開港之說，也是基於現實利益的考量，「截長補短」可說是日本人的長處。日本人「愛草木、好自然」是因為日本的氣候溫和、風景優美，此乃理所當然。因日本人「樂天灑脫」的性格，使得日本神話與文學相當單純。談到「淡泊瀟灑」這點，日本人沒有辛辣、黏稠、陰險的表現，在衣食居住等方面，展現出淡泊、純粹、清爽、通達等特質。日本人具備「纖麗精巧」的個性，可從精巧的茶室、俳句、短歌、連歌、墨繪等短小的一書一筆中看出，日本人對於小巧之事不僅擅長，且賦予小巧深厚的美學意識與傳統。「清淨潔白」在奈良時代是指將身體的污濁與精神的污濁等同視之，因而產生身體潔淨、精神自然潔淨的思維，人在道德上所犯的罪惡可以透過洗滌而被泯除。「重視禮節」方面，芳賀指出日文中敬語特別發達，不只是為了尊敬對方，也為了傳達說話者細心高雅的態度。芳賀強調「不要忘了禮節與日本國體有重大的關連」，並將禮節和國家主義相提並論。至於「溫和寬恕」與當時的「黃禍說」有關，芳賀認為日本人自古以來就不具侵略的特質，對不同人種向來寬容，而且，日本神話或童話中也很少出現殘酷的情節。江戶時代的鎮壓或刑罰雖然嚴峻，整體而言還是近於寬容。芳賀在〈結論〉中提醒日本人必須正視國民性乃變化而非固定的，譬如，當今不祭祀神明的家庭所在多有，也有日本丈夫以敬語稱呼妻子。個人主義、世界主義、社會主義的思潮逐漸在國民間流傳，「武家氣質也變為商人氣質」。他感嘆「在此過渡時期，到底出現的是佛還是鬼」，實在令人難以捉摸，也因此，芳賀更強調溫故知新、鑑往知來的必要。

《國民性十論》一書的迴響很大，考古學家濱田青陵在〈關於日本美術的特性〉一文中肯定芳賀列舉出日本美術的相關特質，他也主張國民性具有普遍的歷史性格。濱田認為與其說國民性是先天被賦予，不如看成是依風土氣候、食物衣服、國民生活狀態等條件而逐漸形成。雖然，國民性不是一朝一夕可以改變，但隨著國民生活的變化難免有所變動，想要維持過往的狀態終究不太可能。

芳賀之後，文學家評論家大町桂月也在〈日本國民的氣質〉中舉出國民性的十項特質，敬神（崇拜祖先）、忠君、愛國可說是日本「國體之精華」。十項特質包括：㈠富於冒險，㈡不輕死，㈢知恥，㈣義勇，㈤忠君，㈥孝悌，㈦潔癖，㈧堅強的意志，㈨深知情趣，㈩富於雅致。武士道的本體精神也包含其中，大町說「連西方人都認為，日本打敗中國和俄羅斯是武士道精神發揚的結果，但不可不知的是，武士道的深奧之處仍在皇室」，清楚表達了國家主義的立場。

當時，武士道觀點的日本人論已蔚為風潮，譬如，大隈重信在〈我國民性與義士〉中指出日本國民有尊崇忠孝、節義、勇氣、廉潔等特性，四十七義士

浜田青陵「日本美術の特性に就て」（『太陽』一六巻一一号一九一〇・八）

49

大町桂月「日本国民の気質」（一九〇八、のち『桂月全集第八巻』桂月全集刊行会一九二二・一二）

大隈重信「我が国民性と義士」（『日本及日本人』五二四号一九一〇・一）

的行動正是國民性卓越的證明。而且，武士道基於陽明學，強調與其說理不如付諸實行。大隈也主張戲劇和義太夫②很能表現國民性的特質，從中可看出日本國民性之一斑。

皇室中心的國家主義也出現在宗教學者加藤玄智《我建國思想的本義》一書中，主張「忠孝一本」的「天皇教」是日本國民的宗教。加藤原本將佛教和基督宗教也列入日本國民宗教，但基於甲午戰爭與日俄戰爭的勝利是大和魂與武士道精神發揮的結果，轉而高唱日本精神的優越性。

明治末年的社會學者遠藤隆吉以奇特標題出版《日本我》一書，「日本我」是指日本人在談論日本時所持有的意識，也可稱為「日本意識」，相當於那時開始使用的「日本精神」。遠藤所說的日本我就是所謂的日本人優秀說。日本我的內容包含：擁戴「萬世一系的天皇」、拒絕接受外來恥辱、勇敢、淡泊樸實、發揚以祖先崇拜為尊的忠孝思想、景色之美、五穀豐饒、刀劍、櫻花等外國所沒有的地理條件。

日本我意識的建立還必須有以下條件：㈠相信日本祖先的優越，並從這個信仰中提高自我的品位。㈡在土地或其他「有形條件」中，去感覺他國沒有、但日本獨有的特徵。㈢日本人具有「同類一致」的共通特質，並將此特質向外國人展示。

遠藤相信日本是世界上的卓越國家，這是「一種自我中心的信仰」，他得

加藤玄智『我建国思想の本義』（目黒書店一九一二・三）

50

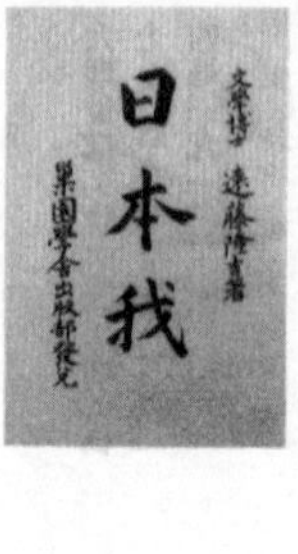

遠藤隆吉『日本我』（巣園学舎出版部一九一二・五）

出日本人必須「與外國競爭、發揚神州正氣」的結論。

當時，另一本值得注意的書是加藤咄堂的《世態人情論》，他以「世態心理」一詞進行相當於目前社會心理學的考察，同芳賀一樣，加藤的日本人論也立基於皇室中心的日本人優秀說，世間百態都是從它和歷史地理的相互作用中產生的。日本是一個孤島，長期以來與外國沒有往來，使得日本保有自主自尊的精神，對於自然之美更有強烈的愛慕之情。日本人「擁戴萬世一系的天皇」，自負歷史上不曾被外國征服過，從儒教中學習道德，從佛教中接受慈愛的教誨，並維持「尊皇與愛國」、「忠孝」等統一的國民特質。日本吸收外來文化的長處，像希臘哲學、羅馬法律、猶太宗教等，由此「交織出日本這塊大和錦」。

芳賀繼之前的《國民性十論》後，於一九一二（明治四十五）年七月再次發表《日本人》，更徹底提倡日本人優秀說。該書由以下九個章節構成：第一章〈尊皇〉、第二章〈家〉、第三章〈武勇〉、第四章〈修業〉、第五章〈簡易生活〉、第六章〈同情〉、第七章〈救濟〉、第八章〈公益〉、第九章〈國家〉和〈結語〉。

從目錄來看，〈尊皇〉章裡他認為日本國體把天皇當成「神的再現」構成國民性的政治基礎。第二章〈家〉，芳賀把日本當成「家族國家」，對集團單位的家族國家之家長盡孝，以及對天皇盡忠被當成同等重要。他也主張對祖先

加藤咄堂『世態人情論』（東亜堂書房一九一二・七）

51 芳賀矢一『日本人』（文会堂一九一二・七）

崇拜以及對家名尊重。〈武勇〉章裡，芳賀強調自古以來的武勇精神是讓日本在中日戰爭與日俄戰爭中致勝的主要原因。〈修業〉章中，他從鑄刀時一心不亂之說開始闡述，主張所有修業必須達到此一境界才稱得上理想，也可理解為什麼所有藝術都會用「道」這個詞彙。〈簡易生活〉章中，芳賀認為奉行簡單的衣食居住是日本人自古以來的美德，以武家重視的禪宗為例，禪宗向來以超越富貴的質樸為至尊價值。〈同情〉章中提到犧牲精神乃日本人的美德，也稱俠義，以《忠臣藏》③這齣戲為代表。

〈救濟〉章中芳賀說道，自古以來日本人深具慈悲之心，但也感嘆隨著物質文明的進步，慈悲心逐漸凋零。在〈公益〉章，芳賀指出日本人缺乏公德心。〈國家〉章強調君國一體，認為日本人對皇室的忠誠自古以來不曾改變。〈結語〉中，芳賀引用天皇的教育詔曰，針對一九一〇年的「日韓合併」，露骨主張向帝國「新臣民」④宣揚日本「國體之美」，進行「同化」。

比起之前的《國民性十論》，《日本人》更進一步向皇室中心主義靠攏；到了大正初期，芳賀又發表《戰爭與國民性》（一九一六）與《日本精神》（一九一七），展現他國家主義的思維。

時序已進入大正初期，和芳賀的《日本人》相比，笹川臨風在〈國民性的發揮〉一文中更強調封建特質的國民性。他認為「日本人是具有復仇傾向的國民」，「復仇可以是光明正大、名揚四海、坦坦蕩蕩」，曾我兄弟⑤為歷史上

笹川臨風「国民性の発揮」（『日本及日本人』六五二号一九一五・四）

的代表人物，此外，還包括和氣清麻呂⑥、南朝的忠臣義士、赤穗義士、幕府末期的勤王志士、乃木將軍等⑦，笹川稱許這些人最能發揮日本的國民性，他們是「日本國史上的精華」。

以上是明治末年出現的日本人論，明顯看出在風土、體質、能力、文藝等各個方面，日本人給予自身過高的評價，也反映出當時日本人的大國意識。

國民性反省論

日本人做為一個向世界大國邁進的國民，除了上述某些過於自信的論調外，再次盛行的是比較客觀的日本人反省論，它們也不同於早期那些對外國人抱持純粹自卑的論述。接下來，我以《太陽》、《日本人》兩本雜誌上發表過的文章來說明。

53

宗教學者岸本能武太在其演講筆記〈日本人的五項特質〉中舉出日本人的五項優點：㈠潔癖忌諱不淨，㈡追求美好快活，㈢靈敏且善於同化，㈣文雅而重禮，㈤清貧而好義。

岸本能武太「日本人の五特質」（『太陽』二巻七～八号一八九六・四）

但同時，岸本也指出日本人的某些缺點，可見他已有反省的能力，譬如，「易怒」（心無定所、流行變化太快、缺乏耐心）、「安於現狀」（奢侈、現實、不能防患未然）、「體弱」（心胸狹隘）等三項。

西洋史學者坪井九馬三在〈與外國人接觸之建言〉中反省日本人的缺點，

坪井九馬三「外国人接遇方に関せる論告に就て」（『太陽』四巻一八号一八九八・九）

即島國的、執拗的、固執的、單純的個性，換言之，有如「清晨聞到的山櫻花」，日本人膽小、無明、太過拘謹等特質，是為幼稚。這種反省論和明治初期的日本人劣等說看似接近，但未必能與西方崇拜劃上等號。相反地，坪井警告對於在日本國內旅行的外國人態度冷淡，或是對外國人肆無忌憚地批評都是和外國人不良的接觸方式。

一八九八（明治三十一）年五月，思想家兼評論家綱島梁川在〈國民性與文學〉一文中批判了當時的國民性論述。長久以來，所謂的國民性是指國民普遍的特質，日本人被認為有「快活樂天」、「尚武任俠」、「關心國家命運」、「富於道義」、「忠孝義勇」、「重視家系繼承」等美德。然而，綱島質疑這些特質，他懷疑「快活樂天」、「尚武任俠」、「忠孝家系的繼承」可稱做「日本國民不變或天生的特質」嗎？或者，這只是「歷史進化的結果」？是否忽略了「快活樂天」的反面也可能有「悲哀厭世」的特性。他認為與其說「尚武任俠」是日本固有的特質，倒不如看成封建時代必然的產物。對於長久以來忽略歷史條件、一直將國民性視為永遠不變的論調，綱島也提出警告，主張現代國民性是歷史進化的結果，綱島的這個觀點對後來的日本人論有相當的警惕作用。

從這個前提出發，《太陽》的主筆、政治學者浮田和民比較了西方各國與日本的國民氣質，並勾勒出日本的未來走向。在〈國民的氣質〉一文中說到國

54 綱島梁川「国民性と文学」（『早稲田文学』一八九八・五）

浮田和民「国民の品性」（『日本人』三次一四〇号一九〇一・六）

民性的形塑會受自然環境、國際環境、歷史傳承等條件影響，「國民」是同時具有個人精神與國民精神的人。國民精神的成長與個人精神的成長是同步進行的，幼稚的國民如同烏合之眾，精神上等同於孩童。日本人應該去觀察歐美人的特質，並找出足以做為借鏡的地方。浮田進一步舉例說明，英國人的優點乃萬事講求經驗、以實踐為重，法國人的優點是立即將理想付諸行動、調和事實與原理、求取兩方的平衡。日本人自稱在地理上是東方的英國，但心理上有類似法國人的特點，因此，日本人可說是一個高舉理想卻不會感情用事的國民。

大山萬吉渴望超越古來的武士道以反省日本的國民性，他在〈脫離武士道的可能說〉一文中指出，武士道是日本過去最重要的概念，但如今其精神已蕩然無存，國民缺乏悠揚的氣質，也喪失做為大人的男子氣概。因此，大山提倡從今爾後無論古今中外，必須去吸收、同化他人之精髓，培養去私奉公的精神。

浮田和民在〈偉大國民之特性〉一文中也說，日本人同時具有積極進取和極端保守的國民性，欠缺自主獨立的精神與組織能力，不太相信一般百姓彼此間的通力合作，寧願期待政府給予保護。

翌年，井上円了在〈日本人的缺點〉一文裡點出日本人的缺點，包括「妒嫉他人成功」、「服從心日減，傾向反抗上位者」、「島國根性衍生出的狹隘靈魂」、「缺乏獨立心」。井上認為這些缺點都是歷史條件衍生出來的，乃明

55

大山万吉「武士道の脱化を可とする議」（『日本人』三次一七三号一九〇二・一〇）

浮田和民「偉大なる国民の特性」（『太陽』八巻一〇号一九〇二・八）

井上円了「日本人の短処」（『太陽』九巻一四号一九〇三・一二）

治維新之後自由主義的產物，這點遙相呼應了綱島從歷史脈絡解釋國民性的說法。

除了井上的觀點外，也有人從生活知覺這個角度談日本人的缺點。名律師花井卓藏在〈日本國民的公權思想〉一文中提到日本國民對於「權利思想非常無知」，比較重視私權而忽略公權。譬如，日本人會急著催親友還錢，卻無視最大公權的選舉權被剝奪，花井認為候選人的品格學識如果太差，選民就不該去投票。

苦樂道人（片桐正雄）在《日本國民：品性修養論》一書中明白指出日本人不如西方人之處。他說日本人一聚眾，和公共事務相關的公德心就會被遺忘，上下車爭先恐後、亂折公園花木、隨地亂丟垃圾、污染道路環境等。還有，日本人宴客時狼吞虎嚥，對社會地位低的人頤指氣使，國會議事堂上口出穢言、隨便辱罵。日本人鄙視外國人，是鎖國時代的井蛙之見，現在則不然，日本人看到「歐美人知識豐富的一面，信守諾言，有錢又有力，儼然是位巨人的模樣」，日本人「自慚無法追上這些外國人，將他們視為牛鬼蛇神，表現出極其卑躬屈膝的態度」。

千葉江東在〈悲觀的國民〉一文中引用佛教「滅寂」的觀點，說明日本國民如何深受悲觀思想的影響，千葉指出對生命充滿懷疑與厭惡的人，對國家也會抱持懷疑與厭惡的想法，悲觀成為一種宗教、一種信仰。悲觀國民的缺點

花井卓藏「日本国民の公権思想」（『日本人』三次一九三号一九〇三・八）

56

苦楽道人『日本国民　品性修養論』（明治修養会一九〇三・一二）

千葉江東「悲観的国民」（『日本人』三次二〇三号一九〇四・一）

有：「島國根性」、「小國」、「貧國」、「缺乏往海外發展的勇氣」、「身軀矮小」等。千葉進一步指出會攻擊自己同胞缺點的大概只有日本人，這是因為：㈠日本人先天喜好爭論，為了博得喝采，不惜攻擊他人。㈡日本人幸災樂禍成癮。㈢日本國民都遵循上述模式，沒有意識到它帶來的負面影響。㈣日本人能看穿黑暗，卻無法判斷光明。㈤日本人無法有民胞物與之情。千葉舉出日本人的這些缺點都是之前不曾被提過的。

同樣地，池谷觀海在〈半日本人〉一文中也提到，「本國精神意識薄弱」者只能說是半個日本人，這些半日本人從西方思想「冷笑批評」自己的國家。他們忘了日本的人情道德，喪失「日本帝國臣民的精神資格」，欠缺相信自己國家國民的美德。池谷指出這是因為江戶時代大小藩⑧到處林立，造成各地風俗習慣不同，明治維新標舉「萬眾一心的偉大變革」，但短時間內也難整頓國內的差異。日本的人心都被西洋學術或技藝所滲透，崇拜醉心的驅力下產生了「半日本人」。

日俄戰爭勝利後，政治家島田三郎在〈日本人的能力〉一文中說，擅於武力的人在和平時期也不會減低其文采，明治維新後只見對武力的稱許，卻看不見什麼文采。日本已具備將人才朝向和平技術發展的條件，但因長年積習，日本人看重武力與和平技術的程度並不相同。現今，戰爭的勝利大多拜應用科學之賜，並非武力本身，而是人生所需的能力都集結在武力上，活用武力後所導

57 池谷観海「半日本人」（『日本人』三次二二三号 一九〇四・一一）

島田三郎「日本人の能力」（『日本人』三次四一四号 一九〇五・七）

致的結果。國民的注意力逐漸轉向，開始重視和平技術與能力。島田認為，和平時期日本人的和平能力會被運用在其他方面，造就出和平事業的英雄，因此他也高唱和平主義。

同年，教育學者澤柳政太郎在〈戰爭與國民的精神〉中講述戰爭的野蠻、悲慘與不經濟，對日本人的「傲慢之心」、「成為大國後的安心」等態度提出嚴正警告。澤柳進一步談到，所謂「愛國心」是指遠離物質拜金等私慾的精神狀態，那些強調「日本魂」就能成大事的人只會流於「損及人命」的下場。

甲午戰爭後，澤柳對於日本國民表現出來的驕傲及戰爭暴發戶等現象，深感戒心並提出警告，在日本人反省論上是極為大膽的一次發言，當時他還擔任文部省普通學務局長，這種直言不諱的表現更是眾所矚目。

確實，日俄戰爭是仰賴日本的軍事技術與「愛國心」才打贏的，然而，美學家大塚保治在〈日本文明的將來〉一文中寫道，當時的思想狀況是一種「奇觀」，日本的「外表是對西方維妙維肖的模仿」，但「其內在依舊受日本思想支配」。因這種根本上的矛盾，日本社會無論從哪方面來看，都顯現出衝突、不調和以及缺陷重重。

和上述反省論同時出現的還有一種論調，就是日俄戰爭後美國境內排日運動引發的「人種問題」之爭論，有些人認為與其譴責美國，日本應該先好好反省。從下面三個例子來說明。

沢柳政太郎「戦争と国民の精神」（『太陽』一一巻一一号一九〇五・八）

58

大塚保治「日本文明の将来」（『太陽』一三巻二号一九〇七・一二）

浮田和民在《太陽》雜誌「人種問題」的專欄中說，對於「中國和朝鮮等弱小民族，日本缺乏俠義之心」，不具備「文明強國」的風範，日本人才會引人嫌惡。因此，為了根絕排日思想，首先日本要養成大國的品格，同情弱者，必須自覺恃強欺弱是奇恥大辱。

新渡戶稻造也在同一專欄中提到排日問題起因於心理層面，也就是日本人對外國人的接觸心態這個層面。日本人不知如何與外國人打交道，對日本外交的打擊相當大。解決之道在於國民要學習瞭解外國事務，不要抱持偏狹的敵愾之心，必須以寬大精神接觸外國人。

慶應義塾塾長鎌田榮吉在同一專欄中感嘆，日本人到了美國理應同化於美國，然而，日本人走到哪裡卻都擺出一副日本人的架勢。他以軍備擴張為例，逼促為政者好好反省。鎌田極力反對軍國主義，強調擴張軍備只會招來外國對日本的敵意，增加國民的負擔，搞得國家永無寧日。

到了明治末年，已經沒有純粹的日本人劣等說了，許多具代表性的學者開始反省一心想當世界大國的日本，以及做為泱泱大國之民的日本人所應有的態度。

財政學家神戶正雄的〈日本人的道德缺陷〉便是一例。他認為日本人是「無我的國民」，而非「主我的國民」，更極端地說，日本人是「只知國家，

浮田和民・新渡戸稲造・鎌田栄吉「人種問題」（『太陽』一四巻九号一九〇八・六）

神戸正雄「日本人の道徳的欠陥」（『太陽』一七巻四号一九一一・三）

不知自己，更忘卻世界人道」的國民。神戶主張重視世界主義與人道主義，而非當時的國家主義，提醒日本人增強自己的國際觀。他感嘆日本人對國家的責任感遠高於對人道的義務感，裝出一副忘恩負義的樣子。很早之前，福澤諭吉就強調做人之道在於獨立自助精神之發揚，應發揮做世界人的責任。日本人多是等別人來幫忙，獨立心不足，譬如，人民對政府依賴成性。神戶強調尊重政府雖是好事，但缺乏自立自助的話，也無法期待國家會有發展。知識全都依賴外國，只是對西方的一味模仿。簡言之，對於日本人直接模仿西方的學問知識，以及日本人西方崇拜的強烈傾向，神戶提出嚴正的警告。

經濟學者戶田海市也在〈我國國民的公德心〉一文中拿日本人與西方人相比，並提出下列的批評。他說日本人「對於公共事務冷淡無知」，原本的性格忽冷忽熱，缺乏耐性，非常時期熱心有餘，平時卻漠不關心。戶田更進一步分析西方人和日本人民族性的根本差異在於主我傾向與無我傾向，也就是以個人為主、團體為客的傾向，以及以團體為本、個人為末的傾向。日本人十分在意別人的毀譽褒貶，名譽心和榮譽感都很強烈。因此，表面上看到的是日本人的無我態度，其實日本人渴望被別人認可與評價，這也是一種自我中心主義心理在作祟。

同年，北海道長官河島醇在〈我國民性與北海道的拓殖〉一文中指出，日本人不擅於「移民思想」或「殖民思想」，日本生活條件佳且較為富裕，不像

60 戶田海市「我国民の公共心に就て」（『太陽』一七卷五号一九一一・四）

河島醇「我が国民性と北海の拓殖」（『日本及日本人』五六三号一九一一・八）

其他國家生存競爭激烈，日本是一個極為和平的所在。但鎖國時間太長，日本沒有關於個人移民或殖民的政策，明治維新後也沒有到海外發展的永久移民現象，更沒有出現國家倡導的殖民現象。

明治末年日本人反省論的風潮中，不容忽視的還有海野幸德《振興國策的人種改造》一書，他從家族主義的「國風」論出發，認為日本人極富愛國精神，不論身在何處都想維持日本的國風，日本人不會以個人身份展現，而是在集團中發揮。海野將國風與甲午戰爭、日俄戰爭的勝利相提並論，斷言如果將國體精神從「日本人種」中排除，日本也沒什麼足以向外誇示的東西了。另外，值得注意的是，海野主張盛極一時的武士道論，並非日本所特有，乃特殊情況下形成的軍人道德而已。

海野是日本人論系譜中的先驅者之一，他認為「日俄戰爭後，有關國民性的論述已達巔峰，這是國民自我意識覺醒的結果」。海野也指出，以前的日本人論只會列舉國民性的諸多特徵，欠缺從歷史社會變動的脈絡探究國民性。國民性並非固定的、遺傳的，而是流動的。歐美人士認為日本人是非理性的、直覺的，是「商業道德劣等的賤民」。基本上，這種殘酷的批評是從國民性乃先天遺傳的前提出發，封建時代商人地位低下，道德也不怎麼發達。但這並非起因於日本人的遺傳特質，而是社會特質。因此，海野主張日本人論應從直覺轉向理性、從家族轉向個人、從不道德轉向道德來發展。

海野幸德『興国策としての人種改造』（博文館一九一一・一〇）

海野是人種改良論者，為了改善日本的社會環境，主張必須以「斷種」讓「惡人」無法生育（也就是後來的優生學），日本社會的改造乃繫於社會問題的解決。從改造日本國民性出發，海野以當時最科學的方法希望日本人成為國際人。「以國家為榮」不是說說就算了，須冷靜思考國家安危，他擔憂今後日本的國民性能否在世界上常具競爭力。

之前曾提到鎌田榮吉在《獨立自尊》書中舉出一個「奇怪的現象」，在地商業會議經常發表「日本人做生意不正直、不守信用，甚至不被當成往來對象」之類的報告書。尊武賤商的思想是封建時代的餘孽，商人只知追求利益，罔顧名譽道義。在這樣的風氣下，明治之後，商人也不重視外國人的權利和情感。不正直並非日本人的先天特質，但排外主義結合了官尊民卑的思想，使得它在商場上被充分發揮。教育只重軍事而輕忽實業，產生極大的謬誤，武士的忠義及僕人對主人的「私忠」被當成「國民全體的公忠」。現今的學者躲在象牙塔裡裝出一副學者的樣子，所謂的「學問中毒」也造成了「國家中毒」。鎌田還指出，日本人缺乏私權觀念，只要一聽是國家命令，身心都被束縛綑綁。日本人對道理的透析卻又異常敏銳，譬如，日本人馬上將傳統的私塾⑨改成西方的國民小學。明治維新推行的文明開化並非全然模仿歐洲，也有部份奠基於江戶時代，以教育為例，只是教學生很多內容，再用考試來測驗他們的記憶力而已，所以，即使大家都成了守法的好國民，「也消磨了國民自動自發的活

62 鎌田栄吉『独立自尊』（実業之日本社一九一一・九）

力」。因此，鎌田主張最好的方法是自由選擇教科書。日本人接受填鴨式的教育，把重心放在考試、地位、資格的取得，只會逼促學生為了考試而背誦功課。他把這種要求少年背誦難字的填鴨式沈重作業稱為「文字稅」。鎌田繼承了福澤精神，展現合理主義的思維，認為日本人需要的是「文勇」，主張盡量長命堅忍，為達目的努力不懈。

同一時期，夏目漱石於一九一一（明治四十四）年八月在和歌山演講〈現代日本的開化〉，定義「開化就是人類活力發現的路程」。消極方面，開化是為了節省勞力而發明機械力，積極方面，則是盡可能發洩縱慾、開發娛樂。夏目認為西方的開化是「內發的」，日本的開化是「外發的」。內發是由內部自然發展而來，外發則是面對外部壓力不得不進行的開化。西方的開化是自然進行的，日本的開化是明治之後急速推動的。日本人共通的集體意識只存在於四、五年前的日俄戰爭，後來的英日同盟也瀰漫那種集體意識。現代的開化好比「拿出山珍海味，還沒來得及看清楚就端了回去，之後又擺出新料理一樣的感覺」。換言之，只是「表面的開化」，體力、腦力都比日本人優秀的西方人花了百年才完成的開化，日本人想以不到一半的時間迎頭趕上，只會讓日本人變得更神經衰弱。夏目「下了極為悲觀的結論」，日本人真可憐，已陷入一種「無話可說、山窮水盡」的狀態了。

這篇講稿對日本未來提出悲觀的預測，也反映當時的社會背景。同年一

63 夏目漱石「現代日本の開化」（『朝日講演集』一九一一・一一、のち『漱石全集第一一巻』岩波書店一九六六・一〇）

月，大逆事件⑩被告判處死刑，石川啄木感嘆那是個「閉塞的時代」，永井荷風也在日記中寫著，當他目睹大逆事件犧牲者的座車經過時，自己已不再是文學家了，只想玩弄文字偷生度日。這些文章發表於夏目演講稿的前後，他們共同深刻察覺到，日本已走進如此暗淡悲慘的境地，無論是現在還是未來。

譯註

①John Ruskin（一八一九～一九〇〇年）：英國藝術評論家及思想家，對日本民藝運動有一定的影響力。

②義太夫：淨瑠璃的代表性流派，竹本義太夫所創，撥彈三味線的一種快唱。淨瑠璃的起源通常是以十五世紀後半的《淨瑠璃物語》為始，也稱作《十二段草子》、《淨瑠璃十二段》、《淨瑠璃姬物語》，是講淨瑠璃姬與牛若丸之間悲戀的故事。初期以琵琶伴奏，後來也用三味線或做成人偶劇。淨瑠璃有許多流派，元祿時代竹本義太夫創始的音節加上近松門左衛門的潤色，完成了所謂「義太夫節」這種最具代表性的人形淨瑠璃。

③《忠臣藏》：以赤穗浪士四十七人替亡君復仇為題材所編演的淨瑠璃、歌舞伎、講談之總稱。赤穗浪士又稱赤穗義士，四十七名藩士於元祿十五年十二月十四日為了替主君淺野長矩復仇，襲擊江戶本所松坂町的吉良義央。

④新附的國民：指朝鮮半島的人民。

⑤曾我兄弟復仇：日本復仇史上和忠臣藏並稱的故事，一一九三年，曾我十郎祐成和曾我五郎時致兩兄弟討伐工藤祐經的故事。

⑥和氣清麻呂（七三三～七九九年）：奈良平安初期的律令官人，長於庶務，完成《民部省例》二十卷及《和氏譜》，具備土木技術之才，平安遷都後曾任造宮大夫。

⑦乃木希典（一八四九～一九一二年）：留學德國研究軍制及戰術，日俄戰爭期間為第三軍司令官，明治天皇駕崩時乃木夫婦一同殉死。

⑧藩：諸侯的領地或大名的封土，特別指江戶時代大名的支配領地及支配機構的總稱。大名是平安末期到中世紀期間，擁有領地且具影響力的武士。

⑨寺子屋：江戶時代教導庶民子女讀書寫字的場所。

⑩大逆事件：明治四十三年，因計劃暗殺明治天皇，社會主義者和無政府主義者以嫌疑犯的罪名被逮捕，其中二十六名以大逆之罪起訴，除四名外，其餘都在沒有證據下被處死刑。

大正時期

III 大正時期

整合性的日本人論之開展

日本這個國家還沒有到滅亡的狀態，
不必一天到晚以國事為重而議論紛紛。
和個人道德相比，
國家道德看似處在較低的位階。……
我始終認為，太平盛世應更講求重視德義的個人主義。
——夏目漱石

一九一一（明治四十四）年一月發生大逆事件，同年六月平塚雷鳥等人創立 67
青鞜社①，緊接著一九一二（明治四十五）年明治天皇逝世，時序進入大正。大正初期的時代氛圍包括：日本參加第一次世界大戰（一九一四年八月）、全國稻米騷動②（一九一八年八月）、一次大戰結束（一九一八年十一月），還有勞工運動、社會運動、左派運動日漸抬頭。由於日本是戰勝國，國際地位大為提升，但日本國內的反對運動以及國民的政治意識也開始高漲。一九二五（大正十四）年五月五日公布了象徵大正民主的《普通選舉法》，五月十二日卻開始實施鎮壓社會主義運動的《治安維持法》。避開了左右兩派的激烈衝突，大正末年，現代主義（modernism）逐漸萌芽，特別是一九二三（大正十二）年關東大地震後，出現所謂的摩登少男與少女；一九二四（大正十三）年六月築地小劇場創立，社交舞開始流行，自由主義的思維在流行文化中蔓延開來。

隨著日本站上國際舞台，大正時期也孕育出國際主義的日本人論，包括「西方文化禮讚論」以及強烈質疑這種禮讚論的「民族主義的西方批判論」。
兩者的共通點是一反過去印象式的日本人論，而從更專門的不同領域以整合性 68
觀點試圖掌握日本人的特質，譬如，開始出現文學或近代思想觀點的日本人論。

國際主義的日本人論

明治到大正不僅是年號的更迭，正如石川啄木所說，也是部份日本人渴望從「閉塞的時代」躍升到國際社會的時代。

新聞評論家茅原華山是持這種樂觀想法的新日本人之代表，他橫跨了明治、大正、昭和三個時代，在《地人論》一書中指出國民性論述的謬誤，大膽批評日本人的自戀、自讚只是盲目的自負心之表現。茅原認為《古事記》和《日本書紀》只是神話，並非實存的歷史。《太平記》③也是虛構的，日本人是一個枉顧事實、好於想像的民族。茅原更批評日本人的好戰傾向，因為一味採取保護貿易、戰爭、仇視外國人的政策，以及國民主義的狹隘立場，才使得日本在外交上無法圓滿，只以一己之利訴諸戰爭。他還說國家無法約束內部政客、軍人專擅跋扈，到了國際舞台，當然也會發動戰爭或採取保護主義的貿易措施。

這些尖銳的批評現在聽來仍屬辛辣，和明治末年大和魂、武士道、日本精神等論述——甲午戰爭、日俄戰爭勝利後日本成為軍事大國衍生出來的空談

69

茅原華山『地人論』（東亜堂書房一九一三・二）

——相比，確實是截然不同的論調。

茅原進一步對日本的未來發出警告，他說確實有些人認為打敗俄國是「大願成就」，日本已是一等大國，日本的國民性是全世界最優秀且無與倫比的。但茅原主張日本人必須自我改造，不僅在國內，在國際上也必須求變，國際主義觀點的這番結論可說是非常新穎。

從國際主義出發，以教育學者的立場論述國民性，並和各國詳盡比較的是教育學者野田義夫的《歐美列強國民性的訓練》。他認為大和民族達成飛躍的進步，確實是優秀的民族，然而，這種說法不能無條件地接受。相反地，他採取冷靜批判的態度面對所謂的日本人絕對優秀說，批評「日本優秀說的樂天觀」——認為日本乃世界上無與倫比的文明國家，日本國民先天就有能力吸收外國思想——為「日本萬能主義」。他認為面對任何強國都沒有自信，只相信日本是世界上最優秀的國家，只在自己國內喊喊樂天主義的人是極其卑微的。基本上，野田的這些批判可以接受，但他是以國家主義支持古來的國民精神。雖然野田是國粹保存主義者，即保守主義者，但亦主張外來文明要同化於國民精神，因此，他也算是進步主義者。野田是接受明治時代教育的人，他認定的國民精神之基礎仍是「大和魂」與「忠君愛國」。

像野田這樣既傾向保守主義、又承認進步主義的雙面人，正反映了大正新時代知識份子面臨的矛盾與衝突。

70

野田義夫『欧米列強 国民性の訓練』（同文館一九一三・一〇）

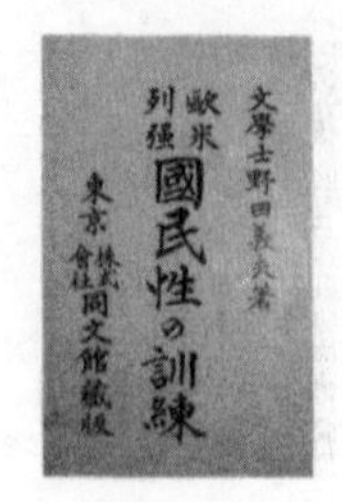

接下來，野田在《日本國民性之研究》一書中，發表關於日本國民性整合論的心理學研究，這是當時整合性日本人論的專書，具有劃時代的意義，我將詳細介紹該書的內容。

國民性是指構成每個國民或民族中每個人都享有的共通特質，此共通特質稱作「國民精神」或「國民心意」。其基本結構貫穿古今和日本全國，雖然，國民性依各個時代「國民精神」或「國民心意」的發展有所不同，但根本上並沒有太大變化。野田對日本人的自吹自擂提出警告，並詳細舉出日本人的優缺點。國史乃記錄國民性的「活歷史」，代表性的偉人是重要材料，政治、經濟、語言、風俗、習慣、道德、宗教、學問、文學、美術等各種文化也都能反映出國民性的特徵。

在此，野田指出國民性與文化之間的關係，該書也成為日後津田左右吉龐大研究的先驅作品之一。野田表達出與志賀重昂《日本風景論》及和辻哲郎《風土》相近的觀點，認為日本的地理、地勢、風景、氣候、天氣、食物、物產等對於國民性的塑造有絕對的影響。另外，野田強調他的觀點和明治時代日本人種改造論不同，必須考量體質、體格等影響國民性形成的因素。

野田指出之前的國民性研究以日本文學為主要資料，芳賀的《國民性十論》是其代表，因偏重某一領域而顯得狹隘，所以，國民性研究應該從各種不同角度做整合性觀照。他說自己的國民性研究不會偏向日本人優秀說（日本人

71

『日本国民性の研究』（教育新潮研究会一九一四・一二）

萬能主義）或西洋崇拜說（西洋人萬能主義）的任何一個極端。以下是野田所說的日本人十項特點：

㈠忠誠。
㈡清白。
㈢武勇。
㈣名譽心。
㈤現實性。
㈥快活淡泊。
㈦敏銳。
㈧優美。
㈨同化。
㈩殷勤。

首先是「忠誠」，這是承繼之前國家主義日本人優秀說所衍生出來的。第二是「清白」，意味著廉潔、廉直、廉恥，以及對污穢的厭惡。雖然有收受賄賂的名士，但一般而言，日本國民比其他國民更重視廉潔。第三是「武勇」，強調武士道精神所發揮的軍國主義，日本人是「世界最強的軍人」，適合「全民皆兵」，提倡明治以來的「強兵論」。武士道在平和時代是一種進步主義，有助於日本人培養超強的克己心與自制心，是其他國家人民無法模仿的。第四是「名譽心」，其特色不在積極求名，而是看重體面，日本人以不名譽為恥。野田強調惜名知恥是日本人固有的國民性，這點非常難能可貴，因為，直到現在名譽仍是日本人論的探討重點，卻在這麼早的時代就已提出。

第五是「現實性」，日本人具有「現世的、實際的、實行的」特質。譬如，日本人在向神佛祈願時，是以「息災延命、子孫繁衍、家內安全、武運長久、國普安全」等現世利益為主。第六是「快活淡泊」的傾向，野田認為日本人是活潑的民族，可說是一生快活。日本人「聽到自己小孩的弔唁時，還能強顏歡笑，參加他人的葬禮途中，也能談笑風生」，這是一般難以想像的事。關於「淡泊」，日本人對於日用品、嗜好品、美術品都展現清爽簡單的品味，野田認為這是日本的氣候使然，加上以農立國及農村的簡單生活等因素所導致。第七是「敏銳」，日本人有敏捷、早起、早食、跑得快、動作快、變化快、寫得快等特質，不僅動作靈巧，知性上也是聰明伶俐，日本人之所以意志果斷，是因為武勇及名譽心的支撐。第八是「優美」，日本人美感強烈，普遍有追求美的興趣，這是古早流傳下來優美的國民性。因自然美的美感非常發達，日本美術的特色是以自然為基礎，表現出色彩鮮明、技術纖細的特質。第九是「同化」，日本人不只一味模仿，還能消化外國文化成為日本文化。最後是「殷勤」，野田強調日本人重視禮節的一面，譬如，敬語和贈予的習慣便是一例。日本人使用敬語的程度是世上少有的，當日本人餽贈一丁點東西時，也會用精緻的包裝紙、封套、布巾等加以美化。日本人重視禮節，是因為看重面子，並且以恥為苦。

接著，野田也明白指出日本人的缺點，向日本人勸說反省與修養的必要，警告日本人不要落入自戀自滿的情況。優點如果發揮過度就成了缺點，所以，第一也是「忠誠」，但做過頭了就會衍生出「狂熱的忠君愛國」之「排外思想」。野田對忠君愛國思想的正面批判可說是劃時代的，還將日本人的排外心理與島國根性相提並論加以批評。他認為排外是「各藩割據的遺緒」，是偏狹的愛國愛鄉之情，是島國根性的表現。家族相互依賴是伴隨忠誠而來的缺點，導致不具「獨立自主自治精神」、欠缺公德心、政治思想低落。第二「清白」的過度是厭惡不潔不淨，喪失對他人寬大的胸襟，流於偏狹獨尊之境。第三是「武勇」，容易陷於虛張聲勢、欺凌弱小、我行我素、強裝隱忍，在國與國之間，日本被西方人認為是擅自決定的好戰之國。第四是「名譽心」引發喜好功名、虛榮、逢迎，怕被人取笑而深感痛苦。過重的名譽心也會引發自大驕慢的態度。第五是「現實性」，流於淺薄的實用主義、短視的現金主義，以及見風轉舵的現實主義，過份講求現實，更會造成缺乏理想及欠缺制定遠大計劃的胸襟。第六是「快活淡泊」，讓日本人只傾向賞花、宴會、慶典狂歡等享樂活動。第七太「敏銳」的缺點是輕率、自作聰明、自以為是、忽冷忽熱、缺乏定性。第八是「優美」，日本之美在於纖巧，但不具規模。第九是「同化」，日本人流於模仿及崇拜西方，容易附和追隨。最後是「殷勤」，日本人過份拘於禮數，讓原本應受款待的稀客也因繁文縟節而變得拘謹，並導致溝通障礙。這點也適用於現代社會，特別是一般對於日本人過份拘於形式的批評。

和野田同時代的夏目漱石，於一九一四（大正三）年十一月二十五日在學習院輔仁會上發表演講，題目是〈私的個人主義〉，批評那些傾向西方崇拜的人，認為他們「對西方人所說的一切，只知盲從卻還洋洋得意」，強調自己已達到「把文學當成安身立命」的自我本位境界。因此，「第一，如果想要發揮自己的個性，必須也尊重他人的個性。第二，如果想要運用自己所擁有的權力，必須考慮權力伴隨而來的義務。第三，如果想要展示自己的財力，需要考量隨之而來的責任」。夏目所說的自我本位包括「國家主義、世界主義、個人主義」，不會只依憑國家主義而已；譬如，「賣豆腐的人邊走邊賣，並不是為了國家，而是為了自己的衣食三餐。不論當事人做何感想，其結果必為社會所需的一部份，就這點來看，賣豆腐或許也間接成就了國家利益」。由此，夏目做出以下結論：「日本這個國家還沒有到滅亡的狀態，不必一天到晚以國事為重而議論紛紛。發生火災之前，應該有萬全的防火準備，像防火衣、防火意識、到處巡邏等」。「和個人道德相比，國家道德看似處在較低的位階。……我始終認為，太平盛世應更講求重視德義的個人主義」。

野田和夏目之後，也出現了幾本代表國際主義觀點的日本人論。

75 夏目漱石「私の個人主義」（『輔仁会雑誌』一九一五・三、のち『漱石全集第一一巻』岩波書店一九六六・一〇）

哲學家大嶋正德在《世界心、國家心、個人心》一書裡提到，人格觀念必須根本上從國際關係、國家、國民生活等脈絡討論。在〈第三篇個人心：國民篇〉中，大嶋比較了英國和德國，並提出日本國民性的優缺點。日本人的優點是忠君愛國、祖先崇拜、家族本位、武士道、靈巧、富於情趣等，缺點則包括欠缺公共精神、自治自立精神、人格價值觀念、精神上的創意、精神體力等，還有，日本人國語國字的能力稍嫌不足。大嶋認為英國人的特徵是個人主義、重視一般修養、富於社會公共精神、凡事講求漸進習慣；德國人的特質是國家本位、勤勉努力、義務觀念、講求組織秩序。

創立實業日本社的增田義一在《大國民之根本》一書中，針對活躍於國際舞台的日本人之缺點提出嚴格的批判及反省。日本人最大的毛病在於自古以來都很欠缺共同自治的精神，依賴心太強。日本人缺乏公德心，必須以規範來統治，也缺乏冷靜和耐心、感情用事、有迴避責任轉嫁他人之嫌。整體而言，日本人稱不上是思想縝密的民族。

一九一四（大正三）年第一次世界大戰爆發，一九一八年日本以戰勝國之姿迎接戰爭結束，躋身強國之林，日本的國家意識也更加高漲，人民以做為日本國民而自豪，但同時，日本人也開始客觀比較日本與外國。譬如，德國是戰敗國，但蔑視德國人的想法在日本會遭到警告。文部省制訂了「訓令」（一九

76 大嶋正徳『世界心国家心個人心』（内外教育評論社一九一六・一）

增田義一『大国民の根柢』（実業之日本社一九二〇・九）

一四年八月二十三日），昭告學生必須以人道主義與國際主義去面對敵國，並以如下的文告向青年學子鼓吹國際主義。對於敵國「臣民不應抱持敵意，此時，若鼓動學生敵愾心理、對交戰國採不當言行或傷害該國國民品格的話，會令人[77]難過」。

另外，一次大戰後的大正末年，國小六年級國語課本第二十七課〈我國民性的優點與缺點〉中也反省了日本的國民性，勸導日本人對西方文明採取尊重的態度。

「我が国民性の長所短所」（『尋常小学国語読本巻一二』一九二三）

第二十七課　我國民性的優點與缺點

我國是世界上獨一無二的國家，擁有三千年的輝煌歷史，躋身五大強國之一，這都是優良國民性所締造出來的。無庸置疑，日本人獻身君親的忠孝美德是世界之冠。忠孝是我國民性的根本，由此衍生出許多良善的美德。位於東海之島的日本，在國家建設上頗為有利，四周海洋乃天然屏障，不太容易偵測外敵，危害國家存亡及威脅國民生活的危機從不存在，國內大多處在和平狀態。國民不會去做傷害國家名譽之事，長久以來，國民一直以國家為榮，也產生了舉國一致、共赴國難的風氣。國民以萬世一系的皇室為中心，團結一致凝聚鞏固，養成熱忱的愛國心。還有，日本美麗的風景與溫和的氣候形塑出國民穩健的性格，以及培育國民愛好自然美的溫和情操。

但另一方面，這些也帶來國民性的缺點。生活於狹窄的島國，在安逸樂土上享受和平，國民容易陷於極端沈思，缺乏奮鬥努力的精神，流於遊惰安逸。溫和的氣候與美麗的風景使人調柔，美則美矣，但並不適於培養雄大豪壯的氣魄。特別是德川幕府二百多年的鎖國政策，消磨了國民到海外發展的志氣，人們只以日本這塊小天地為理想國，成了不知世界局勢的國民。結果到了現在，日本人還不明瞭真正的社交，更缺乏信人容人的肚量。日本人就算移民到海外，也會遭到外人難以想像的誤解、甚至排斥。日本人所有的缺點都和「心性狹小」有關，其原因有很多，最主要的還是自古以來島國不知浮世這個因素。現在的日本已躋進列強之林，在世界舞台上占有一席之地，我們的任務是將這些缺點從國民身上除去，盡早一掃而空。日本人接受中國、印度的文明，又吸取西方的文明，達到長足的進步，可說是一個賢明機敏的民族。消化他國文明巧妙融入本國，實在是我國民性的一大優點，但這些優點也伴隨許多缺點。自以為是的創造力並沒有充分發揮，從古至今，日本人幾乎都以模仿為能事。模仿成性後，日本人看輕缺乏獨創性這件事，連外國人也瞧不起日本人。然而，模仿終究得邁向創造，日本人總有一天要擺脫模仿，充分發揮獨創性，對世界文明做出卓越貢獻。

日本人喜歡櫻花瞬間的盛開與凋謝，也喜歡古代武士寧為玉碎不為瓦全、視討死為無上光榮的精神，這種偏愛都和日本人潔淨淡泊的傾向有關。沒有比日本人更耽美於淡泊情味的民族了，喜歡潔淨淡泊的日本國民其優點是重視廉恥清白，日本人也確實發揮了這樣的美德，然而，這些優點的反面亦潛藏喜新厭舊、輕易放棄的性格。所謂堅忍不拔，只存在剛開始的時候，日本人欠缺貫徹始終的耐力，這是我們必須反省的缺點所在。

如果要細數日本國民的優缺點，還有很多，然而，我們必須明白優點之所在，加以充分發揮，也要常常注意缺點予以補強，努力成為一個泱泱的大國民。

西方崇拜及其批判

隨著日本和西方的接觸日趨頻繁，以日本人劣等說為前提的西方崇拜論開始甚囂塵上，但另一方面，批判這種西方崇拜論的說法也逐漸形成。

文學家谷崎潤一郎在一九一五（大正四）年發表〈獨探〉一文，表達了自己非常強烈的西方崇拜。

「西方比日本擁有偉大的藝術，西方的任何事物都美得令人羨慕和讚嘆」，「生在日本真是悲哀」。「我只好去放洋，不，放洋還不夠，要成為西方人，並決定埋葬異域，也就是移民西方」。「然而，想想自己現在的處境，放洋、移民都不可能。唉，我怎能不怨嘆自己的不幸呢」。關東大地震之後，谷崎移居關西，對日本傳統文化的關心日漸加深，反之，對西方文化則出現藐視的傾向。在大正現代化的潮流中，像谷崎這樣表明厭惡日本、崇拜西方的人實在不多。

長年住在西方的西洋畫家荒井陸男也表達對日本極端厭惡，並特地寫了

79 谷崎潤一郎「独探」（『新小説』一九一五・一一、のち『谷崎潤一郎全集第四巻』中央公論社一九五八・二）

荒井陸男『特殊性情国』（文化生活研究会一九二三・七）

《特殊性情國》。在書中，荒井連日本人的生活、行動、容貌都一一批評，對西方卻給予高度評價，認為日本是世上獨特的「特殊性情國」。

長年在海外生活的荒井，從回到日本的第一印象開始說起。他批評木屐的聲音，攪和日本人的心情而不得安寧、煩悶痛苦，像是神經質的小國民。日本人天生長相差也就算了，卻又行儀不端，令人難以忍受。日本人被揍還露出不痛不癢的表情，內心氣憤，表面上仍裝出無所謂的樣子。荒井強而有力地批判日本人強忍、表裡不一等特性。另外，他認為日本人尚未性解放，這也反映出大正現代化思潮中開始萌芽的性解放意識。日本的男女之間被認為根本沒有愛，換言之，日本社會對性是壓抑的，性慾被認為是極大之惡。「清潔」是日本人論經常提及的，但荒井卻提出不同的看法。他說日本人喜歡入浴，並不代表日本人有潔癖，而是日本式的服裝與家屋比較開放，容易沾染塵埃，日本的馬路街道是全世界最髒的，所以，日本人不得不常常洗澡。荒井對於乾淨、廉潔等經常被提出的日本國民性，做了一番精準的觀察。

其次，他也針對日本人喜好慶典熱鬧這件事提出自己的看法，批判日本人在皇室重大慶典動輒花費數萬，只為了做一扇當天使用的門，這個說法和皇室中心主義的論點背道而馳。人們常說日本是守規矩的民族，但守規矩只是表面、做給別人看，全世界找不到像日本人這樣亂七八糟、愚昧無知的國民；日本人犯法，卻能狡猾又不為人知地安然度過。此外，荒井批判日本人在婚喪喜

80

慶、餽贈、收受上喜好虛禮、見風行事的態度。他希望日本人能更徹底西化，「變得更有奶油味，這對日本人一定會更好」。他還強烈攻擊那些主張「保存國粹」的人，認為他們根本是「保存國害」，國家主義者所說的愛國心根本一無是處。

不同於谷崎和荒井的西方崇拜論，很早以前，永井荷風就對西方崇拜論加以揶揄。在〈廁窗〉一文中他寫道，「西方這個語詞，在很多時候是指不該做的道德」。與日本相較，西方所有的事物都被認為比較優良，譬如，「講到自己昨晚香檳喝太多有點頭痛時，意味著這個人已躋身上流社會，品味還不差，然而，如果他因喝日本酒而宿醉，會讓聽者嫌惡不已」。永井從青年期開始接觸江戶藝術，並對此抱持高度評價，他在美國和法國期間也吸收了許多西方文化，因此，對於一般膚淺的西方崇拜論相當反感。

與永井幾乎同一時期的植物學家遠藤吉三郎，發表了西方批判以及攻擊西方崇拜的論點。在《嗚呼西洋》一書中，他說曾經到過西方留學的經驗，認為西方文化確實有其優點，但也感嘆日本人對舶來文化過度崇拜。譬如，商標中一定要寫橫體字，化妝品名稱非得注上片假名，否則就不會流行。「確實有很多日本人認為西方人真的比自己優越」，然而，遠藤主張西方崇拜主義、西洋盲從、歐化主義的時代已經過去，「現在是批判西方的時代」，西方文化中真

81 永井荷風「厠の窓」（『三田文学』一九一三・八、のち『荷風全集第一三巻』岩波書店一九六三・二）

遠藤吉三郎『嗚呼西洋』（博文館一九一三・一一）

正很好的部份就該引進。但遠藤是站在老舊的史觀上，提出自己對國民性的看法。他認為二千五百年來日本人不曾和異族混血過，也不曾被外族征服過，這是大和民族最大的特徵；告誡青年男女，與大和文化不相容的其他文明或文化都不應進到日本國內。遠藤從文化鎖國的立場，批判鹿鳴館以來承續的開放政策。最後，他在結論中建議，研究日本國民性的學者，也必須深入研究西方文明的弊害，不要害怕被說成野蠻人，應該採取「精神上的鎖國主義」。

緊接著，遠藤在《西洋中毒》一書中，更強烈批評日本人的西方崇拜，他指出明治初年以來「不怕被外國的紳士淑女恥笑嗎？」這種說法，是來自日本人對西方的自卑感，以及由此衍生的恥感與謙卑。他擔心追求舶來品或以英文表記郵票、車票等這些行為，會在不知不覺中對國民性產生負面的影響。日本的年輕人需要具備外語能力者只是一小部份，所以，遠藤也主張廢除中學的英語科。總之，遠藤認為忠君、愛國、孝順等日本精神，必須在皇室為尊的皇室中心主義下加以貫徹，他堅持保守立場，也批判當時「新女性」、「女子參政權」等社會議題。然而，他也指出日本國民具有圓融的特質，這種圓融起因於「島國根性」的社會心理。島國是沒有國境的，日本人想去哪裡就去哪裡，換句話說，「日本是個圓融自在的民族，在汪洋中航行也不會迷失」。

深作安文認為西方崇拜與當時的人心不安有關，他在《外來思想批判》一書中寫道，和外國人相比，日本人先天依賴心比較強。這是從家族制度、封建

82

『西洋中毒』（二西社一九一六・九）

深作安文『外来思想批判』（右文館一九一九・一一）

制度，以及「民可使由之，不可使知之」的政治風氣中所產生。基於這樣的反省，深作舉出人心不安的原因是：世界大戰、生活壓迫、經濟不獨立、社會政策不完備、國民思想動搖、民主思潮流行、激進派揮舞、國際主義欲振乏力等，批評了一次大戰之後以民主為首的外來思想。深作認為中國「改朝換代」的儒教思想與日本社會並不相容，日本人的祖先根本沒採用過，積極開朗的大和民族更不會吸取佛教的厭世觀。還有，基督宗教主張從個人躍升到世界人類的觀點，這在國家主義、皇室中心主義的日本也無法被接受。深作批評大正民主化之中的「激進主義」，認為這些主義雖然動搖了日本人的意識與情感，但沒能完全消滅日本人的想法，換言之，日本人的意識情感並不薄弱。

和遠藤不同的是，深作對日本社會情勢做了比較客觀的分析，但仍以皇室中心主義做為精神上的防波堤，排除外來思想進入，就這點而言，他和遠藤是如出一轍的。

大正文化與日本人論

大正時代是文化主義與教養主義流行的時代，從文化思想層面探討日本人的論述非常多，其共通目的就是找出世上獨一無二的日本文化創造者，也就是日本人的特質。

首先介紹的是石橋臥波的《從鏡子看國民性》，石橋認為日本人最喜歡親近自然，喜愛清淨、富於趣味、樂天、忌諱陰鬱、厭惡沈靜。日本人住在島國，常看到海水不斷波動，與其安靜思考更好於變化。而且，日本人擅長模仿也善於同化。鏡背最能反映日本的國民性，日本人常拿動植物及風景等大自然題材來描繪，外國的東西同化後新舊併存地出現在鏡背當中。

原正男在《國民性傳說》中談到想瞭解日本的國民性，可以從神話、傳說、童話、故事等找出最受歡迎的口白。然而，這本書只收錄相關的故事，並沒有分析這些故事與國民性的關係。值得注意的是，如果從民眾文化與國民性的關係來看，該書是日後盛行以民俗學方法研究國民性的重要起點。

84 石橋臥波『国民性の上より観たる鏡の話』（人文社一九一四・四）

85 原正男『国民性伝説』（実業之日本社一九一七・二）

從文學史研究國民性，至今仍為代表鉅作的是歷史學家津田左右吉的《文學中我國民思想之研究》[92]。他在序言中對國民思想與國民性的關係做了以下的陳述：國民思想指國民生活的心靈層面，也就是「根植於遠古的民族生活」，透過一貫生活過程而逐漸形成；對應不同時代的實際生活，國民性有其特殊的內容和形式。津田承認自古以來的尊皇思想，並將這個思想與明治之後的「愛國心」相結合。在序言中，他確認日本人愛好和平的特質，日本人與異族之間不曾有過激烈的競爭，日本人也欠缺殺伐的戰鬥氣息。面對異族，日本人難以產生「民族自決」或「堅強的民族精神」，同時，保護民族生活的國民神祇或共同祭祀也不存在。日本內部「地方君主各自競爭兼併」，國民也難以統合。商業不進步，城市就不發達，戰爭少城郭便無需重建，民眾難以養成公共生活的習慣，普遍欠缺公共的精神。日本人易於滿足現狀，奈良時期的日本人是「純真的樂觀主義者」，快活淡泊，而非執拗殘酷。但從另一方面來看，生活安逸造成日本人的欲求薄弱，也導致日本人缺乏堅強的意志、勤奮努力的精神、冒險的衝勁，以及反省的態度。日本人突然和優質的外國文化接觸，馬上開始模仿、拼命學習。津田認為這不是文化創造，而是對異文化的馴服，日本人的順從性格在此展露無遺。模仿與學習都是智力的活動，容易養成知識主義，偏重外部知識，輕視純真生活，忘卻真實自我，形成虛偽面貌。這些都造成了日本人我執較輕、意志力薄弱的民族性。

92 津田左右吉『文学に現はれたる我が国民思想の研究』（東京洛陽堂一九一六—二一、のち岩波書店一九五一・七—一九六五・四）

除〈序言〉外，這部八大冊鉅作（岩波文庫版）結集了〈貴族文學時代〉、〈武士文學時代〉、〈平民文學時代　上・中〉等，津田認為武士道與愛國心並非日本固有的國民性，而是隨著時代與社會條件被創造出來的。這和芳賀矢一的國民性論述正好相反，津田試圖掌握歷史上國民性的形成過程與條件，因此，他的這部書直到現在仍有極高的評價，成為劃時代的研究。

大正後期，相繼出現從社會意識、運動、宗教等特定觀點所開展出來的日本人論，許多研究陸續問世，和以往只羅列國民性特質的作法大相逕庭。

首先，劇作家坪內逍遙在《追憶少年時代看歌舞伎有感》一書中寫到，和日本人相比，西方人的嗜好始終傾向實用、厚重、濃密及肉體，以戲劇的複雜度和純熟度而言，西方戲劇恐怕很難與絢爛期的歌舞伎相比。歌舞伎中煽情血腥的場景都很誇張，常製造血淋淋的畫面，劇中人物絕命前的情節非常細膩、冗長而繁瑣。日本民族先天具有殘忍的性格，從文化④、文政⑤時期一直持續到明治末年，這難道不是遺傳下來的一種集體無意識嗎？依據最新「精神解剖學家」的說法，文藝作品中極具爆發力的內容是起因於意識和無意識的煽情想法，歌舞伎表現的大多是被虐待（masochism）和虐待（sadism）等異常性慾的情節，比起文化、文政時代，安政⑥晚期更為混亂。歌舞伎裡殘酷卑猥的情節之所以風行有以下幾個原因：㈠歌舞伎原是遊戲本位的夢幻劇。㈡歌舞伎的演員

坪內逍遙『少年期に観た歌舞伎の追憶』（日本演芸合資会社出版部一九二〇・一二）

均為男性，再怎麼血腥的畫面，觀眾在心理上也不會當真。㈢江戶時代以來，文學作品中常見的討賊故事也反映在歌舞伎裡。㈣一般百姓的道德理想與藝術品味並不高，家庭的禮儀風範也沒有武家嚴格。㈤安政以後，社會上殘酷卑猥的情況越來越嚴重，加上明治維新前期的政治混亂，根本來不及收拾此一殘局。㈥尚武傳統使得人們對自殺、傷害等行為比較容忍，斬首處決等私刑也是公開的。㈦透過演技，歌舞伎演員發揮了化腐朽為神奇的能事。

坪內主張殘酷與卑猥是原始時代最重要的戰鬥和生殖本能，這種本能依然潛存優秀日本國民的內心深處。變動的時代，一旦社會人心失控，殘酷與卑猥就轉成群眾意識。藝術也好，夢幻也好，都有一種排解的作用，一種對欲求不滿的消解作用，也就是對社會壓抑的反抗。如弗洛依德所說，夢能夠發揮遂其所願（wishfullment）的作用，它是一種無意識的產物，同樣地，歌舞伎這種夢幻劇的作者和觀眾也都是無意識的。

坪內的這篇論文是極具特色的日本人論，他借用當時只有少數專家才知道的弗佛洛依德無意識理論，剖析幕府時代日本民眾的社會心理。

犯罪心理學家寺田精一在〈節慶瘋狂的心理〉中，分析日本人喜好狂歡的心理因素。他認為日本人在節慶中特別瘋狂，基本上日本民族是輕浮的。即便這種「內在精力的發散」是無意識的，但它能帶來強烈的快感，特別在逐漸喪失生活餘暇時，對喜慶氣氛的追求益發明顯。被壓迫的封建時代，民眾樂天地

寺田精一「お祭り騒ぎの心理」（『太陽』二六卷一四号一九二〇・一二）

藉由狂歌⑦或川柳⑧來排解壓抑、諷刺時政，透過祭祀慶典中的狂歡無度，表達對當權者的不滿。現代生活的刺激很多，容易陷入神經衰弱或過敏，人們會想追求更多新的刺激。

第一本從運動觀點探討國民性的是下田二郎的《運動競技與國民性》。他認為日本的自然特色是無常，日用品不能持久，而是隨時準備汰舊換新，日本人的個性容易受外界影響而感動，呈現忽冷忽熱的反應。日本的主要運動比賽都是從美國引進，是美國式的，日本人喜愛節慶狂歡，抬神轎那種狂歡方式也符合日本的國民性。下田還說日本國民在危急時能舉國一致，但平常會有人先下手為強或爭些小功小名，因此，日本也難以組成國家級的團隊。日本人不服輸、習於強忍，是運動比賽中必須發揮的真精神。

當時，另一本日本文化論名著是東洋學者內藤湖南寫的《日本文化史研究》。他提到人心動搖，有個性的天才就會紛紛出籠，這是藤原末期⑨到鎌倉⑩初中期的時代寫照。到了鎌倉和足利時期，日本的國民性已逐漸擺脫中國的影響，屬於日本自我的那個層面開始受重視。

前述《地理學考》（後來改稱《地人論》）一書中，內村鑑三有比較客觀的日本人論，但後來所寫的〈日本的天職〉卻從宗教觀點主張日本人優秀說，該文的主要目的是批判一九二四（大正十三）年五月美國通過的排日移民法。內村認為日本人並非「好戰之民」，而是「愛好和平的民族」，因為日本人多數是

88 下田二郎『運動競技と国民性』（右文館一九二三・八、改定再版一九二八・八）

內藤湖南『日本文化史研究』（京都弘文堂一九二四・九）

內村鑑三「日本の天職」（『聖書之研究』一九二四・一一）

農民，另一特質則是「宗教之民」。就一個人的生命來做譬喻，明治、大正屬於日本人驕傲自滿的時代，但這個時代已逐漸沒落。「日本是神的國度，是重視精神層面的民族」。內村強調這並非自吹自擂，日本人知恥、重名節是世界第一。日本人講求信用道義，不就是精神上獻身於神人的具體表現嗎。他還預言基督宗教將來在日本一定能發揚光大。西方的傳教士認為日本人難以教化，其原因並非日本人的宗教精神不足，而是日本人的宗教精神太多。在此可以看到，連內村這樣偉大的基督徒所提出的日本人論也不免流於主觀、自負的價值判斷。

除了宗教觀點，還存在許多對國民性論述有影響的各類思潮。

社會政策學者永井亨在《國民精神與社會思想》一書中寫道，日本是以「君民同體」、「萬世一系的皇室」為中心建構出來的國家，這也是日本國民確認自我國民精神的基本特質。永井認為樹立健全新社會思想的同時，也要追求世界的「新文明、新思想」，他反駁「一律壓制外來詭譎思想」的狹隘觀念。日本國民性的弱點是缺乏理想與創意，但感受性、模仿性、同化性都很強。日本人重視現世不知來世，對宗教哲學比較疏離，但科學道德卻相對發達。日本人重視情感、沒有實利傾向，卻也相當理智。日本人可以馬上接受進步的思想，兼具情與智，但意志力略顯薄弱。日本社會雖然也有壓迫、專制、獨裁的現象，但不會太極端。日本人做任何事都會受牽制，這就是俗稱的島國

89 永井亨『国民精神と社会思想』（巖松堂書店一九二四・三）

根性。永井進一步闡述，日本因長年封建制度的影響，產生了截然不同的武士道與商人氣質，加上「新舊內外文明思想」的交相引進，還有世代、教育等落差造成的個別差異，其實並沒有具體呈現出所謂日本的國民性。最後，永井感嘆關東大地震後，「變態的社會」產生了「變態的心理」，這些心理對國民性的形塑也有一定的影響。

隨後出版的《國民性與時代思想》一書中，永井更詳盡說明他主張的國民性論述之思維。首先，他定義國民性是「隨著國家組織的發達，民族性『高度發達的形式』或是國家的『集體生活特性』」。他認為自古以來日本的民族性是「現實的、直覺的、樂天的、現世的」，後來接觸海外的文明思想，變得富於感受性、模仿性、同化性以及調和性。日本人在道德思想方面展現出人倫的、實踐的、家族的、階級的、聽天由命的特質，這是儒教和佛教「日本化」的結果。也就是結合了祭政一體、敬神崇祖等神道思想，以及修身、齊家、治國、平天下的儒教思想。其次，日本國民性的最大特徵是感受性、調和性與統一性，然而，感受性太強的話，容易流於直覺的情感發洩；調和性過高的話，也會變成不夠徹底屈於妥協；太過要求統一，又會造成排他的保守風格。因此，永井強調「新文化與新思想的建設」是國民的使命，必須排除思想的保守化與固定化，致力於言論自由與思想啟發，喚起國民輿論。最後，他主張「傳統的民族精神文化」應表現在「宗教、道德、藝術、哲學等文化社會現象

90 『国民性及び時代思想』（岩波書店一九二六・一）

上」，相對地，「現代社會的物質文明則呈現在政治、經濟、法律等現實的社會中」。

此外，海軍中將東鄉吉太郎的《大日本與外來思想》從國體論談外國思想。他批評那些認為只有西方民主主義才能舉世皆通的日本人，是欠缺獨立自主精神的卑屈之人——日本「國體國情的起源」本來就和西方不同。但是，也不能因此就污衊外國人，忽略應有的禮儀。東鄉也反省到「面對外國人，當今日本人的風土禮儀還有很多令人汗顏之處」。他認為那些反對日本國體、一心嚮往西方思想的人，表面上是日本人，但精神上不足以稱為日本人。

91 東郷吉太郎『大日本と外来思想』（皇国修養会出版部一九二五・一〇）

大正中葉之後，整合性的日本人論開始出現。

芳賀矢一在〈戰爭與國民性〉一文中指出，武士道只是封建時代的產物，貫穿古今的國民精神為「國道」，這才是「武士道的根本」；主張愛國心與尊皇心是一致的，皇室與國土也是一體的。「皇室是國民的宗家及總本家」，「我等國民皆其分家」。「敬神」是對祖先和皇室表達尊重之心，在神國的日本，朝廷以「祭政一致」的方式來舉行祭祀。芳賀認為現今西方世界中只有軍隊才能具體實踐「平等質樸主義」。日本的武家時代，脫離宗教色彩的禮節，維持了社會中一定的位階秩序，服從的精神仍存於軍隊之中。「武士道德」的中樞就是知恥、重名義、寧可赴死也不受辱。「武士道」或「國道」就是所謂的「正大之氣」與「大和魂」。然而，武士也有極其殘酷的一面，為得功名不擇手段。當今日本國民的缺點是「藩閥之心」和「地方情感」，只想到自己的利益，欠缺協助與寬容他人的精神，這或許起因於武士之間抗爭的習慣。一般

92 芳賀矢一「戦争と国民性」（『日本人』冨山房一九一六・一）

人會以為日本人做什麼都是小格局或斤斤計較，並把這種現象稱為島國根性，但芳賀不以為然，他覺得小格局或斤斤計較是一種時代的習性，是「武家時代家族之間偏狹的妒嫉與排擠」所遺留下來的。另一方面，他也批評「商業家的道德」，特別是他們「無法奉公棄私」這點。

樋口麗陽在《莫名其妙》一書中寫到，為什麼歐美人看日本人是如此不可思議，他認為日本人和歐美人在許多方面有根本上的差異。日本人是尊王主義與皇室中心主義，歐美人則是個人主義與自我中心主義；日本人是非算計的人道主義，歐美人則否。日本人是精神主義，歐美人是物質主義；日本人會自我犧牲，歐美人則完全迴避；日本人是正面的、直線的、無色透明的，歐美人則是側面的、曲線的、不透明的。此外，日本人是利他、合作、親睦、坦白、開放的，歐美人則完全相反；日本人的人生充滿朝氣，歐美人則沒有報酬就不願行動、毫無生氣。

樋口認為歐美人無視於和日本人的根本差異，才會認定日本人是不可思議的民族，但他也舉出日本人應該反省的缺點。日本人喜歡大放厥詞而不行動，活動舞台可以遍及全球，卻很少真正在國際間做出貢獻，這些糗事實在不值一提。日本人還刻意掩飾這些矛盾與焦躁，其實是自暴其短、自毀前程。

甲午戰爭及日俄戰爭勝利後，大町桂月為了逼促那些還陶醉在「世界一等

93
樋口麗陽『珍ぷん感ぷん』（大江書房一九一七・一二）

大國」的日本人好好自我反省，特地編纂《優點弱點長處短處　日本研究》（之後改名為《日本國民性的解剖》）一書，由三十五人共同執筆，集結了七十六篇文章。該書的目錄如下，接下來，我將從中介紹幾篇具代表性的文章。

日本國民性的解剖　目錄

94　大町桂月編『美点弱点長所短所　日本研究』（日本書院一九一六・五、のち『日本国民性の解剖』一九二六・三）

103｜整合性的日本人論之開展

三二	優劣是時間的問題	三宅雪嶺
三三	謊言是日本人的至寶	元田作之進
三四	洋服與日本服	遠藤吉三郎
三五	善用同化力的國民	大隈重信
三六	說東道西的風氣	元田作之進
三七	日本的優缺點	杉浦重剛
三八	日本特有的文化	芳賀矢一
三九	潔癖的國民	元田作之進
四〇	和食與洋食	遠藤吉三郎
四一	自國卑下的壞風氣	野上俊夫
四二	日本傘與洋傘	前田不二三
四三	自然文學與國民性	芳賀矢一
四四	遠大志願的國民	古谷久綱
四五	日本人的美化力	元田作之進
四六	日本的家族制度	
四七	日本人的簡易生活	芳賀矢一
四八	日本人喜歡小孩	元田作之進
四九	農村生活的優點	大隈重信

六八　忽視科學研究的工業　阪田貞一
六九　缺乏素養的技術家　阪田貞一
七〇　外國人對日本的興趣以及日本人對外國的興趣　遠藤吉三郎
七一　世界思想帶給日本的變化　大隈重信
七二　英國人眼中的日本武士道　倫敦時報
七三　德國人的日本觀與我國民的皇室觀　芳賀矢一
七四　日本人的衣食住　津村秀松
七五　關於日本研究　大町桂月
七六　日本人的一大缺點　大町桂月

首先是三宅雪嶺，他在〈日本人的特質〉中提到江戶人喜歡擺闊，鄉下人就比較節儉。一言以蔽之，想概括性評論日本人乃輕率之舉，批評日本人是「島國根性」或「小國人物」的講法根本是自欺欺人。

馬克思主義經濟學家河上肇在〈日本人嗜好的特性〉中也說道，西方人長於分析與整合，日本人比較不重分析，只是加以統整。譬如，日本人會將一棵樹移植到盆栽，但也能享受大樹的情趣。西方庭園以對稱為原則，日本庭園的素材是集結大自然為主，深山幽谷的形貌可以完整凝縮在裡面。

教育家元田作之進在〈謊言是日本人的至寶〉中寫道，日本人常說善意的謊言，當日本人講「大概不合你的口味吧」時，其實內心期待對方的肯定。別人家的小孩即使愚蠢也要稱讚他溫順，相反地，自己的小孩乖巧聽話也要貶為愚笨。日本人為了向對方表達敬意及謙遜，會刻意講出善意的謊言。日本人在公務上缺席時會謊稱生病，世界上沒有一個國家的公務員像日本公務員那麼常生病，這就是元田所說形式上的謊言。

接下來是心理學家野上俊夫，他在〈自國卑下的壞風氣〉一文中指出，當今日本人最糟糕的是過度鄙夷自己的國家，卻過度讚揚西方。許多人認定舶來品才是上等，日本製則劣質，任何東西都想加上西式名號。一開始日本人就覺得西方人比自己優越，只要有偉大的學者或政治家來日本就會引起全國騷動。日本人模仿歐美、尊為先生並大加崇拜，相反地，日本人貶抑自己國家為小國，把日本人當成弱小民族。

元田作之進在名為〈沒有同情心的國民〉文中，進一步指出日本人對家人、親戚、朋友知己、同鄉同窗非常親切，然而，對沒有關係的人不僅冷淡還會排斥，並視為盜匪。換言之，日本人國家觀念十分強烈，但對社會卻漠不關心，同情心不足、社會事業、慈善事業的發展仍相當有限。

農商務大臣仲小路廉寫了〈產業界的問題點〉，批評日本人喜歡依賴別人，少具獨創性格，還有，日本人粗製濫造、買占囤積的傾向很濃。

以上介紹的是日本人論各領域集大成的專書，另外，由個人執筆的有民族

佐藤正『日本民族性概論』（大京堂書店一九二一・一二）

心理學家佐藤正的《日本民族性概論》。他採用前人沒有試過，以現代說法就是歷史心理學、社會心理學、民族心理學等研究取向，並在〈自序〉中說明自己的研究目的。全書採縱向及橫向分析，縱剖面是以性格論為研究對象的批判心理學，探討「日本民族性格史論」；橫剖面則藉由現代政治、道德、經濟、風俗、習慣、語言、市井活動、勞工活動等題材，來掌握「日本民族性格的現象」。

佐藤把國民性稱為「民族魂」或「種族魂」，主張日本人的精神文明是以外來佛教和儒教為基礎，加以同化融合，這是日本人最大的特色。雖然日本以外來文化為基礎，但精神文明並不薄弱，譬如，俳句⑪這種形式的文學是西方所沒有的。俳句和茶道表現出質樸、潔淨、俐落的精神。日本人有愛國、正義、敬神三種情操。愛國情操起因於地理上的氣候風土，以及歷史上皇室中心主義的感召。影響日本人正義情操的是儒教，敬神情操則是祖先崇拜與家族制度的結合。有人說日本人是好戰的民族，因為只看到日本人戰時的愛國情操，才衍生這樣的誤解。日本國民性中最被人質疑的莫過於勇敢赴義，最後卻選擇「美死」以結束生命。

也有人說日本是悲觀的民族，這是從文學作品得出的評斷，佐藤認為其實日本人是樂觀的民族。醉享櫻花樹下的平安時代⑫以及浮華和平的元祿時代⑬，正是日本人展現樂觀情趣的兩大時期。但是，日本人並非徹底樂觀，而是有意識地以旁觀者的態度享樂罷了。日本人的悲觀表現也不徹底，那是一種旁觀式的悲觀，衍生出小聰明、預估將來、擅於模仿及健忘等性格。

佐藤進一步說日本人的道德中心是武士道，呈現了重視情意、磨練意志、無我思想以及自尊自重等優點。日本人的缺點是欠缺權利思想，理性批判較弱。還有，武士道的存在導致經濟思想不發達。支配日本國民性的是忠孝觀念等規範法則，但另一方面，也衍生出厭世逃避的態度。最後，佐藤舉出日本人的缺點是依賴心太強，自重心不足。整體而言，這種將國民特質的歷史性與現代性併呈的作法值得肯定，但必須說的是，佐藤仍沒有從皇室中心主義的古老觀念中解放出來。

一九二一（大正十）年四月，《解放》雜誌刊出「日本國民性的研究」特大號專輯，由社會運動學家佐野學主編。佐野在發刊的第二年也就是一九二二（大正十一）年加入日本共產黨，成為最高幹部，但在一九三三（昭和八）年入獄期間，與鍋山貞親一同轉向，此舉影響許多共產黨員也改變自己的立場。《解放》是當時民主主義運動的先驅，也是政治學者吉野作造成立的黎明會於一九一一年創刊的雜誌，網羅了自由主義及馬克思主義各路人馬的言論，是當時極具代表性的前衛雜誌。然而，依編輯群的意旨，這本雜誌明顯採取左派立場。

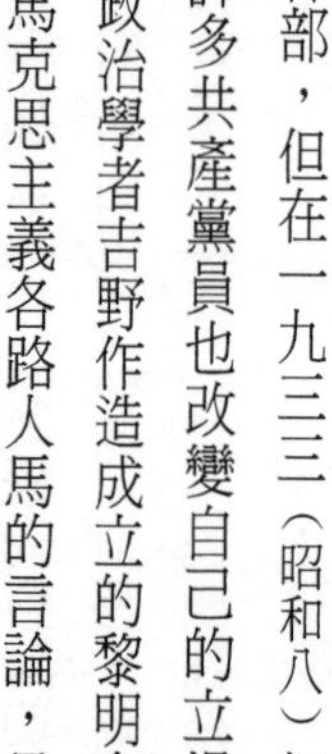

『解放』四月特大号「日本国民性の研究」（大鐙閣一九二一・四）

在〈我國民性與解放運動〉的前言中寫道，現代日本人消極而不關心社會。「忠愛思想」會束縛自由的精神，廉價的現實主義過於蔓延，使得解放運動前途未卜。古代日本人的心靈生活是非常快活而純真的，這種清新活力至今猶存。基本上，人類歷史會朝「解放」之路邁進，唯有解放才能促進人類社會發達。「上層階級的人終日過著靡爛與頹廢的生活」，相對地，「一部份被支配的人已開始產生強烈的階級意識」。解放運動的前途雖然多難，但也祝福它充滿希望。

這種進步思想的國民性研究可說是劃時代的，但投稿者也有不少完全站在相反立場，從下面的目錄中就可看出。

日本國民性的研究　目錄

虛無的日本人　石川三四郎

從自然環境看國民性

從人類學看日本人國民性的一面　鳥居龍藏

從生物學看日本國民性　石川千代松

地理對日本國民性的影響　小川琢治

農業與日本國民性　石坂橘樹

日本國民性與植物界　草野俊助

米食營養與日本國民性　澤村真

我國民性與衣食住的缺點　戸田正三

從風土看日本國民性　矢津昌永

從民族心理看國民性

神話中的國民性　黑板勝美

從古器物看日本國民性　濱田青陵

神話傳說童話中的日本國民性　藤澤衛彥

從語言看國民性　安藤正次

從武士道看日本國民性　大町桂月

從風俗看我國民性　笹川臨風

日本貧民的性情　賀川豐彥

民眾娛樂生活中的國民性情　權田保之助

模仿的心理　木村久一

模仿與日本國民性　三和一男

從社會制度看國民性

從法制史看國民性　三浦周行

從經濟看國民性　滝本誠一

家族制度的崩壞與我國民性　河田嗣郎

日本歷史中沒有社會觀念　久米邦武

德川時代的民事判決　白柳秀湖

賣春制度的考察　宮武外骨

從特殊部落看社會　正親町季董

從哲學和倫理看國民性

日本哲學　金子筑水

儒教與日本國民性　宇野哲人

老莊思想與我國民性格　三宅雪嶺

女子貞操中的日本國民性　湯原元一

從信仰生活看國民性

神道與日本國民性　清原貞雄

從藝術看國民性

島國根性的檢討

文化雜記

卷頭論文是長谷川如是閑的〈從批評觀點看我國民性〉。他所謂的國民性，是指不同族群在同一國家內一起生活所衍生出來的特質。有人認為日本國民性是純粹而同質的，並以此為榮，但純粹並非可喜之事。日本只有在和外來文化接觸時文化才有顯著發展，鎖國時代因「軍國的、排斥的心理」作祟，養成了日本國民的自負心態。同時，武士道精神長期的發展與沈澱，也成為和平時代社會道德的一部份。長谷川承認「反叛義理」已是日本民眾的普遍心理，也是國民性的一大特色，偏重君臣、父子、夫婦等人際關係的封建道德，並非日本的國民性。

佐野學在〈從上代日本人到現代日本人〉一文中，先從國民性的定義開始說起。他認為國民性是一個複合的觀念，至少包括兩個部份：一是國民心理，一是民族心理。國民心理是指在國家這種的政治組織中，發酵出來的集體心理現象；民族心理是國家成立之前民族養成的內在性格。前者是政治的，後者是社會的。國民性的社會規範有三：㈠支配者會把同一習俗、祖先、理想等強加在被支配者身上，這是原始征服國家的普遍現象。被支配者會服從支配者，因而「產生」了國民性。㈡國民性隨著時代而改變，一旦改朝換代，國民性的內容也會跟著「變化」。㈢近代之後國民性日趨崩潰，一來因政治上國民心理逐漸脆弱，民族心理卻日漸壯大；二來是被支配階層面對操控國民性的支配階層時，階級意識越來越鮮明。因此，由支配階層打造出來的擬似國民性也開始崩潰，這時便出現「進化」。

佐野提出「國民性是由支配階層打造」這個觀點在當時頗具新意，但是，關於國民性在歷史上演變的說法卻已是一般常識。佐野認為古代人能保有豐足的現實生活，是因為氣候溫暖、土地肥沃、食物取得容易。然而，針對後來變化的解釋，佐野加入許多階級的觀念。他說征服國家的特徵是上層階級與下層階級間存在決定性的歧視，來自下層的服從會阻礙自由思想發達，專制政治的發達以及自治制度的欠缺也是阻礙因素之一。部落生活時代，中國的高度文明是日本人讚嘆和崇拜的對象，由此，日本文化開始學習模仿。到了武家時代，被支配民眾的國民性開始起了變化，他們的性格變得非常消極，忠義觀念卻大為增強。武士道具有利他傾向，講求情意生活，延續了古代日本人快活的特質。

像佐野這樣的社會主義者也對武士道予以正面評價，討論現代社會時，他從社會主義的立場展開獨特的國民性論述。資本主義使人物化，新興商人成為新的支配階級，產生了卑屈、功利、惡俗等負面性格。然而，反抗這種性格的哲學、熱情與運動也風起雲湧。現代是一個「國民性崩潰的時代」。佐野主張明治文化具有軍事政治的色彩，大正以後社會的文化精神逐漸形成。民族心理日強，國民心理漸弱，乃必然的趨勢，這是來自下層階級的自覺意識。自古以來，國民性都是由支配階級的意識掌控，然而，普羅階級的意識與集體行動日趨鮮明，真正的民族特質重生，古人的優點也再次復活。

接下來，繼續介紹《解放》特輯中幾篇具特色的論文。

新聞評論家大庭柯公在〈日本國民性的悲觀面〉中談到，日本人容易自滿又容易被騙的特質至今沒變。日本人喜歡什麼事都是小規模的，又神經質，十足的島國心態。一般人守成沒什麼時間觀念，「天生玩性」，但勞工和貧民卻非常勤勉。日本國民有神秘、浮躁、缺乏獨創等三種特質，對外來事物的感受性很強，這也是日本人的長處。

無政府主義者石川三四郎在〈虛無的日本人〉中指出，農民暴動時進行焦土燒殺，老百姓沒得到什麼利益，米價也沒有因而便宜，更沒有達到社會改造的目的。民眾心理只是一股被激發的潛流。日本人是虛無主義的，對西方人而言，日本人確實有許多難以理解的行為。

動物學家石川千代松在〈從生物學看日本國民性〉中寫道，從動物界來看，武士道或忠君愛國的精神根本不算什麼。身體的每個部位都是為了細胞而存在的，為了細胞，自己的生存也可置之度外。這和封建時代武士切腹的道理完全相同：人如果不重視生命，也不會深思將來的問題。石川主張被喻為大和心的櫻花「根本是讓日本人墮落的象徵」，櫻花瞬間掉落後會滋生毛蟲，滿地落葉會破壞環境，並不值得讚美。櫻花給人如夢似幻的感覺，只會使日本人心更加浮蕩，因此，像山櫻花的大和心根本沒什麼好感動的。

農業學家石坂橘樹在〈農業與日本國民性〉一文中說，日本農業的生產收穫不太穩定，容易引發人們投機心理；日本人搞革命或燒殺擄掠，是因為百姓容易被政客煽動。另一方面，日本農業乃靠天吃飯，養成人們的依賴心理，認為在上位者所做的都是對的，不強調權利，也不懂盡義務。石坂批評這種「善良風俗」是德川政府極力推行的結果，到了大正時代「官尊民卑」、「事大主義」仍被奉為準則。

早稻田大學教授矢津昌永在〈從風土看日本國民性〉中提到，多山之國地形崎嶇，人心容易產生階級意識，不像平原國家平等均一，因此，俄羅斯那樣平原國度的思想移植到日本也終將失敗。矢津這篇過於天真的論文成為後來風土論的先驅之作。

考古學家濱田青陵在〈從古器物看日本國民性〉中說，有些人因古墳結構非常壯麗，就推論國民性對祖先是尊敬厚愛的，這種說法其實很牽強，因為，許多國家的古墳大致都如此。譬如，埴輪⑭只是一件「幼稚原始的作品」，看不出那是日本人特有，或是遠古以來長期被保存下來的東西。日本人喜歡簡單樸實，這是兩千年來沒有改變的，但同時意味著淺薄輕浮。濱田認為從現代社會中的「繁文縟節」或暴發戶的庸俗品味，就知道上面所提的美德早已蕩然無存。與其由日本人研究自己的國民性，不如透過外國人的眼光來公正觀察。

國語學家安藤正次在〈從語言看國民性〉中指出，日語通常省略主詞和受格，只取大意，不講求細節。日語溫雅流麗、精緻剛健，卻是周到不足。日語音節屬開音節⑮，母音很多，聽來頗為輕快。然而，輕快的反面是纖弱。日語中諧音的文字遊戲和語言遊戲相當發達。

哲學家金子筑水在〈日本哲學〉一文中指出，日本哲學的首要特徵是實踐本位的精神，佛教與儒教以實踐本位為主，磨練人心的主體在於主觀、心、理想與仁慈。日本人自古以來講求小巧、恬淡、清爽，都是日本哲學的特徵。日本人散發出重視整體及敏銳聰明的特質，在知識與理性上也極明快。

鑽研中國哲學的宇野哲人在〈儒教與日本國民性〉中談到，日本人輕浮、有小聰明、喜好新奇事物。日本人模仿崇拜新的外國文明，等到自我意識覺醒後，就產生批判精神，將外來文明予以消化去蕪存菁。儒教對日本最大的影響是大義名分⑯的思維，這層思維重視國家與祖先的淵源與理想，和日本國民性沒有衝突而能加以融合。尊禮、極少形式上的流弊、講求中庸之道等都是國民性的美德。

三宅雪嶺的〈老莊思想與我國民性格〉探討兩者的關連，他認為日本人對什麼事都輕易放棄。日本人並不想成仙，若拘束太多，會選擇突破或自我毀滅。也有像大鹽平八郎⑰這樣的日本人，愛好哲學，超越世間齷齪，投身激烈的漩渦當中。

戲劇學者河竹繁俊在〈歌舞伎劇中的我國民性〉裡寫道，《忠臣藏》這齣戲是展現日本國民性的代表作，表達出建國以來忠君愛國的武士道精神。河竹認為日本戲劇極其纖細巧緻，寫實技術來自忠實的模仿。日本人看到淫蕩、血腥、殘忍等畫面會心生快感，是江戶末期病態的「民性」所致，在上位者控制人民渴望解放的其他意識，卻允許了這樣的戲劇活動。

林務學者本多靜六的〈庭園建築中的國民性〉，探討日本人如何在庭園中表現熱愛自然的特質。從室町時代⑱開始，事物的擺設與整體結構已經成型並被加以分類，德川時代⑲出現庭園假山及平庭真行草六體的造形，中世紀後隱藏自我個性成為日本式庭園的特徵。

政治學者大山郁夫在〈關於「島國根性」的考察〉中表示，島國根性是日本的國民性，包括階級之間的反感、地方之間的衝突、政黨之間的抗爭、官僚與民眾之間的反目等，大山天真地認為只要資本主義的社會組織滅絕，這些島國根性就會消失。

社會主義學者山川均提到了〈超越國境的島國根性〉，他說日本人是國界觀念薄弱的世界主義者，將日本的忠孝道德拿去教化世界是超越島國根性的方法。但山川也批判日本的外交方式，日本人不想瞭解鄰人，也不會去忤逆鄰人，偶爾在人群中出現，日本人懂得察言觀色，不會正面表態，私底下卻已準備和對方吵架。

以上介紹的日本人論大多出現在一次大戰之後，包括左右兩派獨樹一幟的不同意見，雖然有不少觀點流於浮面，但也是大正民主時代言論自由的一種精神表現。

譯註

①青鞜是 blue stocking 的譯語，一七五〇年倫敦仕女經營的沙龍中女性會員穿著藍襪出席而得名，會員多是知識及文藝氣質的女性文學家，後來也指十八世紀英國婦女參政運動的某一流派。在日本，青鞜社是近代女性文學家的一派，雜誌《青鞜》只刊登女性的文藝評論及作品，該社主張打破舊道德及鼓吹女性解放，後轉向婦女運動的啟蒙，大正五年因財政困難而解散，《青鞜》也面臨停刊的命運。

②稻米騷動：因米價暴漲而發生的民眾運動，明治二十三年、三十年以及大正七年都曾發生過，特別是大正七年從富山縣引爆，以勞工及農民為主力，後來演變成全國性運動。

③《太平記》：軍事物語，共四十卷，記錄文保二年到正平二十二年動亂時期的作品，以和漢文混合方式寫成。

④文化：一八〇四年，江戶時代光格、仁孝兩位天皇的年號。

⑤文政：一八一八年，江戶時代仁孝天皇的年號。

⑥安政：一八五四年，江戶時代孝明天皇的年號。

⑦狂歌：滑稽詼諧的短歌。

⑧川柳：同俳句般的短詩。

⑨藤原末期：以西元八九四年為界，指平安時代的中後期。

⑩鎌倉時代：一一八〇～一三三三年。

⑪俳句：由五七五、三組句子、十七個字所組成的短詩，通常會放入季節性的語詞。

⑫平安時代：七九四～一一九二年約四百年，以平安京也就是現在的京都為政治文化中心的時代。

⑬元祿時代：一六八八～一七〇四年約三十年，江戶中期第五代將軍德川綱吉的時代，幕府權威鼎盛，也是政治、農商業、學問、文化蓬勃之時。

⑭埴輪：古墳時代（三世紀末～七世紀）用黏土做的人馬造像，置於墳墓周邊做為區隔用的裝飾品。

⑮開音節：指日語オ列長音中，嘴巴開口較大的ア列音；相反的是合音節，嘴巴開口較小的オ列音及エ列音。

⑯大義名分：身為人子及臣民應該守的本份及道理。

⑰大鹽平八郎（一七九四～一八三七年）：江戶後期的陽明學者，天保年間大饑荒時，為拯救農民而起兵，兵敗後自殺，著有《洗心洞箚記》。

⑱室町時代：一三三六年～一五七三年，指第十五代將軍義昭被織田信長追討的期間，是一個莊園經濟崩潰、流通經濟擴大的時代，北山文化、東山文化、上級武家為其文化外，受禪宗影響很大。

⑲德川時代：德川家康一六〇三年於江戶建立幕府，到一八六七年德川慶喜大政奉還，約二百六十年。

昭和（戰前）時期

Ⅳ 昭和（戰前）時期

日本文化論・日本風土論

過於自我中心的性格確實很難有所作為，
然而一旦給他機會，也有可能鴻圖大展，
自卑可以馬上轉換成唐吉訶德式的夢境。
若以性生活來譬喻，
日本人的精神生活幾乎都是自慰吧。

——坂口安吾

時序進入昭和，大正時期文化主義與現代主義的氛圍仍隨處可見。日本和 111
西方各國的交流與日俱增，此時的日本人論有了新的轉變，不再只停留於明
治、大正時的西方崇拜論和西方排斥論，或是基於這些論調發展出對立的日本
人劣等說與優秀說，而是從更客觀、國際的及比較文化的觀點來論述日本人與
日本文化。

昭和現代主義的背景下，出現了類似大正時期的摩登少男和少女，他們自
認為是西化的人、是「新日本人」，一心只想遠離日本。但相反地，也有人強
調日本的獨特性，把國語視為國民性的一種返照，透過對日本傳統文化的掌
握，去論述日本文化的創造者日本人到底為何的這個問題。

此時，開始有人探討西歐社會所沒有、卻是日本獨有的美學意識，例如，
哲學家九鬼周造《「粋」的結構》（一九三〇）一書。辻和哲郎的《風土》（一
九三五）則透過與世界各國的比較，突顯風土環境對日本國民性的影響，後來
引起相當大的迴響，以人類普遍性為前提、忽略國民性特質的馬克思主義在昭
和初期曾盛行一時，但《風土》卻是批判馬克思主義的。相反地，從馬克思主 112
義再提出反駁的是戶坂潤。

昭和一〇年代開放的政治條件，讓保守、批判兩派人馬的日本人論得以同
時出現。當時的日本人論主要從世界觀，也就是從世界中的日本這種觀點出
發。此時，也首次出現中國人批判日本文化和日本人的論文。

日本文化與日本人

之前的日本人論很少提到日本文化與日本人的關係，對於浸染在日本文化中的日本人，似乎也沒有必要去問何謂日本文化。「文化」是指生活型態（life style），像最基本使用的國語、日常生活方式、獨特的思考風格等，都能反映出國民性的文化問題。在此，我以這種廣義的文化觀整理國民性的相關論述，先來看看文化的基礎——語言這部份。

芳賀矢一在《國語與國民性》一書中說到，因為日本人具有優美的國民性，才會使用像日語這樣優美的語言。日語發展成文學之後，也對國民性產生一定的影響。原本，日本的國民性就習慣優美的表達，敬語非常發達，罵人的話很少。此外，日本人沈得住氣，好於機智，所以使用序詞、枕詞①、狂歌②、諷刺等文體，熱中觀念的轉換。

山田孝雄的《國語與國民性》則說，國民性研究最重要的材料就是國語、國史與古典。日語是由明亮優美的母音以及咬字清晰的子音組合而成，因此，

113

芳賀矢一『国語と国民性』（冨山房一九二八・一〇）

山田孝雄『国語と国民性』（日本文化第一四冊、日本文化協会冨山房一九三八・二）

日本人的性格快活、充滿情感，沈著而富於思考。日語通常會省略第一人稱的主詞，這是日本人無我態度的表現。敬語發達展現出尊禮的國民性。日語中外來語占四成左右，容易造成日本人醉心或崇拜外來事物，這是日本人的恥辱，但日本人也從外來語中受益良多。山田認為基本上國語的本質並沒有改變，只是吸收外來詞彙並豐富了日語。一般人無意間所用的語言其實正反映出國民性的特質，譬如，「天御中主神」的御名以「中」字為重，可看出日本人中庸不走極端的基本思想。

114

谷崎潤一郎在《文章讀本》中提到國語和國民性有著密不可分的關係，如果只改良國語而國民性依舊不變，也沒什麼幫助。日語語彙貧乏，顯示出日本人不好論述的個性。然而，日語中卑己敬人的語法又異常豐富。谷崎說世界上再也找不到像日本人這樣重視禮節的國民了，國語是國民性的反映，兩者之間緊密結合。

谷崎潤一郎『文章読本』（中央公論社一九三四・一一、のち『谷崎潤一郎全集第二一巻』中央公論社一九五八・七）

其次，和國民性也有密切關係的是宗教，讓我們從這個角度來看看。

歷史學家家永三郎在《日本思想史中否定論的發達》一書裡，探討佛教思想史中日本人的宗教意識。家永說太古之人存在連續性的世界觀，認為世界是國土的延長，他們從肯定的人生觀出發追求「澄淨」，也認定澄淨就是世界的本質。鎌倉新佛教出現後，主張不該逃避人生的否定層面而應積極面對，但貴

家永三郎『日本思想史に於ける否定の論理の発達』（弘文堂書房一九四〇・一一）

族社會的沒落，讓人們痛切感到人生的無力與價值的喪失。

家永也在《日本思想史中宗教自然觀的開展》中談到，上古之後的飛鳥寧樂時代③，日本人開始意識到大自然給予人類精神生活的深遠影響。整體而言，當時的國民精神是明亮而樂天的，隨著中世紀貴族地位沒落，日本人開始嚮往大自然的清淨，這種生命態度一直持續到夏目漱石。換句話說，大自然魅力的絕對性已決定一切，大自然的救贖是日本式的，日本人憧憬達到至深境界的大自然，這種行為本身就帶有宗教色彩。

「日本之美，美在傳統」是經常被強調的觀念，它是從日本人優秀說發展而來的。昭和初期開始有人嘗試將日本傳統置於世界文化的脈絡，並予以高度評價，透過不同的領域類別，這些人開始論述傳統藝術中日本人的美學意識。

企業家福井菊三郎在《日本陶瓷器與其國民性》中提到，將外來文化同化、並製成日本獨特的陶器是日本人「智」之表現。陶器工人遠赴中國是國民性「勇」之象徵，名家能夠代代流傳是子孫賢孝之故。福井還說日本人的向上心與求知慾很強，手腦發達，所以能製作出舉世無雙的陶器。

美術評論家、日本美術院創辦人岡倉覺三（天心）在《茶之書》（***The Book of Tea*, 1906**）中指出，茶道的要義就是對「不完美」的一種崇拜。日本人在面對人生這個不可解的東西時，會企圖成就一些可能的結果，這正是茶道的精神所

115 『日本思想史に於ける宗教的自然観の展開』（創元社一九四四・二）

福井菊三郎『日本陶磁器と其国民性』（発行者大橋光吉一九二七・二）

116 岡倉覚三『茶の本』（村岡博訳、岩波書店一九二九・三）

在。茶道強調不要特意表現什麼，而是讓觀者自己去想像空白，「數奇屋」④的存在便是對「不完美崇拜」的一例。只有將「不完美」藏於內心而努力完成的人，才能看到真正的美，茶室中所謂的完美效果是隨客人自己去體會的。茶道的匠師給予一般人日常生活很多影響，例如，配膳法、美味的膳食、安靜沈穩的色調、崇尚簡素等獨特的美學意識。

還有，針對日本人美的獨特感受——「粹」，提出創見性理論的是九鬼周造《「粹」的構造》。他認為「粹」有幾種意涵：第一、意味著「媚態」、「性感」、「豔麗」。第二、是指「飛揚」、「堅持」、「年輕有肌肉」、「有勇氣」。第三、指「了結」，脫離執著後沒有罣礙，「不囉嗦」、「明白清楚」、「瀟灑自在的心情」。因此，九鬼將「粹」定義為「脫俗的、堅持的、媚態的」三種特質，這是「大和民族特殊存在樣態的一種自我主張」。九鬼的這番論點極其精緻，值得高度肯定，但仍有商榷的餘地，因為，基本上他以江戶末期深川⑤藝者的特質為本去勾勒「粹」的理想，並將這個理想擴大和普及化，認為此即大和民族獨自的生存方式之一。

九鬼周造『「いき」の構造』（岩波書店一九三〇・一一）

翌年，哲學家阿部次郎在《德川時代的藝術與社會》一書中，以江戶的音樂與浮世繪為例闡述日本人的美學意識。他主張音樂與浮世繪是江戶中期以後出現的「平民藝術」，一直承續到明治、大正時期，日本人以為已經擺脫了，但它卻形成一股文化勢力，無意識地支配著生活。阿部找出江戶時代美學意識

阿部次郎『徳川時代の芸術と社会』（改造社一九三一・六）

中潛藏的普遍人性與民族創造性，然而和九鬼一樣，他也犯了相同的錯誤，那就是把某個特定時期的文化予以一般化。

這個時期，開始有人將日本文化、特別是日本傳統文化置於世界文化的脈絡中予以評價。日本美術被認為是日本人美學意識的重要反映，此外，造形藝術也被拿來討論，百家爭鳴中，作家谷崎潤一郎廣泛闡述了日常生活與藝術之間的關係。

谷崎在〈陰翳禮讚〉一文中寫到日本的音樂內斂潛沈、以氣氛為主，若使用唱片或擴音器放大音量，會喪失音樂的魅力。他認為日本人的表達方式輕聲細語，贅言不多，注重語言的「間歇」性，一旦使用機器，「間歇」美感就會全然消失。日本人看到閃閃發亮的東西通常會心生不安，所以，日本的玻璃工業不太發達，陶藝卻有長足的進步，這和日本國民性有絕對的關係。換句話說，對日本人而言，「與其淺薄鮮麗，寧取潛沈陰鬱」，譬如，「金蒔繪」⑥是在暗沈之處展露點滴光彩，使作品備增「餘情」效果的一種創作。日本人住在明亮房間取其便利，然而，美是從實際生活出發的，住在陰暗房間的祖先們「不知從何時開始，發現了陰暗之美，為了臻於美的境界會去善用陰暗」。谷崎進一步舉例說明，像「榻榻米房間的美是來自陰暗的濃淡對比」，西方人常說「東方的神秘」指的就是這種「陰暗所生的空無與寂靜」。另外，在服飾中

谷崎潤一郎「陰翳礼讃」（『経済往来』一九三三・一二―三四・一、のち『谷崎潤一郎全集第二二巻』中央公論社一九五九・四）

最能反映日本人皮膚特質的是能樂⑦的衣裳，美不在於物體本身，而取決於物體與物體之間所造作出來的陰影、紋理與明暗。在此，可以明顯看到追求明亮的「進取的西方人」和日本人之間的「氣質差異」。總結來說，他認為「即使日本人對西方文化亦步亦趨」，「但只要日本人的膚色不變，日本人必須有心理準備去背負這些因過度模仿西方所帶來的負面損失」。谷崎對日本人美學意識的考察大多是基於個人的好惡，但不可否認，他也明白地點出日本國民性的基本特質。

詩人竹內勝太郎在〈日本詩與音數律的問題〉一文中說道，「日本人是喜好奇數的民族（數字是所有生活的基礎）」。喜歡奇數就是喜歡不能切割的數字，表達出人們對於有限的、現實世界的熱愛，喜歡偶數就是喜歡能夠切割的數字，以及對於無限的、不可知世界的熱愛。偶數的結果是什麼都沒有留下，一切歸零；奇數的話，則必定會留下一些什麼，這是存在的極限，也才是現實的世界。竹內引用《古事記》諾、冊二神的譬喻，「成り成りて成り余れる処」意指奇數無法切割而留下殘餘，「成り成りて成り合わざる処」則說明了偶數可以切割，沒有留下任何東西⑧。諾神是掌管生殖和現實的神祇，冊神則是死神及不可知之神。妣之國是永遠的理想國與桃花源，同時是黑暗的死亡國度。竹內認為日本人考慮最大的勝數是八，因為八和多是同義語。五和七則意味長短緩急、強弱明暗、高低廣狹。創造神話的聖職者最後到達的是七五調的音律。歌

118 竹内勝太郎「日本の詩と音数律の問題」（『芸術民族学研究』立命館出版部一九三四・九、のち増補版福村書店一九四九・六）

垣⑨、歌謠等對唱並非即興，而是民族詩人事先創造預備好的作品，這是日本民族共同情感生活的一種表現，民族的情感生活獨立之時，也是七五調音律數確立之時。

書法家尾上八郎（柴舟）從《日本書道與日本精神》加以闡述，他說書道中的楷體是方形，行草二體則以圓形為主，日本人喜歡行草，意味著日本人的興趣是偏向圓形而非方形。方形給人端正、整齊、威嚴、高壓的感覺，圓形則散發出親暱、親和、優美、優雅的氣質。尾上又進一步提到日本的假名，假名因一字一音單獨使用而看似孤立，但日本人已養成連續讀音的習慣，因此，每個假名沒有相離而具連續性，並且被拿來當書法的習字使用。假名會在成文之處自動斷句，仍有連續且自成一格，換言之，尾上認為假名能適宜表現出團結親和、融合協調的極致。

佛學研究者高楠順次郎在演講集《外國文化的移入及其發展》中談到，日本人從衣食居住到一般嗜好都有擷取自然美的傾向。日本人的衣服採多色主義，是以自然色為裝飾之故。自然的雄偉可以凝縮在一幅精緻的小畫作中，掛在窄隘的壁龕⑩，前面再擺上一盆真花。對於雨聲，也表達出深情款款的情趣，能夠聽辨春雨、五月雨、時雨⑪、傍晚傾盆大雨的可能只有日本人了。高楠也強調日本人講道、西方人談禮，義理的日本與功利的西方具有相對的特質。

最後，介紹大戰期間沒有迎合當時的軍國主義，而是以具體實例冷靜考察

119 尾上八郎『日本書道と日本精神』（文部省教学局一九四〇・九）

高楠順次郎『外国文化の移入と其の発展』（啓明会事務所一九四〇・一〇）

國民性，探討美與感性的幾篇重要著作。

美術史學者矢代幸雄在《日本美術的特質》一書中說，日本的「國民性格」包含了藝術的、感受的、主觀的三項特徵。「藝術的性格」是指感覺敏銳、情緒豐富的藝術，而不是客觀冷靜、充滿理性的藝術，只有不世出的天才，以激情與詠嘆所創造出的藝術才稱得上藝術的性格。所謂「感受的性格」是指對事物的感覺敏銳，對外來文化能率直熱忱地讚嘆、歡迎、學習乃至「驚人的模仿」。但另一方面，日本人也保有主觀性不會迷失自我，表面上不會彰顯自我選擇，私底下卻非常獨斷、任意作為。矢代強調這是日本國民性中最有趣的一面。「主觀的性格」是指那些固守國民性的人，即使移居到風土、習俗、物產完全不同的地方，仍舊不願捨棄在自己國家的生活方式，盡可能維持。因為不想同化於新國家，有關日本人移民或拓荒的問題一直很難發生。另外，常常可以看到日本人出於一種善意、卻不自覺地強加己見於他人身上。在吸收他國藝術時，日本人完全忽略該藝術的源流及特色，就直接引進日本，這種作為應好好反省。但也有例外，譬如，法隆寺破壞了中國建築講求左右嚴謹對稱的基本原則，而是右蓋金堂、左方築塔，展現極不均衡的建築結構，這是喜歡不規律及餘韻排列的日本式表現。日本人在吸收現代西方美術時，會刻意大量學習日本沒有的部份，努力朝新時代邁進，矢代認為這是日本人的行動本能，因日本人「在文化上具有旺盛的食慾」。

120 矢代幸雄『日本美術の特質』（岩波書店一九四三・三）

德國著名的建築師陶特（Bruno Taut）曾於一九三三～一九三六年期間住在日本，建築之外，他也全面觀察日本文化，並寫下不少著作，在一本名為《日本文化私觀》（原名《歐洲人眼中的日本藝術》）的書中做了以下的描述：日本人思維與情感上的矛盾反映在現今的鐵路、汽車及都會道路的不協調上。這種物質上的矛盾，顯示出優秀日本人思維上的分裂。神道以天皇為中心，建立祖先崇拜的觀念，外來宗教也在神道的樂天思維和社會觀念下予以日本化。無數的神話與傳說在日本人血液中奔流。日本人喜歡即興，會創作不拘嚴謹形式的繪畫與和歌[12]。建築方面，日本家屋是樑柱的組合，卻能產生無窮的變化。宗教上的參拜、護身符、祈禱等具有安頓身心的效果，這和精神醫師或精神分析學者使用的方法是一樣的。日本沒有排斥其他宗教的偏狹心態，也沒有狂熱的宗教信仰，每個人都可尊信自己的神祇。與日本傳統形式相比，歐化思想與美國主義（Americanism）是比較純粹而沒有形式的。

陶特的日本人論從神道和祖先崇拜等傳統切入，稱不上有什麼特色。

ブルーノ・タウト『日本文化私観』（森儁郎訳、明治書房一九三六・一〇）

121

風土與國民性

122 明治初期，志賀的《日本風景論》和內村批判該書所寫的文章發表之後，從「島國根性」論述地理條件與國民性的著作就變得很多。除了地形之外，和辻哲郎《風土：人間學的考察》一書也考慮氣候或自然環境對國民性的影響，透過與世界各地的比較，找出日本風土和國民性的特徵，該書可說是戰後生態學觀點日本人論的先驅之作。

和辻在書中反映當時的社會背景，是一本批判馬克思主義的日本人論。和辻認為日本民族的特質受日本風土的影響，因此，沒有辦法全然接受像馬克思主義這樣的西方思想。依他的說法，《風土》一書是在「昭和四年左派思想盛行的年代所寫」。他說吃麵包香腸的西方普羅階級和以米食為主的日本貧困勞動階級本來就不同，沒有考慮日本的國民性，只是一堆抽象思維的馬克思主義根本不適用於日本。

和辻哲郎『風土—人間学的考察』（岩波書店一九三五・九）

123 和辻的《風土》反對芳賀矢一的《國民性十論》，芳賀主張自然與日本人

的關係是古來不變，《風土》則強調自然與歷史都必須和其他國家比較之後，才能真正瞭解日本人與風土的關係。「歷史是風土的歷史，風土是歷史的風土」。

和辻將地球上風土的歷史分成季風型、沙漠型、牧場型三種：

季風型　這是夏天所吹的季風，東南亞各國的風土屬之，產生了「暑熱濕氣結合」的特殊風土。

沙漠型　所謂「居無定所、沒有生氣、荒蕪」，換言之，沙漠型風土的本質就是乾燥，人們不僅要對抗嚴峻的大自然，部落之間還為了生存競爭而相互廝殺。

牧場型　歐洲以草原為主，人類無需和草地爭鬥。大自然對人類是順從的，人類也可從大自然中找到法則，所以自然科學能順利發展。

和辻認為，日本的國民性是「季風型風土特殊形態」的產物，日本人能順應季風型風土，具有「接受的、忍耐的」特質，也就是大雨大雪等「熱帶的、寒帶的」特徵以及颱風般「季節的、突發的」特徵，這兩種特徵讓日本人的生活帶有雙重性格。

首先，從季風型風土的接受性來看，日本人具有熱帶與寒帶的雙重特質。日本人「要求變化快」，沒有大陸型的穩重，比較活潑敏感，容易疲憊，也欠缺持久性。對於一時情緒發作的颱風等突發狀況，日本人還能接受，但如果太過猛烈也會惹人嫌惡。就某種意義而言，瞬間盛開卻翩然凋謝的櫻花，最能代表日本人的氣質。

其次，就季風型風土的忍耐性來說，日本人也有熱帶與寒帶的雙重性格。日本人不是熱帶那種不戰而棄，也不是寒帶那種堅毅強忍，「日本人在戰鬥反抗的行動上無法持久，容易退縮。從剛才的說明中可以看出，日本人的特殊現象是自暴自棄」。日本人的忍耐性也是季節性的、突發的，「突然變得隱忍、很快做決斷、忘情於恬淡等都是日本人的美德」，換句話說，「櫻花被認為是日本人氣質的象徵，大多和這種突發的忍耐性有關」。就結論來看，和辻認為「日本的國民性」融合了「悲傷式的激情與戰鬥式的恬淡」。

接下來，和辻再從歷史觀點考察上述國民性的特質。他說夫婦關係和親子關係形成家族共同體，正是國民性的特質，日本式「人際關係」之特殊性造成了「家」制度的發達。和辻認為祖先崇拜、忠孝一致、尊皇心理都是從這個論點延伸出來的，特別是尊皇心理乃「明治維新的動力」。和辻的風土論是批判馬克思主義的，並反映出明治以來日本人論不斷強調的皇室中心主義。

十年後，和辻在《倫理學 下》第四章〈人類存在的歷史風土結構〉中，於季風型、沙漠型、牧場型三種之外，再追加美國式與溫帶草原型兩種氣候，但多少給人牽強附會的感覺。

124

和辻哲郎『倫理学 下』
（岩波書店一九四九・五）

哲學家戸坂潤在《和辻博士、風土、日本》一書裡，從馬克思主義的立場反批和辻。

戸坂批判「和辻的現代哲學是歐洲哲學與大和魂國粹哲學的組合，是日本主義意識型態的西方形式」，他認為《風土》一書「對和辻個人的思想而言，或現代日本支配者的文化理論而言」，都有重大的意義。但對於和辻主張的「颱風具有季節性及突發性的雙重特質，這也反映出日本人生活的雙重性」這種說法，戸坂提出反駁，他認為「以氣象學上的雙重性推論日本國民性的雙重性」是非常奇怪的，也批評「颱風此一自然現象，必定在人類內部結構中吹襲」的荒謬說法。

125 戸坂潤「和辻博士・風土・日本」（『世界の一環としての日本』白揚社一九三七・四）

國文學者久松潛一倡導文學風土論，但比和辻的風土論更加保守，從他所寫的《我國風土、國民性與文學》一書中的〈國體的本義解說叢書〉來看，久松認為就地形上而言，日本文學可分成山的文學與水的文學。「河畔文學、湖畔文學、海邊文學」與山間文學不同，中古文學到近代文學的發展是一種山間文學朝水畔文學移動的趨勢，明治以後的文學則是海邊文學或海洋文學。日本人喜歡用簡短的文字表達豐富的內容，也就是情溢乎辭。古代的日本文學比較重視情感、忽略邏輯，後來才轉向調和情理。所謂的人情是情與理的結合，同樣地，義理也是理與情的結合，義理中蘊含了人類的愛與淚。義理是極大的人

久松潛一『我が風土・国民性と文学』（文部省教学局一九三八・三）

情，情理兼備乃日本文學的特質。這就是「誠」，誠是神皇之道的表現，敬神、忠君、愛國精神是國民性的基礎。

大槻憲二的《科學的皇道世界觀》從精神分析及科學方法論述日本人優秀說。他說大陸和南方民族都嚮往日本而移民進來，從好的方面想，日本人是混血的民族：住赤道附近的人，生的本能較強；住兩極附近的人，死的能耐較佳。日本位於中間的溫帶地區，容易調和生與死這兩種本能，因此，日本人理應是優秀的。日本人有冥想、思辯、知性等特質，但同時，日本人也具備感官和實踐的能力。然而，就是因為日本人太過幸福、缺乏判斷，才被不怎麼優秀的西方民族之文明所支配。最近常聽到「日本民族讚美論或優秀說」，大多只是「哲學上的獨斷論」，它們扭曲了日本人無意識中的自卑感，有意識地以優越感取代自卑感，然而，優越感談得太多，反倒成了自卑感的告白。大東亞新秩序意識型態的根據，並非來自日本民族自身優越的信念，而是基於道義的信念。希特勒在《我的奮鬥》中將人類分成「創造文化的民族」與「保存文化的民族」，德意志民族屬於前者，日本民族代表後者，大槻認為，希特勒的這種說法是「觀念論的、非科學的思考方式」。當時正值戰爭期間，大槻批判希特勒的作法和下一節提到的批判性日本人論有相近處。

126 大槻憲二『科学的皇道世界観』（東京精神分析学研究所一九四三・三）

批判性的日本人論

隨著一九二八（昭和三）年治安維持法的修正及特高警察⑬的誕生，自由批判的風氣已逐漸凋零。一九三六（昭和十一）年二二六事件爆發⑭，日本正式進入法西斯時代。文化方面以「日本主義」為名的意識型態不斷高漲，譬如，日本發動的盧溝橋事變被正當化，日軍入侵東南亞各國也被合理化。在這樣的時代背景下，國內外仍出現少數幾篇比較客觀的日本人論。因此，接下來我要介紹的是中國人從批判觀點寫作的日本文化論與日本人論，以及日本國內一些具代表性的文章。

首先，介紹曾留學日本的中國新聞評論家戴季陶所寫的《日本論》。他是國民黨的右派份子，擔任過孫中山的秘書及翻譯官，多次訪問日本並與日本人交遊，《日本論》是他個人觀察日本文化與日本人的心得整理。從比較客觀的立場來看日本，戴季陶認為「萬世一系，天壤無窮」的神道只是迷信，批判

127

戴季陶『日本論』（上海民智書局版一九二八、のち邦訳版市川宏訳、社会思想社一九八三・二）

「武士道」不過是人為的「奴道」罷了。但他也提醒人們注意武士道後來有了道德宗教上的意涵，加上明治維新的革命精神，也開始吸收歐洲的思想。戴季陶認為日本人的優點是吸收世界文明，又具備自我保存、自我發展的能力，日本人的缺點則是斤斤計較的島國根性，以及崇拜歐美、蔑視中國的傾向。戴季陶對於日本人的自負心和向上心予以高度評價，但認為崇拜日本已不符合時代所需。

其次，戴季陶也論及藝術，他主張日本人的戰鬥精神中兼具優美寂靜的心境與精巧細緻的型式，日本人的美學意識幽雅精緻，但欠缺偉大崇高的情操。在道德意識方面，日本人和平互助的習性相當普遍，他認為這是中國文化與佛教文化普及發展的結果。但關東大地震後，日本人的優點盡失、缺點盡暴，少了自信、多了迷信，任何階級的日本人都被精打細算的商業心態、也就是「商人的劣根性」支配。日本人生活上極困苦，社會上也瀰漫恐懼革命的氣氛。戴季陶的《日本論》道出了明治維新以來一直瞧不起中國的日本人之缺點，可算是劃時代的重要著作。

不同於中國人從客觀立場所寫的日本人論，當時的日本已是法西斯主義盛行的年代，從法西斯主義禮讚日本人的論述甚囂塵上，但也有人批評日本人的旁觀態度，那就是無賴派作家坂口安吾。坂口在〈排除枯淡的風格〉一文中指出，日本人大多採取逃避心態，很少會去自我批判，但這種人反而能被世間認

128 坂口安吾「枯淡の風格を排す」（『作品』一九三五・五）

同，這樣的人也才會被稱許是「成熟的人」或「達到生命究竟的人」。然而，基於相對功利的算計，日本人希望被他人肯定，而去包容他人的道德規範。日本文學的傳統特質是積極肯定見機行事的心理，認為那是一種理想。「隨著年齡的增長，更懂得判斷利害，不可能突然做出犧牲自我、成就他人的行徑」。「所謂的社會變革，如果不是從利己主義（egoism）出發，也成就不了什麼大事」。

一九三五（昭和十）年左右，正是國家主義與軍國主義高唱「滅私奉公」日本精神的時代，坂口卻提出了利己主義的想法加以對抗。這不僅是作家純粹精神的表現，也是日本人論的一種特殊形態，值得後人重視，接下來的其他文章更明確表達出坂口的反抗性格。

129 「日本人に就て」（『作品』一九三五・七）

在〈關於日本人〉一文中，坂口說「日本人雖沒有宗教精神，但很容易退縮，也很容易產生莫名其妙的利他之心」，日本人壓抑對熱情的追求，習慣打退堂鼓，又太在意他人的看法。「日本人內縮在自己的小小天地，也能很快體會西方人那種與異性肌膚之親所生的情慾」。「過於自我中心的性格確實很難有所作為，然而一旦給他機會，也有可能鴻圖大展」，譬如，「自卑可以馬上轉換成唐吉訶德式的夢境」。坂口又說「若以性生活來譬喻，日本人的精神生活幾乎都是自慰吧。不僅在性方面如此，日本人所寫的小說也有不少自慰的成份」。

坂口對於「最具日本特質的枯淡風俗徹底絕望」，並且，對於這些說法「抱持了強烈的反感」。

在〈日本文化私觀〉一文中坂口又說到，過去的日本人報復心很強，現代的日本人則可能是全世界憎惡心最弱的民族之一。「昨天的敵人是今天的朋友」這句話是日本人之間共通的天真想法，但日本已經不是一個復仇的民族。許多人對故鄉風景遭到破壞、出現歐美建築等現象不悲反喜，「京都的寺院或奈良的佛像即使全毀也不會難過，但電車不動就覺得很不方便」。坂口以接近日本人劣等說的立場寫出：「日本人彎曲的短腿換上褲子和洋裝，小碎步地走著學跳舞，把榻榻米扔了，去買便宜的桌椅。這些舉動從歐美人眼中看來只是滑稽，但日本人卻認為方便而十分自滿，日本人和西方人之間還是沒什麼交集。」坂口也感嘆日本人的心靈已經做不出古來的庭院和建築那種永恆的東西了。

戶坂從馬克思主義批判和辻的風土論，也批判那些比和辻層次更低、但同樣主張日本主義和日本精神的法西斯評論家們。在代表作《日本意識型態論》中〈文化的科學批判：特別針對國粹主義批判的計劃〉這章，戶坂認為國粹法西斯主義者的共通手法是把日本從國際現勢中孤立出來，並將此種舉動和日本精神相連接，這就是他們所謂「日本精神」的依歸。

「日本文化私観」（『現代文学』一九四二・三）いずれものち『日本論』（河出書房新社一九八七・四）所収 *130*

戸坂潤『日本イデオロギー論』（白揚社一九三五・七、のち岩波書店一九七七・九）

其次，在〈日本、意識型態：日本精神主義、日本農本主義、日本亞洲主義〉這章，戶坂批判了哲學家紀平正美。紀平認為所謂的日本精神，是從與他人共同調和的精神中流露出來的，不同於西方人只講求「とりやり（take and give）」，愛好和平的日本人重視「やりとり」⑮。此外，戶坂也批判漢學家兼日本主義者安岡正篤，認為他的論點只是抽象的華麗文字，其主張的日本主義對國粹的新官僚而言很有魅力，但他把歷史現實還原到古老心境的層次，流於原始的道德訓誡與華麗的文字罷了。

鹿子木員信試圖從更科學的觀點理解日本精神，把日本精神稱為「新日本主義」，將日本精神的「志趣」當成個性，認為自然是「發生的事」，歷史是「創作出來的事」，乃行為、主體、個性、心靈組成的世界。然而，戶坂卻批判鹿子木的新日本主義歷史哲學和西方的「唯心史觀」沒什麼兩樣。「創作出來的事」是被「發生的事」決定，也就是西方的「地理唯物論」。日本國民精神的信條是「義即君臣，情即父子」。戶坂尖銳指出日本精神雖然空洞，日本精神主義好比腹語術，只有聲音不見內涵。

緊接著，戶坂舉出的是日本農本主義。根據提倡者愛鄉塾主橘孝三郎的說法，日本不是資本主義國家，而是「農本之國」。都市社會是知性的結合，農村社會則是靈性的結合，敬愛祖先、崇拜自然、崇拜作物都是農村社會的特色，他認為從「土地哲學」衍生出「福祉主義社會」是一種理想。然而，對戶

131

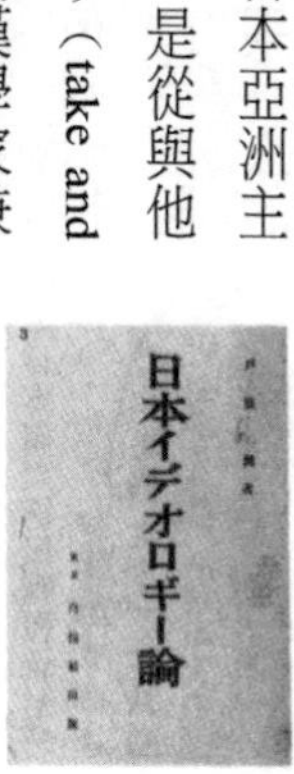

坂而言，橘孝的「農村學」也只是日本精神主義的一種變形而已。

接下來，戶坂再舉出法西斯主義者的重要論點，並一一駁斥。首先，蓑田胸喜曾說過「神道是如此偉大，足以融化消解世間的所有學問」。大川周明主張世界史是東西方對立、抗爭、統一的歷史，但今後將是亞洲支配世界。荒木貞夫提到「滿洲問題」，他說那是因為從西歐輸入中國的墮落唯物思想，褻瀆到日本的民族精神與國民道德才引發的，滿洲事件是依照「宣布皇道精神」、「發揚國德」、「建設王道樂土」等神靈指示而發生的精神事變。很早以前，北一輝就認為「中國、印度的七億人民，若沒有日本的扶植擁護，不可能自立自強」，強烈主張日本要做東洋或亞洲的盟主，要有「一種準備征服世界」的動作。東洋主義學者口田康信說，東方是以家族制為主展開恩義關係，有機的（gemeinschaft）社會形態為多，因此，適合東方的不是社會主義而是「共同主義」，東方在政治上展現出自治，在文化上則是精神主義。社會主義是個人主義成熟後才發生的，東方社會仍停留在非個人主義，容易演變成共同主義，所以口田提倡村落共同體。

戶坂批判上述日本主義的法西斯主義者基本上都是錯的，因為亞洲的生產方式並非亞洲所獨有。只靠農村的「合作運動」足以否定資本主義，但同時也否定了馬克思主義。無論如何，建構精神主義與農本主義都只是流行政治團體一些無意義的口號，整體來看，這些東西根本不算什麼。戶坂極力主張真正的思想文化要能廣為全世界譯介，要能被任何民族理解才算數。

戶坂反抗當時的緊張局勢，並批判日本主義者的思維；哲學家山崎謙則在《國民精神新論》一書中發表他的國民精神論，在危險邊緣表達批判性的意見。他認為「具備國民自覺的日本精神」在明治的甲午戰爭、日俄戰爭中到達巔峰，但進入大正之後，這種精神開始停滯，大正末年至昭和初期馬克思主義逐漸抬頭。當今的日本主義具備「由上而下」的特質，是試圖達成「國民統一意識」的「政策意識」。明治的日本主義充滿科學主義的色彩，現在的日本主義將日本視為神國，瀰漫了宗教主義的氣氛。日本主義將近代科學視為「外來思想」加以排斥，但「大和魂」不過是個鄉土觀念，昧於現世、獨善其身，還恥笑外國人是蠻夷。山崎批評紀平正美把自然科學視為污濁的外來思想、南蠻來襲的異端斜說「實在是毫無根據，教人不知如何理解」。

山崎的書於一九三六（昭和十一）年出版，當時的選舉口號是「舉國一致」，他認為那是由上而下強壓的政治勢力。山崎主張明治時代的日本主義是自由主義，當今的日本主義則是法西斯主義，這個法西斯主義是資本主義高度強化與發展的結果，是少數優勢者獨占的一種自由主義。接著山崎提出「日本的觀念形態」，並批判和辻的風土論，認為風土論是「基於精神主義或觀念論的反進步理論」，這點和戶坂對和辻的批判可說是如出一轍。

133 山崎謙『国民精神新論』（東宛書房一九三六・七）

山崎分析日本人常識上願意忠於傳統的原因有二：第一、「鎖國」的影響，讓日本自外於世界潮流。第二、島國根性的使然，日本人認為外國的東西都很奇怪，不可能當成自己的，所以要固守祖先的傳統。他批評「國民精神文化研究所的先生們」強調「個人為國家、為社會而活」的「全體主義」，事實上就是「統制主義」，是「由上而下的輿論」，而非「由下而上的輿論」。

當時，對馬克思主義的鎮壓越來越嚴，這些抵抗日本主義的馬克思主義日本人論，必須苦心孤詣地表達出自己的想法。

同戶坂一樣，三枝博音從馬克思主義哲學出發，《日本的思想文化》一書[134]是日本文化論，對於日本文化的創造者也就是日本人有非常敏銳的觀察。首先，三枝委婉地批判之前的日本人論，例如，他認為把「清廉潔白」、「大和魂」、「忠君愛國」說成「日本人的特質」未免過於狹隘，必須對人類整體生活有所認識才是。江戶時代的學問重視權威和傳統，阻礙了日本人獨特思想的創發，但卻「豐富了日常生活的點滴」，因此，日本在嚴謹的儀式、禮儀作法、茶道等方面都很發達。日常生活中有非常充裕的物品，處理這些物品的態度也很細緻，日本人深愛如此豐富的形狀、色彩及搭配。

其次，三枝也提到當時的思想狀況，日本人的邏輯訓練不只在於知識階層，也開始普及到勞工大眾，馬克思主義開始降溫，法西斯主義卻逐漸抬頭，法西斯主義理論的出現使得馬克思主義喪失能力，日本人「現在得面對前所未

134 三枝博音『日本の思想文化』（第一書房一九三七・七）

有的思想訓練」。

上面列出的日本人論是考量當時社會思想背景所寫的，可能是戰前絕無僅有的作品。

三木清從馬克思主義出發，後來轉而關注西田幾多郎的哲學宗教，二次大戰期間曾擔任報導班的班員，他在〈國民性的改造：從中國來看〉一文中說到，「在中國的日本人」和在日本的日本人完全不同。就算國家意識強的人，一回到家裡好像就忘了國家大事，毫無愧疚地去做囤積居奇或走私的勾當。人的行為都欠缺一貫性，也沒有固定模式。所謂國民性的改造，就是國民類型的打造。日本人做事大多仰賴軍方或過度依靠國家；近年來，日本強調全體主義，卻忽視了一己完成所做的努力。為了讓日本人自覺民族的優越性，卻喪失對其他民族的尊重，也忘卻了自我批判。革新是對封建殘餘的清算，也是自由主義或個人主義的超越，在談論個人及自由的重要性時，並非要忽略全體的存在；為了自主貫徹國家意識，個人及自由還是必需的。日本人在軍隊中願意勇敢赴死，但沒有確實掌握心靈歸處得以在任何地方擇死。日本沒有深奧的哲學，也脫離了實用的科學技術，只會玩弄一些不夠透徹的政治意識。日本人的行動和思想都缺乏一貫性。承認自己民族特殊性的人，也應該承認其他民族的特殊性。日本人對中國的好意是無庸置疑的，但缺乏胸襟設身處地考量對方的立場，只是一種獨善的傾向。政治與文化的統一是東洋古來的傳統，由此衍生

135 三木清「国民性の改造―支那を視て来て」（『中央公論』一九四〇・六、のち『三木清全集第一五巻』岩波書店一九六七・一二）

出國民的類型。政治不改造，國民性也很難改造，沒有國民的類型，就沒有政治的類型。政治是國民性的表現，必須透過由下而上的力量動員國民以改造國民性。基本上，三木是「相信日本民族優秀說」的，但為了讓國民真心覺悟，有必要告知他們長久以來被蒙蔽的事，日本人必須有這樣的覺悟才可能出現一貫性。

正如以上所看到的，沒有再出現像戸坂那樣抵抗軍國主義的思想家，只有山崎的書算是僅次於戸坂的批判性日本人論。三枝檢討日本文化，間接批判法西斯主義，三木則轉向體制內間接批判當時的日本人。總之，從昭和一〇年代到戰敗的這十五年期間，對自由主義和急進主義的鎮壓，讓下一章要談的「法西斯主義」更加橫行無阻。

譯註

①序詞與枕詞：和歌與雅文中為了引導出某個語句，從音韻及意象上聯想，並在文前冠上的修辭。
②狂歌：充滿詼諧滑稽的短歌，多以通俗方式表現。
③飛鳥時代：推古天皇之後的一百年，於奈良盆地南部的飛鳥建都，是美術工藝史上的重要年代。
④數奇屋：舉辦茶會的地方或是茶室，內有茶席及廚房等設備。
⑤深川：今東京都江東區西部地名。

⑥蒔繪：漆工藝術的一種技法，先用漆繪圖，未乾之前灑上金銀粉或色粉加以黏著。

⑦能樂：觀阿彌及世阿彌等人將室町時代雜藝的猿樂發揚光大而成的一種說唱藝術，表演者邊唱邊說，多戴上面具。

⑧原文：「我が身は成り成りて成り余れる処一処在り。故此の吾が身の成り余れる処を、汝が身の成り合わざる処に刺し塞ぎて、国土生み成さん」，意指：男神身體已充份成長，有一處成長過多（男性性器），把過多的部份插入女神身體裡成長不足的地方，從此誕生了日本這個國家。

⑨歌垣：古代男女在山間或市集相遇，透過飲食、舞蹈、歌唱，尋求性解放的一種表達，也是農耕儀禮及求婚的一環，後來宮廷貴族採用，發展為男女成群唱和的風流遊藝。

⑩床の間：和室房間中上座比較高的地方，通常在屋內的角落，正面掛著書畫，床板上擺放物品或插花。

⑪時雨：晚秋時節停停落落的雨。

⑫和歌：倭歌，不同於漢詩的日本歌，分為長歌、短歌、旋頭歌等，以五七為基調的定型詩之總稱。

⑬特高警察：第二次世界大戰結束前，專門調查政治社會運動的警察組織。

⑭二二六事件：皇道派青年將校以武力要求國內改革的事件，失敗之後，日本的軍事獨裁更加惡化。

⑮とり是獲得，やり是給予，西方人講求「とりやり」獲得在先、給予在後，日本人則是「やりとり」給予在先、獲得在後，換言之，日本人重視給予對方什麼，而不是從對方獲得什麼。

V　昭和（戰前）時期

法西斯主義的日本人論

瞭解日本、歸向祖國、
在皇道意識下創建日本學的時代已經來臨……。
最古老也最先進的日本，東西思想文化匯集的日本，
充滿愛、和平、正義的日本，
探索祖國是我們僅有的至福。
——《日本精神講座》

如前所述，大正末年通過了「普通選舉法」以及鎮壓社會主義運動的「治安維持法」，從那時開始，社會主義與法西斯主義的對決變得壁壘分明。

一九二八（昭和三）年六月，政府再次強化治安維持法，那些要求改革國家體制和變更私有財產制的社會主義者被處以極刑。同時，各府縣決定設立特別高等警察科（特高）。一九三四（昭和九）年陸軍省新聞班發行小冊子《國防的本義及其強化的提倡》，目標是建立一個高度國防戰備的國家，強力排除自由主義的思想。同年文部省設立思想局，一九三六年又設立日本諸學振興委員會，隔年五月出版《國體的本義》，企圖宣揚國家主義。一九三二（昭和七）年八月，文部省設立國民精神文化研究所，做為箝制上述思想的根據，之後，該研究所由文部省官僚出任所長，並由國家主義及法西斯主義傾向的人擔任要員。

137

國民精神文化研究所特別以師範學校及中等學校教員為對象，透過以下的目標箝制教育者的思想。「首先，讓教師體認我國國體及國民精神的精髓，透過教職有助於闡揚日本精神，把現代日本的思想教育改革視為當務之急，培養日本教育家的信念」。

接下來，先整理日本精神方面的論著，介紹日本學、國民道德、學校教育、產業、農業等相關議題。其次，討論強調日本精神的武士道及大和魂等著作，還有宗教、文學、造形藝術等與日本精神有關的書籍。

138

國民精神與日本精神

到了一九二〇年代後期，也就是昭和初期，政府開始對社會主義運動及思想進行嚴峻的鎮壓，在這樣的時代氛圍下，以國民精神或日本精神之名高唱國家主義、排斥西方左派思想的著作相繼問世。

首先，最早提倡日本人優秀說的是漢方醫師中山忠直，他在《日本人的偉大之研究》一書中強烈批判日本人的西方崇拜，並宣稱「明治是盲目崇拜外國的時期，大正是批判外國文化的時期，昭和則是新日本文明確立的時期」。他說從前的日本主義者批評的西方崇拜對日本的進步確實有幫助，但現在，日本的學術或軍備已凌駕外國之上，崇拜西方的人只剩下那些「不學無術或老舊的思想家」了。明治維新後，不允許採用株式會社的制度、翻譯的法律、代議政體及教育。日本人在外交才能、武力發揮、指導能力等方面，都不輸歐洲人。中山主張結合物質至上的歐洲文明及精神至上的亞洲文明，進而創造新的文明。在日本能參與神明祭祀的只有武人，「一將功臣萬骨枯」，日本人並不尊

139

中山忠直『日本人の偉さの研究』（先進社一九三一・九）

重發明家或理化學者。愛國者與危險思想家的共同點是極為熱情，為達使命也能自我犧牲。中山鼓吹科學的合理主義，發展醫學和自然科學去拯救日本，結合非理性的日本主義展開其獨特的日本人論。之後，他又以《我日本學》一書再次闡述日本民族優秀說的觀點。

倫理學家小野正康以「日本學」之名提倡日本精神史論，他在《日本學與其思維：日本精神史序說》一書中定義「日本學」，即利用概念方式認識、掌握日本人思維的學問。日本人原本就從創造的模仿出發，是善於獨創的國民。例如，日常生活中展現樸拙、謙遜、趣味、風情等感覺，從重視空白的日本畫以及自然天成的造園中，都可看到日本精神的獨創性。在國民精神文化研究所從事教育研究的小野認為，必須透過日本主義和皇室中心主義來實踐道德教育，才能處理當時的危機或非常時期的狀況。

文部省出版《國體的本義》一書，徹底昭告國民以日本精神為基礎的政治體制。日本人過的是君民和合的家族式國家生活，擁有正直誠懇、明亮清爽的國民性。日本人還有義勇奉公、無我無私、包容同化的優點。從無我歸一的精神來看，日語的主詞經常省略，敬語又特別發達，都是日本人恭敬精神的明證。

永井亨在《新國體論》中舉出日本民族性的幾個特徵，現世的．樂天的（神道的影響）、無我的．犧牲的（佛教的影響）、聽天由命的（儒佛兩教雙重影

『我が日本学』（嵐山荘一九三九・七）

140 小野正康『日本学とその思惟 日本精神史序說』（建文館一九三四・一一）

『国体の本義』（文部省一九三七・五）

永井亨『新国体論』（有斐閣一九三九・三）

響）、精神的．服從的．調和的．同化的．缺乏個性的。具體來說，日本人有家族式的溫情與依賴，以及身份上的權威與服從之特質。日本人的特徵包括自然的情緒與道德的情感，也就是說，日本人單純而敏感，缺乏深刻與執著，具有感受性、模仿性、適應性。但永井也反省到，日本人在批判性和建設性方面都還不夠。

141

國民精神文化研究所研究員小出孝三接受內閣情報部的委託完成《日常生活中日本精神之體現》一書，當作「演講座談會等的參考」資料，這是一本不對外發行的小冊子，由〈國體與日本精神〉、〈中國文化的攝取與其教化〉、〈西歐文化的攝取與其貫徹〉、〈表現日本精神的生活〉、〈結論〉等章節組成。日本人的職業就是為了服侍天皇的安排，依照勤勞、生產消費、收入充公等原則行事，如果全體國民都能貫徹「日本精神」舉國一致的話，再艱難的困境也能突破。

小出孝三『日本精神の日常生活への具現』（一九三九・一）

被視為日本法西斯主義理論大師的哲學家藤澤親雄，在《日本式思維的問題點》中表明希望樹立「日本民族科學」的想法。日本精神的本源是皇道，也就是「すめらみことのみち」（天皇尊皇），「すめら」有前進和居住兩種意思，兩種意思結合後發揮「統御」的能力。「すめら」還有消除對立也就是「解決」的意思，另有將分裂物統一、「結合」的意思。其次是「みこと」，除了指美事、完全、誠懇、真實外，也是一個指涉生命的詞彙。因此，「すめらみこと」

藤沢親雄『日本的思惟の諸問題』（人文書院一九四一・六）

的天皇被稱為「現人神」。日本人有奉祀這種現人神天皇、君民一家的日本精神。

實業家兼社會思想家的大倉邦彥在演講筆記《日本精神的具體性》中指出，日本精神常被說是勇敢果斷，但中國或西方也有勇武之人。日本人確實清明耿直，但並非所有日本人都如此。日本也存在不好的思想，這種對日本人的稱讚和現實之間是有落差的。日本精神的根本是天皇信仰，有人將天皇當作神的化身，這是明治大正時期過於偏重文明教育所帶來的誤解。然而，「至誠奉公，盡忠報國」只是「口號的空談」。可以透過修養會或講習會進行精神訓練，但如果欠缺自發性和求道心，再怎麼努力都枉然。

142 大倉邦彦『日本精神の具体性』（目黒書店一九四二・六）

哲學家齊藤晌在《日本的世界觀》書中，論述了以日本精神為核心所形成的日本民族之世界觀，他先批判以前的日本人論，再開展所謂的國民性論述。他以芳賀矢一的《國民性十論》為例，認為國民性論述都只把日本人的特徵「單純列舉」，根本無法窮盡，也沒有觀照到個人差異與歷史變遷背後的狀況。齊藤區分了民族性與國民性，他主張「民族性」是民族永續生存的民族特質，「國民性」則屬於國家的特質，國民的風俗習慣比較可以在短時間內被建構也被破壞的。日本人相信自己國家與民族的優越性，對於最神聖的領域抱持絕對的情感依歸。日本人的缺點是身心脆弱、缺乏獨立自尊之心、喜好附和雷同。日本人非常恐懼新的轉變，排斥有獨創性的人。在文學藝術的領域，日本

斉藤晌『日本的世界観』（朝倉書店一九四三・一）

也欠缺雄渾、豪壯、強烈、深刻的作品，相反地，在深情款款、無常、空寂等方面，日本人的情感較為豐富。這些缺點和自古以來的義理、人情等優點卻又是相連的。

法學家牧健二在《「家」的理念與世界觀》中強調日本是大家族的社會，並主張四海一家的日本主義。他認為家有自然性、歸一性、親和性、永遠性等四大屬性。並把「家」的理念和國家相結合，主張「日本的世界政策是八紘一宇」①，合理化日本的侵略戰爭。

部份的日本主義學者不僅主張皇道主義，也批判日本社會的頹廢。

大川周明被公認是日本主義領袖的國家主義者，在演講集《日本的言行》中指出，主張橫寫文字才是真理的人太過崇拜西方。皇祖皇宗乃「天即是神」、「神就是至高理想」的體現。日本是神國，這是出自日本人的自尊與自覺所形成的意識，並在甲午戰爭和日俄戰爭時被當成國民意識召喚出來。老莊與禪的思想構成了日本民族性的一大特徵，譬如，日本人喜歡枯淡、閑寂與樸拙之心，茶道和花道非常發達。儒教與佛教是亞洲精神兩極化的代表，分別象徵世間與出世間、實踐的與形而上的、現實的與超越的、對立的與絕對的，這些二元特質都被吸納到日本精神裡，並成了日本人最值得誇耀的特質。「萬世一系」、「君民一體」是日本精神的核心，關東大地震後開始瀰漫「文化氣

143

牧健二『「いへ」の理念と世界観』（星野書店一九四五・五）

大川周明『日本的言行』（行地社出版部一九三〇・一）

氛」，各種「有文化的生活」，譬如，文化住宅、文化草鞋、文化蓋飯等大為流行。政治家不再具有雄渾莊嚴的日本理想，相反地，俄羅斯的領導階級卻有「滿腔的抱負」。日本政治家在政權爭奪上斤斤計較，「捲款詐財成了政治家的名譽和手腕」，政治墮落的最根本理由是政治家忽視精神的鍛鍊。

大川在後來的《日本及日本人之道》一書中還說，每個日本人都是「分靈」，以不同呈現方式維繫著命運共同體，日本人本質上是神聖的，家就是神社。天皇是國民的宗教對象，天皇與國民如同親子一般，這是忠孝在宗教上的意義。但如果真正瞭解忠孝意涵的「忠君之士」揭穿這些美麗的謊言，反而會被「貼上不忠的標籤」而深感痛苦。

倫理學者荻原擴比大川更偏激，他在《日本精神說的批判》書中，批判神道學者河野省三「神社與道德教育」的日本精神觀。河野主張日本民族性具備永恆、統一、純真等特質，永恆是神聖性的，統一是令人懷舊的，純真是清楚明白的，這些都是日本精神的本質。然而，荻原認為河野的說法完全是機械式的，沒有道理，也沒有文獻學上的根據。緊接著，荻原又批判國民精神文化研究所靈魂人物紀平正美的日本精神論，認為它「缺乏合理性的統合」，「只是思想的無政治狀態」。雖然，荻原高唱以皇道及日本道德取代日本精神，「實現以皇室為中心、有德的日本國家之理想」，但基本上他還是一貫主張日本精神論。

144

『日本及日本人の道』（文禄社一九三四・五）

荻原拡『日本精神説の批判』（明治図書一九三四・二）

心理學家黑田亮批判皇室中心主義與日本精神論的排外思想，他在《續直覺的研究》一書中說：「日本人毫無反省地鼓動國粹主義，即便是外來值得尊重的新思想，也只會一味排斥，沒有任何標準，無恥地破壞特殊異文化，也不會反思，這是我國民性的弱點。相反地，認為不依賴外來文化就沒有一天好日子過的西方崇拜論，卻根深柢固地支配著日本的國民性。」

上面看到的是昭和戰前的國民性論述，日本精神及皇道精神的國家主義被當成日本人固有的心理特質，以非理性的神道觀念及意識型態論述日本的國民性。因此，日本從「八紘一宇」理念出發立於世界各國之上，日本國民屬於「神國」的選民，和其他國家的國民是不同的。然而，這些日本主義者也嘗試比較日本和外國的國民性。

首先，在大日本國民修養會編纂《世界國民性讀本》的〈序言〉中曾提到，日本立於世界舞台之上，不能不瞭解世界和各國的國民性，接下來，針對日、中、英、美、法、德、義、俄等國的國民性加以說明。日本的國民性是「大和魂」，日本人的特質是忠孝義勇、清廉潔白、高雅優美。日本國民「自古以來就是勇武之民，又重視文采」。

該書也舉出日本民族的基本特質，包括崇拜祖先、同化外來文化、熱愛自然、喜歡海洋、潔癖等，這和其他日本人論的內容大同小異。然而，針對日本

145 黑田亮『続勘の研究』（岩波書店一九三八・一二、のち『続勘の研究』講談社一九八一・五）

『世界国民性読本』（日本書院一九二八・七）

人的「圓融性」，本書卻提出有趣的觀點，例如，日本人認為布巾什麼都能包，也可拿來洗臉、做繃帶或頭巾等新用途。相反地，日本國民性的缺點是沒有公德心，重視「善意的謊言」，表裡不一與面子至上，缺少雄壯氣息、冒險性以及創造性，孕育不出什麼值得向全世界誇耀的文化。但透過教育，日本國民性已經逐漸獨立，培養出國民個人的性情。

哲學家鹿子木員信是納粹的熱烈擁護者，也是A級戰犯，職權被免除，他在《大和魂與德意志精神》一書中比較了日本精神與德意志精神。首先，他指出模仿本身是「不足取、又毫無自覺」之事，批評當時「最流行、最前端」的「醜陋模仿」。西方文化在日本氾濫成災，國民也陷入「慢性混亂」的狀態，日本要和外國競爭或開戰根本不可能，因此加強軍備是必需的。日本藝術原是世界最高級的文化之一，「含蓄之美」最具特色。日本精神的獨特在於從東洋厭世超脫的思想中，孕育出乾坤一擲的英雄行為。然而，和西方文化接觸後，日本開始出現精神文化的物質化，國民被「俗惡空洞的和平主義」毒害，政治家一時的欺騙支配著國民。這也是國民「懶惰、纖弱、低能」導致的結果，日本人應該在精神上停止追隨歐美，沈潛於日本精神自覺日本文化。日本人在文化上有所自覺後再接觸日本文化，就會瞭解西方文化不單是機械物質的文明，也蘊含了深遠的精神。有些日本人認為日本文化等同於「精神文明」，沈溺在這四個字當中，貶抑西方只不過是機械文明，其實這些日本人根本不瞭解「大

146 鹿子木員信『やまとこころと独乙精神』（民友社一九三一・四）

和魂的真髓」。

以上的日本人論多把日本精神和國民性劃上等號，只列出日本精神的優缺點，沒有考量它的歷史背景。這些論述大多提到古代神道思想或儒道佛等外來文化的影響，然而，有必要進一步整理日本人論系譜中特別關鍵的部份，那就是明治以後有關國民性研究的批判。

歷史學家清原貞雄的演講集《國民精神的歷史考察與吾等之覺悟》是先驅之作，他定義所謂「國民精神」是瞭解自己國家的愛國精神，並對國民精神做歷史性的考察，終章時他強烈批評日本人的西方崇拜，例如，指責那些主張採用羅馬拼音或英語的人，批評高橋義雄的《日本人種改良論》愚劣而缺乏見識。明治初期，主張歐化主義的各種論述或福澤諭吉的文章，都是在模仿西方的心理制約下所寫成的。明治二〇年代宣揚尊重國粹，三〇年代重視國民自覺，四〇年代左右到大正初期則是鼓吹國體觀念和國民道德研究盛行的年代，同時，社會主義、個人主義、自然主義等外國思想也傳入日本。但國民精神並未因此喪失，相反地，消化外來文化並賦予日本文化新生命正是國民精神的展現。清原在結論中強調，讓國民瞭解自己的國家是最重要的，主張提倡「日本學」。

國文學者坂井衡平的《日本國民性的歷史研究》一書，考察了從古至今的

147

清原貞雄『国民精神の史的考察と吾等の覚悟』（大阪府督学課一九二八・一〇）

坂井衡平『日本国民性の史的研究』（文書堂一九三〇・一〇）

國民性。第三版〈序言〉中他指出，新選舉法頒布後的思想解放、黃金輸出解禁、產業界財政界沈滯、現代化風潮的影響等，使得日本人的生活與思想都起了變革，現今的時代可說是「教化國民性的一個大時代」。坂井在「國民性的要素及發現與三大領域表」（左圖）中，整理出日本國民性的全貌。卷末還詳列了「日本國民性歷史心理分析表」、「江戶時代歐美人的日本國民性研究表」，這部份我予以省略。

148

和辻哲郎『続日本精神史研究』（岩波書店一九三五・九）

和辻哲郎的《風土》是一本比較民族性的論述，後來他又出版《續日本精神史研究》，在該書中他提到當時信仰馬克思主義的青年拒斥日本傳統，卻沒有意識到自己的思考和運動本質仍脫離不了日本。他們勇敢不畏死的犧牲精神和戰國時代的武士極類似，展現出颱風般的民族性格。崇外是日本知識階層的特性之一，日本人對優質文化有敏銳的感受性。事實上，日本人以他國為理想，崇外正顯示日本人性格中濃厚的理想主義色彩。日本人敏於擷取新事物，並善加保存古老的東西，因此，生活方式出現了重疊性，平時所謂的「雙重生活」也達到一定的統合。譬如，神社信仰是用在出生時的祭典，佛教則和死亡儀式相結合。藝術方面，一千二百年前的短歌、九百年前的大和繪、五百年前的能樂等形式不斷演變，卻能生生不息地流傳至今。「日本精神」不只是「魂」這樣的東西而已，把它當成政治標語也是一種誤解。要根本掌握日本精神，必須從精神史和風土學下手。

149

國民性的要素及發現與三大領域表

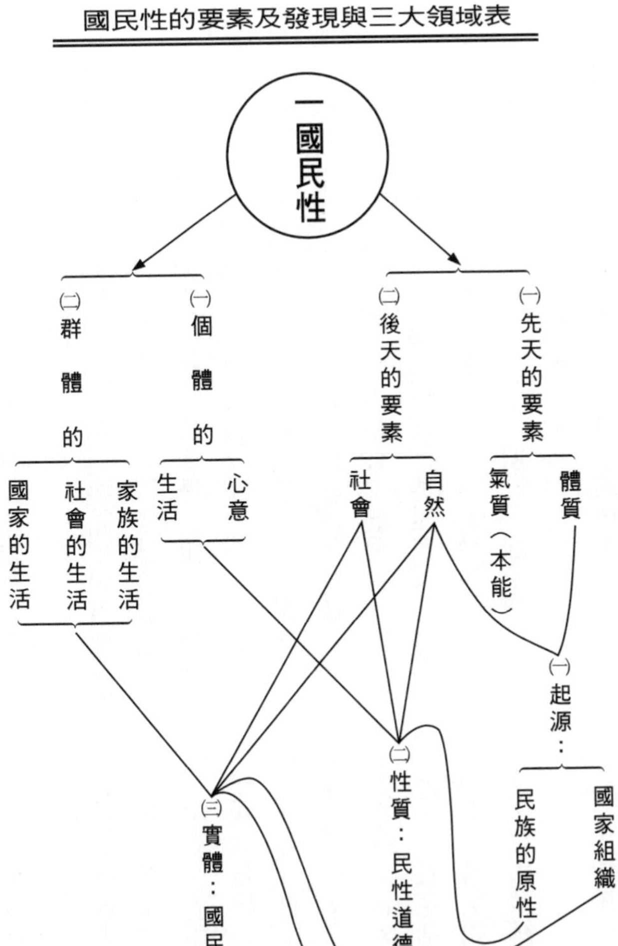

歷史學者栗田元次展開民族性的歷史學研究，他在《史的研究：日本的特性》一書中舉出日本人的十大特色並詳加論述：自然性、實際性（非形式性）、實踐性（非理論性）、血族性、連綿性、全體性、親和性、順應性、接受性、同化性。

法學家鈴木重雄在《日本精神史要論》中整理開國至今的日本精神史，得出「異立」與「統合」的接觸是日本精神的原型這樣的結論。異立是「繁盛」，統合則有「順從」之意，前者是「顯」，後者是「幽」。異立的開始也是統合的終結，兩者合而為一是謂「核心」，異立統合的接觸就是核心的行為。日本精神具有這樣的結構，在國體意識與家族意識中最為明顯。日本精神原本只限於日本國土與日本民族，現在應該是擴大到世界規模的時候了。

同樣地，追溯自古至今日本精神史的河合弘道、島方泰助合著《日本精神史稿》，他們認為日本精神的原初狀態是農業氏族的生活型態，這種生活意識造就了日本意識。生活共同體經常以「天皇為歸一」來活動營生，君臣如一的「一體主義」展現在夫婦、親子、朋友、師生關係中，換言之，日本精神要從日本精神史去探究才能有所體悟。

日本思想史家村岡典嗣在〈日本國民性的精神史研究〉一文中指出，以前的國民性研究是所謂自然心理學的研究，也就是將國民性特質中顯著的部份加以抽取及列舉。然而，精神史研究的意義在於解構這些特質之所以能夠維持的

栗田元次『史的研究　日本の特性』（賢文館一九三七・一二）

鈴木重雄『日本精神史要論』（理想社一九四二・七）

150

河合弘道・島方泰助『日本精神史稿』（昭森社一九四三・九）

村岡典嗣「日本国民性の精神史的研究」（講義ノート一九四五・四～七、のち『国民性の研究　日本思想史研究Ⅴ』創文社一九六二・三）

深層本質。國民性的自覺最早出現在「大倭魂」一詞中，指平安時代不同於漢才也就是文才的應用之才，以及不同於學問的世才。國民性的某一層面是以天皇為中心的血緣國家，也就是神話傳說裡被建構出來的國體意識。但另一層面則是模仿性，如果國體是先天的、形象的，外來文化的學習則是後天的、實質的。日本國民性的優點是忠君、重名譽、淡泊、清淨潔白、樂天灑脫、熱愛自然、優美、溫和寬恕、殷勤等情感性特質。缺點則是主觀獨善的傾向和感動的興奮性，會表現在欠缺科學精神、缺乏縝密的注意力及冷靜沈著的持久力、狂熱的愛國主義、極端的排他態度、缺少大國民的肚量與光明正大的態度等許多方面。

出自於教育學家、心理學家、倫理學家等人之手的國民個人心理研究，對於上述國民性之形成與發展提出了補強的觀點。

教育學家山崎英次郎在《日本我教育》一書中指出，「日本我」是日本人個性的核心，也是日本人特有的價值以及日本人理想的準則。從日本我衍生出來的國民性包括有神論的性情、情操主義的性情、現實主義的性情、克己主義的性情、犧牲主義的性情和批判主義的性情。

心理學家入谷智定在《集團心理學》中談到，國民性的主要條件就是集團在精神上具有同等的特質，縱觀全世界，安定的國民自然會有明確的地理疆界

山崎英次郎『日本我教育』（目黒書店一九二八・六）

151 入谷智定『集団心理学』（大文館書店一九二八・九）

觀，日本國民精神的最顯著之處是島國特質。國民精神以下列三種方式進化：㈠以與生俱來的特質進化，㈡文明的進展，㈢社會組織的進化。即便日本人的國民情操很強，但日本人的國民自覺還很幼稚，突然與外國文化接觸，必須知彼知己，藉由新知審慎檢討與改進。

心理學家渡邊徹在〈日本精神的心理學之考察〉中提到，日本精神是指國家和日本民族重要活動的原動力，使日本的歷史發展一脈相承，日本精神由君民國三者一致的意志、抱負、氣魄、理想、理念所構成，與日本國體表裡如一，譬如，「忠」是長久以來外來思想影響下的結晶。日本固有的忠吸收了中國的義理、印度的感謝報恩、西方的信實等價值，同化之後才成為當今看到的強大德行。

渡辺徹「日本精神の心理学的考察」（『現代心理学第五巻民族の心理学』河出書房一九三四・一〇）

以上的論述試圖從心理學掌握國民性的現況，但如進一步追究，則會浮現其他層面的問題：國民性是怎樣被打造出來的，也就是國民的道德教育這個層面的問題。因此，必須從國民性的根本去考察教育的具體實踐。

哲學家竹下直之曾參與小學教科書的編纂，他在《師魂與士魂》一書中提到老師的師魂與武士的士魂是相通的。自古以來，藉由武士的士魂培養出自我獻身、責任感、自我信賴等能力，教育的基本目的是培育「建國精神」和以祭祀為本義的皇國精神，與「君臣有義」相對應的就是「師徒有教」。

152 竹下直之『師魂と士魂』（聖紀書房一九四三・一二）

接著，我要介紹考察神道、佛教、儒教在日本精神形成過程中發揮重要歷史意義的代表作。

宗教學家矢吹慶輝在《日本精神與日本佛教》中提到，他對有人認為日本佛教並不合於日本精神，他感到不解。明治以來，因為神佛分離、國粹保存論、日本主義、反宗教活動等種種因素，排斥佛教的活動相當盛行，然而，這並沒有影響到老百姓對佛教的信仰。外來文化移入日本加以融合的最佳例子便是日本佛教，它與日本的國體國風合而為一，融入文學藝術中，潛流於國民的無意識裡。日本精神就是日本國民的一般信念，具有宗教上的觀念，不應該和宗教衝突。

櫻澤如一在《「未開化之民」的精神與日本精神》介紹了法國人類學家里維—布流爾（**Lucien Levy-Bruhl**）②《未開化社會的精神》一書，他認為南方「未開化之民」具有偉大的世界觀，從中可以找到日本精神的原型。櫻澤提出日本和南方的同一性，主張去除不夠純粹的外國思潮，將「八紘一宇」的精神提升為世界性的新宗教。

接下來，我想跳脫日本精神的觀念層面，整理有關產業、農業與實際生活相關的論述。

矢吹慶輝『日本精神と日本仏教』（仏教連合会一九三四・一二）

桜沢如一『「未開人」の精神と日本精神』（無双原理研究所一九四三・九）

經濟學家金子鷹之助的《日本精神與日本產業》，可能是最早考察日本人經濟行為的專書。他認為日本產業的特徵包括獨特的、團結一致的家族勞動，以及熟練、靈巧、勤勉、樸實等性格特質，所以，日本能達到外國所無法企及的發展。家族到國族的所有集團都受到家族情愛的支撐，形成互助的團體，其根源就在於家族式的社會思想。金子將日本性格與日本思想相結合，稱之為「日本精神」。日本人在本質上一直保有忠孝觀念，過著勤勉、質樸、進取、勇敢的生活，其深層是一種達觀的思維。即便對於外來思想有過狂熱的追逐，但日本人終究會分解這些外來思想，攝取養份加以消化。這是日本思想史一貫的傳統態度。

金子鷹之助『日本精神と日本産業』（科学主義工業社一九四一・八）

菊池麟平在《產業武士道》一書中，把滿洲事變之後從事高度國防國家生產工作的人稱為「產業戰士」，為了普及和貫徹日本精神，資本家、技術者與所有員工都被稱為「產業武士」，期待他們能為國家發揮武士道的精神，鼓勵他們「即便恐懼，也要把純粹的赤子之誠獻給上君」，並將這種想法奉為最高理念。

菊池麟平『産業武士道』（ダイヤモンド社一九四二・四）

在《新商人道》裡，森松藏探討了戰爭期間商業工會中日本人的商業道德與國民性。他說以前的商業道德非常單純，保留了日本人的特質，是一種美善的國民性，散發出馥郁的清香。譬如，日本固有的自制心理以及伺候他人、尊重顧客的精神，都足以媲美武士道裡尊君的美德。然而，毫無反省地輸入歐美

森松藏『新商人道』（文川堂書房一九四二・五）

文化後，引發了沒有章法而頹廢的災難。享樂主義帶來負面的影響，社會道德頹喪，商人之道被顧客的功利主義蹂躪，商人的服務精神也變得斤斤計較。他提議日本國民應捨棄商人心態，轉而自覺是大日本帝國配給陣營「部隊中的一員」。

第一本有系統論述農民心理的著作是鎌田正忠的《農民心理之研究》。無論優點、缺點，農民的性格都是國民性的一種表現。缺點包括：㈠因循姑息、缺乏果斷，㈡剛愎執著，㈢自負心強，㈣缺乏自信、依賴心強，㈤卑屈而沒有正義，㈥缺乏克己與自重之心。相反地，農民性格的優點是：意志堅強、具有理性與批判能力、吸收工作上的相關知識、發揮技術上獨創的工夫。

木崎晴通在《從自然景觀看日本精神》中指出日本人具有「島國癖」，像視野狹小、獨善排他、附和雷同、慶典狂歡等特質。日本人因畏於火山的威力，變得崇拜或順應自然，這種心態又和歷史上的天皇崇拜相結合。日本人對於地震、颱風的態度也一樣，認為強化了自身忍耐犧牲的精神。因自然條件優渥，日本人的知性較不發達，容易沈溺於加持、祈禱等迷信當中，傾向追求剎那的利慾。相反地，只有神道將犧牲奉獻的精神加以道德化，如果少了神道，日本精神也不存在了。

江澤讓爾從風土論探討國民性，在《國土的精神》一書中主張最能看出日本人特質的是農業。日本人面對大自然的威脅產生了「宿命論的達觀」以及

鎌田正忠『農民心理の研究』（明文堂一九三二・六）

木崎晴通『自然景観より観たる日本精神』（国土社一九三八・八）

江沢譲爾『国土の精神』（新潮社一九四三・八）

「無我滅私的態度」，將宿命問題自覺為與生俱來的天職，其實是一種積極的態度，有這樣想法的日本人聚結力量完成了稻作的集約化。對日本人而言，土地與生活是無法分開的，土地觀的特色就是土地與民族歷史不能切割，「八紘一宇」的理想也根植於國土觀念。

上面看到的都是單本或單篇論文，緊接著，我將介紹以論文集或講座方式出版的日本人論。

155

首先是《日本精神講座》，共十二卷，一九三三年開始發行，也就是日本退出國際聯盟，與德國、義大利一同步上法西斯主義的那年。

『日本精神講座』（全一二卷、新潮社一九三三・一一－三五・六）

第一卷的開頭就打出「還我日本精神！」的口號，並楬櫫以下的宣言：「日本退出國際聯盟的契機，正是日本完全脫離追隨歐美的時機。從現在開始，日本必須勇敢無畏地走自己的路……。瞭解日本、歸向祖國、在皇道意識下創建日本學的時代已經來臨……。最古老也最先進的日本，東西思想文化匯集的日本，充滿愛、和平、正義的日本，探索祖國是我們僅有的至福。」講座刊行的旨趣有以下三點：㈠祖國意識的覺醒，㈡當務之急是瞭解日本精神，㈢解決國難之途就在於此。德富蘇峰、近衛文麿合寫〈推薦詞〉，各卷收錄十篇左右的論文、雜記和故事，執筆者將近三百人，是法西斯主義日本人論的集大成，接下來，我將舉出代表性的幾篇論文。

作家兼評論家百柳秀湖在〈戰爭中的日本國民性〉（第一卷）一文中指出，從戰爭行為最能看出國民性。在日本，戰爭像是一場組隊參加的錦標賽，是一種正當遊戲，參戰者的人道態度包含了武士道精神，也是一種國民教養。自古以來，日本的戰爭如同體育競賽，重視交戰方式及武士道的心理建設，認為卑屈膽怯的作風是家門之恥。

教育學家吉田雄次在〈國民性新論〉（第二卷）裡提到，國民性的基礎構成民族的素質，就像個性的基礎由個人遺傳素質來決定。日本國民性的特徵是自然主義的人生觀及樂天主義，這是拜日本風土之賜。社會上也以忠孝做為國民道德的核心，家族精神成為敬仰天皇的基礎。日本人「優雅」、「深情」的心理來自佛教的薰陶，儒教則給予武士道精神相當程度的影響。一般而言，日本人具有實踐直觀的特質，容易流於一時的感情用事，很難說是「理性」的民族。

教育心理學家田中寬一的〈日本的特質〉（第二卷），用心理學去合理化極端的日本人優秀說。他認為日本人的優點是能幹、高智能、意志堅強、勇敢，思想感情的核心是忠君愛國的精神。

本身是軍人、也是政治家的荒木貞夫在〈皇道的本義〉（第三卷）中批判日本的現狀，他說當今是輕浮淺薄的功利主義以及外來思想橫行的年代，這些都加深了社會的不安。日本人呈現出世紀末的神經衰弱，喪失了榮耀與自覺，也忘卻應有的信念。

不同於荒木的悲觀論，小田內通敏在〈做為島國人的日本民族〉（第三卷）中客觀整理日本人的優點，他認為日本因四面環海，自然培養出偉大的包容性。為了捕魚和航海，日本人必須與大自然搏鬥，進而鍛鍊出不屈不饒的精神，水田農事也是全家一起出動通力合作，養成部落全體的協同精神。雖然有不少異族進入日本，但島國的隔離性使日本成為單一民族社會。

詩人野口米次郎在〈日本藝術的本質〉（第五卷）中談到，人類是自然的一部份，要達到人與自然的融合並不困難。

神話學家松村武雄在〈民間神話與民俗信仰中的日本精神〉（第八卷）中，舉出日本精神的三點特徵：㈠對於國家皇室的特殊信仰觀念，㈡透明、健康、潔淨、明朗，㈢高貴、純化、單純、簡樸。

國文學者藤村作的〈日本文學與日本精神〉（第九卷）認為，富士山的外觀與氣象代表了日本精神，也就是崇高、雄大、明朗、清淨、剛健、寬宏。日本國民的血緣很複雜，雖然敏巧地學習其他民族國家的文化，但仍有自戀或崇外的傾向。日本人忠君者多、愛國者少，這是因為和外國關係不深，人民不容易養成國家意識。然而，日本人重視本源精神，尊重家與傳統，藤村建議昭和時代的日本人要過創造性的生活，必須以東西兩大文化為基礎好好經營。

二荒芳德是貴族院議員，也曾擔任童子軍日本聯盟委員長，他在〈少年團運動與皇國精神〉（第十卷）中指出，日本精神是皇國精神也是「惟神之道」，乃人類最高的社會道德標準。事實上，日本人嘴巴喊喊非常時期，但彼此間卻相互對立。他感嘆部份青少年缺乏以皇國精神為生活信念，非常時期卻流連聲色場所自甘墮落。

笹川種郎（臨風）在〈日本趣味的本質〉（第十二卷）中談到，日本人喜好自然是日本情趣的根本，孕育出一種融入自然、深邃洗練的情趣。「近代文化」的特色以民眾興趣為主，江戶時代俳諧、川柳、雜俳、浮世繪、讀物等大為流行。明治以後雙重生活（譬如，西畫和日本畫）的影響，讓日本人的生活饒富趣味。

《日本精神講座》發行過程中，雜誌《思想》也特別製作「日本精神」的專輯。執筆者包括津田左右吉、長谷川如是閑、佐野一彥、平野義太郎、金原省吾、須永克己、堀口捨己等人，在卷末處清水幾太郎編纂了〈日本精神文獻〉，列舉七百六十一本相關著作及論文，可說是日本人論的首次文獻目錄整理。

津田在卷頭〈關於日本精神〉一文中點出，已經有「大和心」、「大和魂」這種用法，為什麼還要說「日本精神」呢，那是因為日本精神是一種應然的主張，強調日本人所有的氣質或習性都是善良而美好的。無論古典、中世紀

158

『思想』特集「日本精神」
（岩波書店一九三四・五）

的思想，德川時代的風俗習慣，很多人都從過去的歷史探求日本精神，譬如，武士道是主從關係和戰鬥經驗中培養出來的道德，必須在特殊狀態下才會顯出它的意義。武士道不是集團生活或社會生活的道德，當然也不適合現代。現代乃位於歷史發展的頂端，現代生活中發揮出來的精神，才是最直接且最有意義的日本精神。現代日本文化可分成兩類：一是自古流傳下來的，一是從歐美發跡遍及全球的。兩者以各種方式彼此相嵌相互作用，譬如，無法將後者的科學文化從現代日本社會中切割，有人認為日本精神和現代生活是對立的，這種看法完全沒有根據。津田主張必須同時承認日本精神和肯定現代生活，當然，現代生活也有缺點，能夠克服這個缺點的只有現代生活本身。要把日本文化擴散至全世界，賦予民族特色，並創造新的民族文化。不斷反省自我的精神與生活，達到更高度的精神鍛鍊，日本精神運動負有喚起日本精神的終極任務。就像津田這篇論文所示，《思想》的這次專輯瀰漫自由的氣氛。

159

《日本精神講座》發刊的一九三三（昭和八）年，伊藤千真三為了推動日本精神運動，創立「日本文化研究會」，發表十集《日本精神研究》，在第十集後記〈日本精神運動的回顧〉中，他談到創立時的情形：滿蒙事變（一九三一年九月）、退出國際聯盟（一九三三年三月）等重大時局之際，有人左傾，有人右傾，偶爾也出現穩健中道的思想，但理論根據都很薄弱、缺乏實踐力。有人

日本文化研究会編『日本国民性』（「日本精神研究第七集」東洋書院一九三五・八）

『日本精神研究方法論』（「日本精神研究第一〇集」東洋書院一九三五・一二）

想利用日本固有精神去統領思想潮流，但那只是愛國熱情的感性論，無法建構有系統的真理。令人遺憾的是，甚至還出現我行我素、誇大妄想的批評，當今社會的不安是因為缺乏指導亂世的思想體系，所以，我們要創立「日本文化研究會」致力於日本精神的統合研究。

《日本精神研究》第七集的主題是「日本國民性」，目錄如下：

日本國民性　目錄

一　日本音樂的藝術性　山田實
二　國民性與文藝　北村竹治
三　從犯罪學看我國的女性觀　佐佐木英夫
四　對於我民族性格的一個觀點　田中準
五　關於我國民性的考察　伊藤千真三

伊藤在〈編輯後記〉中說明本集的特色：一般認為「國民性是被打造出來的」，為了打破現今困難的國際局勢，每個國民都必須明瞭民族精神以創造優秀的國民性。因此，首要重視的就是教育問題，本集也從這個觀點研究國民性，發揮國民性正是我們的目的。

教育學者入澤宗壽在〈日本國民性與教育〉一文中指出，神道的核心是正直，表現出來的是禮節，正直與禮節都是日本人的優點所在。日本國民性的特質之一是祖先崇拜、敬神崇佛及忠孝，這些都與宗教有關，然而，明治以後的功利主義剝奪了這些特質。主張日本的特殊性固然是好事，但如果有排他傾向就會忽略寬容、吸收的特質。外來思想會侵害國民性，但終究會融入日本文化中，發展潛力正是日本國民性的優點所在。

同樣地，松山澤吉在〈國民性與儒教〉中認為，國學者或國家至上主義者主張排他的自由主義，根本和日本的國民性相違背。日本人學習外來文化才成就今天的偉大，譬如，在儒教影響下，養成了日本人道義實踐以及忠孝仁義的國民性。

伊藤千真三在〈關於我國國民性的考察〉一文中批評，明治末年的國民性研究只論述國民性的優缺點，因此，有必要進行理論的研究。國民性是每個國民固有的性情，但也受到社會環境的影響。以前的日本人大多具有美學意識，而且興趣廣泛；現在，美的鑑賞被少數人獨占，一般國民幾乎對美毫不關心，也不理解什麼是有趣味的生活，欠缺優美風雅、德育、宗教心情與道德心情。日本的國民性受到海國溫暖等自然條件無意識的影響，意識生活提高後，政治、法律、宗教等社會關係才得以維持。雖說日本是島國根性，但國民性和鎖國政策或封建制度也有絕大關係。最後，伊藤表明自己和平主義的思維，他說無論當時的政治情況如何，國家主義已轉化為軍國主義和侵略主義，武力也變成確立正義的必要手段，但是，人生的理想仍在於人類幸福的達成與世界和平的確保。

《日本精神研究》第七集《日本國民性》出版四個月後，一九三五（昭和十）年十二月，第十集也就是最後一集《日本精神研究方法論》才問世。這集的前篇部份，批判性地檢討當時的學校教育、思想問題、研究方法以及先行的日本精神論研究；後篇部份，則追溯了江戶時代之前到幕府末年國學者或思想家提出的日本精神論之變遷；續編中也介紹外國的日本人研究，最後，由參與者共同回顧日本精神運動。

從文部省思想調查課課長調任松山高等學校校長的菰田萬一郎，在〈思想問題與日本精神〉一文中指出，日本國民性的通病是容易忽冷忽熱，經常求諸外來思想，馬克思主義剛傳進日本的前幾年，確實得到共鳴，但相同的主張不斷地重複也招來反感。滿洲事件是日本國民義憤填膺後所爆發的，從此，國民的自覺意識開始高漲，面對列強而想立於不敗之地的話，必須更增強自己的國力。

美學家山田實寫作〈方法論上反省日本精神說的總合批判〉，認為有些人用情感訴求日本精神，或是斤斤算計勉強合理化日本精神，臣將領導者高唱愚蠢的日本精神論，學者也發表媚俗言論迎合社會以追求自己的立身出世。但來自日本精神論內部陣營的批判太少。一談到所謂的民族性，只會舉出善良風俗，也就是「寶船的日本精神」。把忠君愛國歸結於自然人情，其實是一種扭曲。日本精神是歷史過程中日本化的結果，並非自古以來所固有，而是存在於現實生活中。《古事記》、神話等復古主義的研究非常盛行，但卻以西方哲學理論解釋，實在是大錯特錯。還有，日本精神的探求只著重目的性與特殊性，導致唯我獨尊、鎖國主義以及排他主義，進一步發展下去的話，就是國家主義與民族主義。那些主張將歐美文化思想逐出日本、只擷取純粹日本精神的說法非常消極，徹底的排外論只會導致國家滅亡。直到昨天還是外國文化的追求者，今天卻成了排外主義的急先鋒，如果從現在的日本思想和文化中拔除西洋文明與思想，試問日本還剩下什麼。納粹的特徵就是非理性、隱密、迴避批判，對我們而言，所謂日本精神就是以國際主義、協調主義、包容主義、同化主義、膨脹主義去取代國民主義與民族主義。山田的這番結論在當時備受矚目，是一篇批判日本精神論的特殊作品。

橋本實在〈精神史研究的方法論〉一文中整理並批判了武士道論，他認為存在信仰的唯心史觀，也存在打破精神現象的唯物史觀。武士道的起源說有四種：㈠從首任天皇的建國時代開始，㈡武士出現之後才形成，但其源流可追溯至建國時代，㈢隨著武士的興起才形成，㈣明治以後才出現。

依唯心史觀的看法，某些歷史學家、倫理學家與神道家把武士道視為國體、國民性或神道，這種缺乏科學根據的研究美化了武士道，並把歷史道德化。此外，把大和魂等同於武士道也是錯誤。忠孝節義的精神是日本國民性的根本，但對武士而言，效忠的對象並非皇室而是封建君主。因此，唯心論者所主張的武士道應該被批判，唯物論者則根本上否定了武士道。

以上看到《日本精神研究》的文章並非極端的國粹主義，在某種程度上，也包含了客觀的國民性研究。然而，司法保護協會《昭德》編輯部完全從意識型態出發，編纂《日本文化之性格》專輯，發刊詞中司法省保護局長森山武士

司法保護協会『昭德』編集部編『日本文化の性格』（文録社一九四一・七）

郎曾說，這是思想犯的保護事業，為了讓思想犯回歸到「忠良皇國的臣民」而出刊。這本《昭德》「皇紀二千六百年」的紀念專輯，是結合日本精神、日本文化、法律、經濟、宗教、藝術等方面三十五位專家共同執筆的論文集。

我從目錄中整理出以下的主要內容：

東京高師教授由良哲次〈關於日本精神的特質〉、神宮皇學館教授原田敏明〈文化的攝取與自主的態度〉、東洋大學講師溝口駒造〈日本的思維與文化特性〉、江馬修〈外來文化與日本文化〉、京都帝大教授牧健二〈日本法制的性格〉、東北帝大教授武內義雄〈儒教與日本〉、立正大學教授濱田本悠〈日本的宗教性格〉、東京帝大副教授宮本正尊〈佛教的日本性格〉、東京文理大學副教授肥後和男〈日本神話的特質〉、廣島文理大學教授清原貞雄〈日本主義思想的展望〉、中河與一〈日本的性格〉。

哲學家由良哲次在〈關於日本精神的特質〉中談到，大和民族的精神生活具備一元、統一、連續等特質，日本精神有六項特徵：㈠現實的，重視事實與實踐，以行為的實現為主。㈡本質的，日本神道的「神」是指現實中根源的本質。㈢內在的，日本人思想生活中至高的價值是內化的神，這個神被稱為「魂」。㈣總合的，不排斥外來文化，予以接受並成為日本特質。㈤調和的，日本人自古「以和為貴」，這是生活的理想，皇室的「尊貴精神」實現了國家一體的目標。㈥理想的，努力地朝無限發展。

以下幾篇論文也是以日本精神為主題。清原貞雄談論日本文化思想的整體性，並在〈日本主義思想的展望〉中舉出十項特質：㈠崇拜祖國，㈡邁向光明，㈢追求生命，㈣期待精神的圓滿，㈤嚮往清淨潔白，㈥重視社會生活，㈦重視國民團結，㈧尚武，㈨追求世界和平，㈩追求人類情誼的發達。在這裡，許多日本主義者高唱的不是之前國粹保存主義者所說的日本主義，而是「八紘一宇」精神下提升日本國際地位的日本主義。

作家中河與一在〈日本的性格〉論及，日本人的性格中同時包含西洋與東洋的成份，日本人把歐洲文明巧妙地植入日本文化中。日本風土有地中海的要素，讓日本人得以合理發展。但另一方面，日本也有東洋共通的「虛無」、「超越合理」等思想，要知道日本精神同時具備這兩個層面，才能真正理解八紘一宇的真義。中河不認為日本人以現實為首要考量，主張日本人為了達到永恆境界而願意犧牲現實。中河提出日本人性格中西洋與東洋特質共存的這番見解，算是很獨特的。

《理想》臨時增刊號的主題是「愛國思想之探究」，特別討論日本人的愛國心，以下舉出幾篇代表性的文章。

心理學家桂廣介在〈祖國愛的心理結構〉中說，愛鄉之情是從鄉土與自我的連繫中產生的，這是一種自然的精神事實。相反地，國土之愛則帶有濃厚的

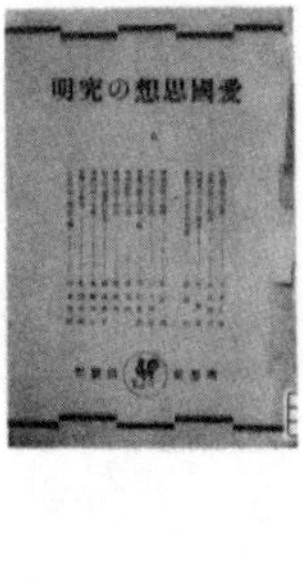

166

『理想』臨時号「愛国思想の究明」（理想社出版部一九三七・一〇）

倫理色彩。愛鄉之情是社會的、反個人主義的，終會擴大到對國土的全體之愛。與他鄉比較之後，鄉土意識才被強化出來，這是故鄉成員的一種自覺。從實際經驗出發，個人會把自己和鄉土等同視之，並將自己融於全體當中。為了全體，個人可犧牲自我義無反顧，其背後的心理基礎也正是如此。狂熱集團行動的最高表現不只是自己和他人的集合而已，而是「融合的統一體」。譬如，國與國之間發生對立時，國內的各種對立衝突會趨於緩和或消解；愛國之情被放在第一，自我境界完全消失，融合在國家意識中。

西村真次在〈愛國主義與英雄主義〉中，把過去一個世紀裡，日本人願意堅守祖國的原因歸功於愛國主義與英雄主義。軍事方面，飛機的精進讓島國完全喪失防衛能力，但技術取向的日本人樂觀地認為，飛機雖是強勢武器也沒什麼好怕的。

社會學家岩崎卯一討論〈愛國思想與階級〉的關係，他說「祖國」或「皇國」是國民道義感投射的對象。日本這個純粹的民族國家是由血緣共同體的家族自然擴大後所形成的，以地緣、目的、命運等臍帶強化彼此的連帶感，更不斷被加以認識、理解及信仰。一般士兵對祖國的態度以及戰死前的心情寫照是最佳的證明，平常在校園裡醉心馬克思主義、高唱保衛俄羅斯口號的人，在戰死瞬間意識尚清醒前也會大喊「皇國萬歲」。岩崎主張資本家、有產階級或無產階級都會受到國民道義的驅動，但這只是他個人的單純結論。

作家倉田百三在〈愛國精神與文學〉一文中指出，軍歌或描述戰爭的內容無法成為刻骨銘心的愛國情操，是因為它們被強迫性的戰爭觀念，以及妥協而非真理的正義觀念所阻撓。只有發揮國家道德、自由、真理共存的國家理想主義才是自覺的、愛國的。所謂愛國精神不是一味肯定國家的現行結構，而是不斷反省國家目的、改革不合理狀態的一種熱忱。愛國文學是革新國家的文學，也是批判保守階級的反動文學，它的目的是要認識壓迫及反抗壓迫，並找出表達反抗的方式。為政治而服務是文學的墮落，文學必須表達出資本主義的矛盾以及對此矛盾的憎恨。保障自給自足的資源，就能泯除商業帝國主義的戰爭，也能杜絕損害及污染人類文化根源的營利主義，因為，營利是破壞人性、阻礙人際共存的根本之惡。

上述的法西斯主義日本人論不再使用「國民性」這個概念，取而代之的是「國民精神」或「日本精神」，並且，幾乎都以宣揚皇室中心的國粹思想為目的；只有少數幾篇客觀的國民性論或批評日本精神論的文章。接下來，我要介紹的是強調日本精神、主張大和魂與武士道的相關著作。

大和魂與武士道

許多法西斯主義的日本人論經常提及大和魂或大和心，一致強調這是自古以來日本人的性格特質，和中國的「唐心」不同，是日本人優秀說的主要根據，更是日本國民性中最被肯定的層面。

相反地，武士道在中世紀貴族沒落後才開始出現，戰國時代是武士階級的精神支柱，江戶時期更成為幕府政治支配的精神來源。明治維新確立了四民平等的原則，武士道精神似乎有消退的趨勢，但明治政府強調富國強兵及擴大軍事力量，仍有必要強化武士道精神，對武士道予以重新評價。江戶時代武士道的效忠對象包括「幕府和藩」雙重結構，明治之後，只限於軍隊對天皇一元化的效忠。對應這個局勢，產生了武士道論及大和魂論的新詮釋，這些論點又和軍國主義、日本精神主義相結合。接下來，我將一一介紹這些著作。

大場喜嘉治在《新日本主義》一書中指出，所謂日本魂是一種體現建國精

168 大場喜嘉治『新日本主義』（二松堂書店一九三二・一二）

神、充滿忠君愛國的心理，不僅與國運發展有關，也是融合所有人類精神的指標，以及實現永久和平理想的魂魄。「新日本主義」是擴張舊日本主義、統領全人類的原則。大場警告日本人，不要陷入偏狹的愛國主義或以國家為重的利己主義，也不要重蹈德意志的覆轍。

亘理章三郎在《日本魂之研究》中詳細介紹前人的論點，追溯日本魂或大和心的精神史。吸收海外文化的偉大能力確實是日本魂的一大特徵，但他也指出，學習外國文化容易造成尊外卑內、醉心模仿、外化自失等弊害。不同於平安時代的「漢才」，日本獨特的「大和魂」強調漢學無法培養出的世才與常識，這種世才與常識正是日本國民性的特質。

醫學博士堀江憲治在《日本人之所以強盛的研究》中，主張日本國民是將日本精神內化己心的人民，大和魂是獻身天皇的人民之心。日本人之所以強盛在於大和魂，是日本人持有的一種精神力量及國家活力。

田中治吾平的《日本民族的思想與信仰》從神道立場討論，定義日本魂包括了大、豐、生、和、勇五項，這些不是死語，是至今還支配日本國民的力量。

國家主義者兼日本文學家的蓮田善明在廣播節目演講集《忠誠心與優雅》一書中指出，日本人舉世無雙的忠誠心在武士道之前就已存在，可追溯到古代的一種純粹精神。日本人和外國人不同，外國人是「為了自己的國家」，日本

169

亘理章三郎『日本魂の研究』（中文館書店一九四三・五）

堀江憲治『日本人の強さの研究』（山雅房一九四三・五）

田中治吾平『日本民族の思想と信仰』（会通社一九四三・一〇）

蓮田善明『忠誠心とみやび』（日本放送出版協会一九四四・六）

人都是為了天皇，天皇是「宮處」（みやこ）、「宮廷」（みやび）的本源。

回到先前的時代，國文學者五十嵐力在《我三大國民之道》演講集中將大和魂分成四種「國民道」：第一、「自然兒道」，從太古到奈良時代的國民道，遵循與生俱來的固有特質，模仿外來文化。第二、平安朝的「公卿道」，以感情文藝為主、追求美的生活本位之國民道，缺點是過於依賴別人及利用他人，以至於難以持久。第三、「武士道」，鎌倉到江戶所形成的文化道德，是一種為君赴死的「效忠道德」。元祿時期出現「町人道」，類似的還有農民道、僧侶道、茶人道、俳人道、俠客道、遊女道等。第四、明治以來的「紳士道」或「公民道」，紳士道調和了公卿道與武士道，講求立憲與合理。

170 五十嵐力『我が三大国民道』（早稲田大学出版部一九二九・一二）

大石峯雄從運動觀點談武士道精神，在《民族體育的日本式建設》一書中主張以民族精神為基礎的民族體育。資本主義把教育導向自由主義與個人主義，體育不是為了培養國民人格，而是為了休閒娛樂，體育成了有閒階級打發時間的活動。對日本人而言，犧牲就是勇敢，為了鍛鍊犧牲精神而鼓吹團體競技。奧林匹克競賽中，為祖國發揮「不服輸的精神」，在提升國民意識上確實有其必要，然而一旦失敗後又會產生民族自卑感。

大石峯雄『民族体育の日本的建設』（成美堂書店一九三六・四）

其次，從歷史觀點探討武士道的是研究中國哲學的齊藤要《日本武士道的再吟味》，他說日本國民性的首要特質是重視身心清潔的誠實與純真之心。還

斉藤要『日本武士道の再吟味』（大東出版社一九三七・七）

有，現實性（樂天性）、同化性、友愛性（崇祖敬神、忠君愛國）、調和性等也都是武士道的基礎。

新渡戶稻造所寫的《武士道》（*Bushidou, The soul of Japan*,1899）是武士道論述的古典名著，主張武士道就是武士遵守的道德原理，一般平民很難達到這個標準，大和魂成為日本帝國民族精神的表現。武士道無意識地左右日本國民，成為一股難以抗拒的力量，另一方面，也造就了日本國民的許多缺點。譬如，武士道欠缺深遠的哲學，武士道的教育制度輕視形而上學的訓練，流於情感上的興奮，日本人被外國人評為自尊自大也是名譽心作祟的結果。獨立倫理基礎的武士道將來可能消失，但武士道的影響力不會蕩然無存。

澀川敬應從宗教觀點談武士道，在《日本的生死觀》一書中說日本人生死觀的基本性格有以下三點：㈠禪宗和武士道的從容性，高潔從容地赴死。㈡逆用性，隨時以赴死心情充實人生的態度。㈢不死性，假想死後的世界進而努力求生。

亘理章三郎在《大丈夫之道的史論》中擴大武士道的概念，主張武家時代之前的道德不是武士道而是「大丈夫道」。明治以後，日本努力追隨歐美思想，近年來國民精神亦趨興盛，許多人信手拈來典故中片斷的古語或傳說，嘗試組合各種不同思潮，並將這些稱為日本精神或國民性以迎合時代潮流。古代稱男子「大丈夫」，「大丈夫魂魄」指的是自覺心、雄心、泰然自若的不動之

171 新渡戸稲造『武士道』（矢內原忠雄訳、岩波書店一九三八・一〇、改版一九七四・一一）

渋川敬応『日本的生死観』（興教書院一九四二・九）

亘理章三郎『丈夫道史論』（金港堂書籍一九四二・九）

心，以及聰慧之心。

以上的日本人論是以大和魂和武士道精神為基礎，展現日本國民性的一個層面，戰爭時期的這些作品多以提高戰爭士氣、效忠天皇為目的，具有鼓吹軍國主義的強烈企圖。

172

日本精神與日本文化

不同於上述大和魂或武士道的觀點，從更寬廣角度探索日本精神和日本文化的國民性論述陸續出現，其特色是和戰爭時期的法西斯主義保持一定的心理距離。首先，介紹一般日本文化論的著作。

173

長谷川如是閑在《日本的性格》一書中談到，如果沒有客觀根據、也就是對「日本性格」沒有自覺的話，論述當時的日本主義與日本精神毫無意義，而該書就是要討論日本人性格的優點所在。長谷川把國民性格當成一種道德態度，認為日本人具有客觀、現實、中庸、簡約、謙抑、平凡、常識等特質。這是因為日本的自然比較溫和，沒有很大的經濟落差，史前時代民族之間政治上的對立已經解決，日本成為家族主義國家，也不曾被外國征服過。很早開始，中央政權的力量就調節了氏族制度對地方所造成的掠奪，日本也從未發生過武力的政權交替。其次，日本人的心理同時具備拉丁民族喜好極端及盎格魯—薩

173 長谷川如是閑『日本的性格』（岩波書店一九三八・一二）

克遜民族傾向務實的雙重特質。日本人的缺點是缺乏謹慎和耐心，喜新厭舊，天災頻仍的自然條件無法給日本人雍容的氣質，對外界刺激異常敏感，容易陷於無自覺的模仿。但另一方面，歷史上重大事件發生時，日本人多會藉由忍耐與自制發揮調和的心理。這種自制心理的影響，日本文化追求的是潛沈之美，而非耀眼俗麗。人工打造的完美遠比不上自然天成的不完美。日本文明與文化的特質是簡素、淡白、瀟灑、單純、洗練，比之於大陸文明的雄偉莊嚴與複雜繁瑣，更符合人類的文明發展。

長谷川在戰時又出版《續日本的性格》，從多方面探討日本的國民性。首先是日本神話的特徵，他認為不同的神祇各司其職。古代社會沒有文字，普遍性語言比較發達，形成了全民共通的文明，譬如，短歌文學的基調貫穿上層與下層階級。對於神及自然的敬畏之心也在人倫關係中延伸，成為生活倫理的一部份。此外，基於相互同情與理解，日本人傾向自我克制，常常勉強個人、壓抑自以為對的部份，這種壓抑會陷入以安全為先的停頓狀態。外來文化透過日本人的感性再生迅速改造，明治以後傳入的自然科學，特別是實驗性質的應用科學，因日本人經驗上無意識的掌握而有長足的進步。在終章〈日本民族的優秀性〉，長谷川更明白主張日本人優秀說。

同樣地，西村真次也主張日本人優秀說，他在《日本人及其文化》寫道，從歷史上來看，日本民族是適應性的、可動的、接受的、和平的、道德的、協

174 『続日本的性格』（岩波書店一九四二・一二）

西村真次『日本人と其文化』（冨山房一九四〇・八）

調的。針對年輕人做的心理調查，結果也顯示出日本人具有道德的、和平的、適應的、協調的、接受的、可動的等特質。日本人不好於爭鬥，富於工藝性（生產性），在美術、工藝、技術等方面都發揮了世界第一的特長。日本精神是由進取、生產、同心協力等特質組成，武士道是其中之一。此外，日本精神也包含了享受生活的樂觀主義。

田中寬一在《日本人的資源》中以統計資料闡述「科學的」日本人優秀說，並從心理學角度考察日本國民身體、智能、性格等各方面的特質。首先，他謙虛指出日本人應該尊重其他民族的優點，但小看自我又會陷入西方崇拜，這種看似客觀的發展後來逐漸演變成日本人優秀說。文化方面，日本的詩歌形式極簡潔，日本繪畫充分利用留白並賦予留白意義。日常生活中日本人有很強的家族意識和民族意識，家族中若有人犯罪會讓全族蒙羞。大多數的國民極富愛國情操，同心協力。教育心理學出身的作者採取極端的日本人優秀說，認為日本的教育普及，人們的頭蓋容量與腦容量都很高，智能提升後性格會朝思考的、社會的、擇善固執等方面發展。

類似的看法也出現在寺島柾史《日本民族在科學上之優秀性》一書裡。

富野敬邦談論武士道與藝術之間的關係，他在《日本學藝之道統：道念與志氣》一書中指出日本是「道之國」，古來即實施神道，神道展現在臣子行為

175

田中寛一『日本の人的資源』（蛍雪書院一九四一・四）

寺島柾史『日本民族の科学的優秀性』（日本公論社一九三八・三）

富野敬邦『日本学芸の道統―道念と志気』（第一出版協会一九四三・五）

上就是臣道或孝道，武士方面就是武士道。日本藝能的特色有三點：第一、源遠流長，人生觀的本質是做為神子的自覺。第二、「誠實」的精神，藝術與道德宗教皆為一體。第三、日本式的無，無念思想就是禪宗所講的了脫、覺悟、解脫、涅槃等真理，這些與日本精神已合而為一，譬如，世阿彌所說的「幽玄」。

劇作家同時是戰時文化統治打手的岸田國士在《文化的力量》中說，「隨便便要人頂替」的「頂替主義」是導致日本人風俗敗壞、生活頹廢、國民品位滑落、實力下降的最大原因。他批評日本人「只要沒損失，什麼事都無所謂」是一種逃避責任的心態，也指責日本人「盡可能不要太辛苦，只要坐享其成」的僥倖心理。相對地，他強調日本人對家庭、鄉土、祖國的情愛，「愛國心的表現是以祖先崇拜為經，勤王之志為緯，對國土獻身」，並稱讚現代的武士道。

176 岸田国士『力としての文化』（河出書房一九四三・六）

上述的國民性論嘗試從日本文化的各層面中挑出優秀的特質，但它們不必然只強調日本精神和國民精神的優越性，有些思想家和哲學家以比較客觀的態度考察日本的思想和世界觀。

齊藤晌在《日本思想的未來性》指出，日本人的精神特質為：缺乏獨立自尊，喜歡附和雷同，溫呑緩慢，追求一時享樂，忘卻百年大計。流於形式主義

斉藤晌『日本思想の将来性』（高陽書院一九三九・二）

（mannerism）、惶惶不可終日的島國根性，造成日本人容易恐懼新的改變。然而，這些是缺點，也是優點。日本人「深情款款」、「無常」、「枯淡」、「閑寂」的情感非常豐富。自古以來日本人講求義理人情，是日本人從自我脆弱這部份發展出來的，日本人能超越所有利害，把自我情感歸於絕對境界而行動。日本人的本質是超越個人的，日本人優秀說的謎團也蘊含其中。

哲學家西田幾多郎在《日本文化的問題》中提到，正如本居宣長所說「直指事物本真」的科學精神，「吸收西方文化、創造新的東方文化」正是日本精神的所在。「日本精神的真髓是萬事萬物歸於一……，矛盾的自我認同在於皇室中心」。日本精神是「統合所有事物，簡單明瞭，容易掌握」，日本風土是「人類與自然融合為一的親和體」，「所謂日本人的直觀是就事論事，思有所得，主體就是環境」，譬如，俳句最具代表性，能表達出「從剎那看世界」的真諦。

三木清〈國民性格的養成〉一文是「新秩序」底下，以「國民教化」為目標的講座系列（第一講三枝博音、第二講船山信一、第三講清水幾太郎、第四講室戶建造、第五講杉村廣藏、第六講志村義雄、第七講酒井三郎、第八講青野季吉、津村秀夫、土方定一、上泉秀信）中卷末之特別講座。他認為「新秩序」制度是國民性的表現，「真正的新秩序是建立在國民性的養成這個基礎上」。這次戰爭是鍛鍊國民性格的絕佳機會，超越自由主義教育的「養成訓練」是必要的。在此，三木

177 西田幾多郎『日本文化の問題』（岩波書店一九四〇・三）

三木清「国民的性格の錬成」（三枝博音編『日本文化の構想と現実　大東亜基礎問題研究第三巻』中央公論社一九四三・一）

強調軍事與日常的統一，然而，他也反省到「大後方」生活充斥「秘密不當交易」的現象。國民性格養成的目標是去創造全世界一等的國民，因此，瞭解世界和世界史是非常重要的。

理學家松井元興的《科學與日本精神》是一本結合科學精神與日本精神的珍貴著作。以科學方法探究自然界所有事象是自然科學的精神所在，但當今科學知識濫用，人類行為也違反自然，因此，有必要重新樹立科學精神。科學和其他學問如文學藝術一樣，在追求美這點上是共通的，所謂美是指國體之美，景仰國體之美就是日本精神。日本精神的養成必須藉由先祖以來對大自然的虔敬態度以及謙虛的真誠之心。近代文明產生兩種弊病，一是精打細算、小氣的商人氣息，另一是二元對立、猜疑的思考方式。日本精神之所以能確保是拜婦女力量之賜，她們照料子女並付出無私的情愛，在不知不覺中，打造出建國基礎的忠孝觀念。松井認為，強迫一般國民信仰日本精神或大和魂並非最好的方式。

和上述科學精神相對照的是從宗教觀點直接或間接探討的日本主義。戰爭時期的天皇是現人神，以神人同一思想為基礎的宗教意識正是皇室中心主義的根據之一。

宗教學家宇野円通在《民族精神的宗教面》演講集中批判了日本精神論的

178 松井元興『科学と日本精神』（續文堂一九四四・七）

混亂，主張「愛國心並非日本人獨有的專利」，必須思考其他民族的精神。他不認為日本精神就是國體思想，日本精神應該是日本民族的生活原理，是思想與生活中展現的內涵。國粹主義者很容易將三種神器③與日本精神結合，把《古事記》與《日本書紀》當成歷史材料是相當不具說服力的。祖先崇拜被當成自古以來的傳統，也受到儒教和佛教東傳的影響，認為只有日本人才是神的後代，但這種狹隘觀念在佛教的世界觀中受到挑戰，宇野是國際主義者，主張任何人都有平等機會成為佛陀弟子。

鈴木大拙的演講集《禪與日本人的氣質》是一本向海外傳播禪學的名著，他說享受如是當下的世界就是禪的態度，和順應自然生活的日本人之氣質相應。另外，在《日本的靈性》一書中，鈴木強調靈性是潛藏在精神深處的作用，靈性的經驗就是宗教的意識。這是普遍存在於各民族的，靈性覺醒之後，精神活動的展現方式卻有不同。日本人在情感方面是淨土思想，知性方面卻是禪宗思想。日本式的禪境生活在日本式的靈性上開花結果，禪意的表現在日常生活中滲透，神道被認為最具日本特質，但神道也已經禪化了。

鈴木從宗教層面探討無意識的「靈性」，民間的精神分析學者大槻憲二則把弗洛依德無意識的觀點引進日本人論的研究，他在《現代日本的社會分析》裡指出，日本人不僅對外國人的憎惡之情非常強烈，日本人彼此間也是如此，對他者的攻擊慾望會轉換成對自己的攻擊慾望，也就是會呈現出死亡的本能。

宇野円空『民族精神の宗教面』（興教書院一九三五・三）

179

鈴木大拙『禅と日本人の気質』（日本文化協会一九三五・一二）

『日本的霊性』（大東出版社一九四四・一二）

大槻憲二『現代日本の社会分析』（春陽堂書店一九三七・一〇）

推廣死亡宗教的佛教是一種死的本能，由此轉成宗教之心或勇猛之心，這種說法比強調憎惡心理（特別是對外國）更具意義。即便死亡的本能很強，但任何人都有自我保護的能力，日本人在戰爭期間的神經質現象不足為奇，分析治療的方法還比較愛國吧。

一九三一年中日戰爭到第二次世界大戰結束的這十五年期間，關於日本人美學意識的研究主要集中在兩方面：一是傳統藝術論述，追求純粹特殊的日本美；二是將日本人的美學意識與戰爭結合，當作日本精神之美予以讚揚。接下來，我將介紹各藝術領域共通的一般美學意識論，以及國文學、國語學、其他藝術領域反映出來的特殊美學意識論。

180

山口諭助在《美的日本式完成》中提到最高境界的美學意識是「枯寂」。所謂枯寂是指「放下我執，與萬物相連、偉大、靜謐的態度」，日本之美在其精神性遠超越物質性。譬如，不同於色調強烈的西洋畫，日本畫是以簡素枯淡的表現為最高意境。松尾芭蕉的俳句認定了枯寂之美為最，也讓這種美學意識普遍開來。

在英美詩壇占有一席之地的野口米次郎於《關於傳統》中，曾經讚美皇室崇拜與八紘一宇的思想，強調日本藝術傳統的獨立性。日本人對於再小的自然現象，也賦予做為宇宙中心存在的理由，以無邪清新的雙眼凝視著自然與人

山口諭助『美の日本的完成』（賓雲舍一九四二・四）

野口米次郎『伝統について』（牧書房一九四三・五）

生。日本人熱愛自然，是因為日本人的美學意識十分敏感。

國文學者久松潛一在《日本文學與民族精神》中談到文學裡的日本之美，並提出下列十項特質，以重新詮釋芳賀矢一的《國民性十論》：㈠敬神，㈡忠君愛國，㈢家的尊重，㈣武士道，㈤義理的精神，㈥真誠，㈦調和與情深，㈧象徵與深邃，㈨形式與平淡，㈩傳統的尊重。前五項是日本精神的實質，後五項是伴隨實質而來的心理結構與態度。

佐成謙太郎談論《歌謠與日本精神》，他說歌謠表現出室町時代的日本精神，加上世阿彌的指導精神，使得歌謠的題材與潤色更臻強烈的尊皇愛國精神，也成為日本精神最顯著的特徵。

國文學者高木武在《日本精神與日本文學》中，以文學為題材論及日本國民性的特徵：㈠統一性與永恆性，㈡包容性與同化性，㈢純真性與單純性，㈣快活性與明朗性，㈤現實性與實踐性，㈥積極性與果敢性，㈦寬容性與溫和性，㈧虔敬性與儀禮性，㈨敏銳性與巧緻性，㈩優雅性與藝術性。

美學家大西克禮的《幽玄與深邃》深討得更細膩，他定義所謂的幽玄是「不明顯、不清楚、蘊藏了些什麼」，也包括寂靜、深遠、集約、凝結、神秘性、超自然性等意思。深邃有三種：第一、特殊的心理哀傷，第二、一般的心理感動，第三、優·麗·婉·豔的美學意識。在《風雅論》一書中，大西也提到俳論並非「風雅原是寂寥」中的「枯淡」、「閑寂」等狹隘意思而已，它已

久松潛一『国文学と民族精神』（文部省思想問題小集五、一九三四・三）

181 佐成謙太郎『謡曲日本精神』（「日本精神叢書一五」文部省思想局一九三五・三）

高木武『日本精神と日本文学』（冨山房一九三八・五）

大西克礼『幽玄とあはれ』（岩波書店一九三九・六）『風雅論』（岩波書店一九四〇・五）

具有俳諧獨自美的概念。「枯淡」是指萬古不變的質樸，能表現出物體的本然。日本的茶室有閑寂性、遊戲性、自由性等特質，特別是「反相稱性」，也就是喜好非合理性，乃日本民族美學意識的根本特質。

提倡日本文藝學的岡崎義惠在《日本文藝的樣式》一書中說，日本文藝的內容及實質是印象的、生活氣氛的、情調的，而非思想的、人生觀的、意志的，日本文藝缺乏強烈、激越、深刻，卻富於溫馨、優雅、清淡。日本民族性是屬於比較年少而女性化的，例如，安靜古意、深情款款本身雖然有年老的意境，但基本上還是很女性化。武士道與俠義精神展現了日本男性強烈知恥的一面，但仍充滿年少活力。日本文藝有「優美、快活、單純、纖巧、淡泊、溫和、調合、輕妙」等特色，如同「清晨聞到的山櫻花」。日本人因具備年少特質，對於外界事物極其敏感，所以能吸收外來文化自我成長。

岡崎在《美的傳統》中談到歌論，他認為日本的和歌不甚發達，可說是沒有和歌。歌論不是科學或渾然天成的，而是沿著歌曲創作的實踐方向去評論，是一種藝術的表現。和歌並非自成一格，而是融入其他文化、無邊無際的，這正是日本人的性格特徵。

日本語學者菊澤季生在《國語與國民性》中指出，日語是感情的、女性的、單純明朗的，而非論理的、男性的、複雜奇怪的。從現在頻繁使用敬語的情況可看出日本人認真有禮，但相對地，日語的邏輯性較低。

岡崎義恵『日本文芸の様式』（岩波書店一九三九・九）

182

『美の伝統』（弘文堂一九四〇・九）

菊沢季生『国語と国民性』（修文館一九四〇・九）

還有很多與藝術文化相關並論及日本精神的著作，我僅列出書目：伊東忠太《神社建築中的日本精神》（日本文化協会，一九三五・一〇）、龍居松之助《庭園與日本精神》（文部省思想局，一九三六・三）、高木武《戰爭物語與日本精神》（文部省教學局編「日本精神叢書二六」，一九四〇・八）、岸田日出刀《日本建築的特性》（文部省教學局編「日本精神叢書五〇」，一九四一・一）、西堀一三《掛物與日本生活》（河原書店，一九四一・七）、滿岡忠成《日本工藝史》（三笠書房，一九四一・九）、西川儁《花道中美的性格》（一条書房，一九四三・一〇）、植田壽藏《日本美的精神》（弘文堂書房，一九四四・一）。

本節收錄了法西斯體制底下關於日本文化優秀說與日本國民性的著作，但這些作品並非都是贊同法西斯主義及戰爭的，也包含了對「非常時期」國民行為的批判與反省。然而，這些批判與反省只停留在警告百姓對這場「聖戰」行徑的覺悟，進步主義者的意見已不復見。

譯註

①八紘一宇：原本是統一國內的意思，太平洋戰爭期間成為軍國主義進出海外的藉口。

②Lucien Levy-Bruhl（一八五七～一九三九年）：法國哲學家、文化人類學家，主要研究原始人的

思維活動，著有《未開化社會的精神》、《原始人的心性》、《原始神話學》等。

③三種神器：皇位繼承的三樣象徵物品，由歷任天皇傳承下去，包括八咫鏡、草薙劍、八坂瓊曲玉。

占領時期

VI 占領時期

占領時期的日本人論

日本不是記恨心很強的民族，
多有「昨天的敵人是今天的朋友」這種樂觀想法，
甚至願意為昨天的敵人獻身。
崇拜天皇能表示自己的威嚴，
也是感受自身威嚴的方法。

——坂口安吾

二次世界大戰日本戰敗，第一次經歷被外國人占領的命運，占領軍在經濟、政治、文化、宗教等所有層面實施占領政策，並且不允許日本人反抗。麥克阿瑟將軍取代天皇成為日本實質的統治者，隨著「人間宣言」（一九四六年一月一日）頒布，天皇乃「神聖不可侵犯」的現人神說法也失去了神聖性。

占領政策基本上保留了象徵天皇制，其它以美式民主主義的方針執行，特別是占領軍的文化政策否定戰前的封建文化，導致日本人的生活方式全面美國化。

面對這種情況，日本人自我反省與自我批判的論述紛紛出籠。提出最徹底反省論的是統計學家兼社會運動家、ＮＨＫ首任會長高野岩三郎，他在〈共和國憲法私案〉一文中主張廢除天皇制，建立以總統為元首的主權在民制。在自由時代的氛圍下，一九四五年十二月於八重山群島成立了「八重山共和國」，只有短短八天的壽命，這個共和國歸屬於占領軍的軍政，建立八重山支部。另一方面，有人主張把日本編入美國的一州，廢除日語，把法語改為國語等。

占領軍的政策把日本傳統文化視為封建，同時採取排斥管控的態勢，但相對地，也有日本人開始提倡保存優良的傳統文化，從創造性的方向賦予傳統文化新的面貌。於是，出現了自我追尋的探索性論述，它們要追問的是：繼承傳統文化的日本人到底是什麼模樣。不同於西方文化與西方人的立場，這些論述彰顯了日本文化與日本人的獨特性。因此，在探索國民性發展的特殊過程中，

187

高野岩三郎「共和国憲法私案」（「囚はれたる民衆」『新生』一九四六・二）

188

許多日本人論以日本人及日本文化的起源歷史為題材。

接下來，先整理戰敗帶來的教訓以及對戰敗的反省等相關論述；其次，介紹戰後初期出版的《菊花與劍》和針對該書的回應與批判；最後，我將舉出有關日本傳統文化再評價的文獻內容。

戰敗的教訓和反省

戰敗帶給日本人的最大震撼是政治上的天皇制問題，戰敗第二年就出現許多日本人論，從歷史、社會層面重新思考日本人的心理如何支撐天皇制。這些論述包括天皇制、戰敗的社會心理因素、對科技的反省等，提示了日本人未來發展的重要指標。

面對戰敗這個局勢，作家坂口安吾很快地反省日本的過往，他在〈墮落論〉[189]一文中說，日本不是記恨心很強的民族，日本人多有「昨天的敵人是今天的朋友」這種樂觀想法，仇敵之間的情感反而更好，甚至願意為昨天的敵人獻身。天皇制是日本非常獨特的制度，已被社會遺忘，卻還能放到政治檯面上。政治家在日本人的性格裡發現了天皇制賴以存活的因子，用這個手段保障自己的權益，認為絕對君權是必要的。讓人民崇拜天皇能表示自己的威嚴，也是感受自身威嚴的方法。崇尚權謀術數的日本國民，在大義名分上也認為天皇制有其必要。

189 坂口安吾「墮落論」（『新潮』一九四六・二）

〈墮落論〉之後，坂口又發表〈天皇小論〉。他說有些人認為只有天皇才能拯救日本戰後的混亂，這種說法根本是騙人的，政治家也好，人民也好，大家心裡殷盼戰爭趕快結束，都只是利用了天皇制。最可悲的是，封建式的欺瞞仍無意識地持續著，因此，坂口大聲疾呼「讓天皇回歸為普通人」。

他在〈續墮落論〉中又說，因為受到隱忍及反動精神的影響，進步精神一直在倒退。老百姓一聽到「去忍受難以忍受的，去服從朕的命令」，就哭說「這是陛下的命令，雖然難以忍受，還是得接受」。坂口強烈批評「這些全是騙人的」！就是因為這樣，日本人勢將墮落，只要天皇制的歷史結構存在一天，日本人就無法有人性的真正展現。

翌年，坂口在〈送給天皇陛下的話〉一文中指出，五一勞動節出現了「朕吃得快撐死了，老百姓卻快要餓死」的遊行看板，他批評日本就是「存在了『朕』這種奇怪的第一人稱」。日本人沒有理由必須尊敬天皇。有人說天皇擁有日本最古老的家格，日本人不一定人人有系譜，但誰都有自己古老的家格。天皇透過特別的敬語和虛空的威嚴，汲汲營營地擺出和普通人不一樣的架勢。面對沿路的歡呼，「天皇說朕能體察子民的心情，在我看來，這種說辭真是滑稽」，「天皇的服飾也很奇怪，它不過被一種非文化的、原始宗教的精神」所支撐。天皇的人氣是一種宗教狂熱，它和邪教教祖與信徒之間的結合沒有兩樣。坂口還說：「天皇到各地旅行其實就是發動戰爭，讓日本向下沈淪，迷信

「天皇小論」（『文学時標』一九四六・六）

190

「續墮落論」（『文学季刊二号』一九四六・一二）

「天皇陛下にささぐる言葉」（『風報』一九四八・一）、いずれものち『日本論』河出書房新社一九八九・四）所収

狐狸精而發瘋，這些作為都挽救不了日本」。

戰後提出最極端反省論的是作家志賀直哉，他在〈國語問題〉一文中主張把國語從日語變成法語，認為「沒有比日語更不完美及更不方便的語言了」，他建議廢除日語，把世界上最好最美的法語列為國語。因為法國是文化先進大國，法國有不少小說、詩歌和日本是相通的。

與明治初期森有禮的英語論相較，志賀的國語論更具時代意義。他認為告別日語或許令人覺得惋惜，但想到五十年或一百年後，日本人就不再受日語的情感支配，「這種斷然的告別，其實也是值得的」。

191 志賀直哉「国語問題」(『改造』一九四六・四、のち『志賀直哉全集第七巻』岩波書店一九七四・一)

志賀的反省僅止於國語的問題，許多保守自由主義者則更徹底批判了天皇制。茅原廉太郎《日本人民的誕生》一書便是，茅原是戰前個人雜誌《內觀》的負責人，這是一份親英美的刊物，後來遭到批評及停刊的命運。自由主義政治家尾崎咢堂(行雄)在序言中說：「以前的日本沒有『人民』的觀念，只聽到『國民』這種說法，就是因為這樣，使得日本走到無條件投降的屈辱境地」。尾崎把當時的年號稱為「新日本元年十二月」。

茅原廉太郎『日本人民の誕生』(岩波書店一九四六・六)

茅原認為日本人的自我還沒確立，他力本願①的意識很強。日本人有差別意識，但缺乏平等觀念，有國家而沒有社會。所有人際關係都是上下差別的關係。老百姓都很現實，只看到眼前的利害，對人類生活中最重要的合理規範全然不知。日本式的家屋充滿藝術氣息，但缺乏健康生活的理性原則。還有，日本人沒有營養保健的概念，女性也欠缺經濟觀。地理和政治上的長期鎖國造成封閉心態，使得日本人無法客觀看待自我，直到最後還相信會打勝仗。日本社會沒有公的關係，都是由私的關係交織而成。日本人認為家的利害是自己的利害，但不認為社會的利害是自己的利害，這是國民性最大的缺點。日本人在平常就很會自我勉強，虐待肉體、輕視生命，戰時就更不用說了。

茅原因詛咒戰爭而被當成反戰者，他甚至發展言論，認為日本打輸了或許會更好，被認為是美國的間諜。他主張如果真以國民生活為本，皇室中心主義的思想必須剷除，應該貫徹戰敗時天皇曾說的「讓人民受苦，是朕所不忍」之精神。皇族或位高權重的人都被拱上做團體領袖，但大家像是機器人、天皇傀儡、小孩子抬神轎。這些人也應該自我謙退，致力於人的價值創造。茅原還說為了讓日本注入清新活潑的血液，主張日本人要與世界其他民族通婚。

科技人富塚清在《科學懺悔》一文中，進一步客觀分析戰敗的原因。他指出有些科技人員為了明哲保身，會努力把戰犯的證據及文件燒毀，或是把部會單位名稱塗掉，改為和平的用途。至今還常聽到「再努力些，就會成功了」、「我沒什麼問題，都是對方不好」等逃避責任的話。日本要排除這些阻礙人們真誠懺悔的語言障礙。直到戰敗前夕，還流傳著「本土決戰對日本有利」的說法，到現在也沒聽說有任何反省。像富塚這樣能冷靜、直率分析戰敗原因的日

192 冨塚清『科学ざんげ』（黎明出版社一九四七・一）

本人並不多見，特別是他曾在戰爭期間擔任過重要的技術人員，該書問世可說是彌足珍貴的自我批判。

同富塚一樣，嚴格自我批判卻又強調天皇崇拜的是醫師田中利雄，他在《隨筆　日本人》中指出，日本人的缺點包括沒有健康觀念、不喜歡工作、無計劃性、無責任感、淺慮近謀、意志薄弱、附和雷同。但日本人的好奇心很強，能吸收任何外國文化。但欠缺深思熟慮，只為滿足好奇，就會變得貧乏無味。田中認為日本原是一個愛好和平、厭惡殺伐的民族，這次發動戰爭是日本做了希特勒的應聲蟲，在歷史上留下污點，實在對不起天皇陛下。

從政治經濟層面反省日本的是《近代日本的特異性》，該書收錄岡義武〈近代日本政治的特異性〉、木村健康〈日本的社會與自由主義〉、飯塚浩二〈關於日本民主化的札記〉等三篇論文。分別從政治學、經濟學、社會科學的觀點出發，探討日本面對有史以來的第一次戰敗要如何走向現代化，他們共同主張以近代的自由主義取代傳統主義才是可能的出路。

社會學者新明正道在《國民性的改造》一書中反省日本的國民性，並主張民主主義的改造。他認為國民性最大的弱點是欠缺以自覺人格為基礎的積極活力。國民的人格不被承認，國民對國家只會消極服從，因而產生畸形的國家中心主義，私領域完全被忽視，結果是缺少社會道德與公共道德。新明舉出國民性的改造方向以因應新時代到來，像是忠誠心、和的精神、現實主義等，也包

193 田中利雄『随筆　日本人』（山野書店一九四七・一〇）

岡義武・木村健康・飯塚浩二『近代日本の特異性』（東洋文化講座1白日書院一九四八・一）

194 新明正道『国民性の改造』（有恒社一九四八・五）

括制度的改革與精神的變革，但最重要的還是教育。

二次大戰期間，大政翼贊運動②中最積極的領導者、文學家岸田國士在《日本人是什麼》一書中自我反省：戰爭已經結束，日本人要能看清彼此的缺點，當務之急是從民主主義加以檢討。岸田認為用封建的、島國的、形式主義的、非科學的、利己的、只想出人頭地的、幼稚的、野蠻的等「反省式語言」都不足以表達日本人的缺點，他提倡「日本人畸形說」。譬如，日本人對異性有不健康的歧視，最畸形的是日本人在人前說話時，與其表達自己的意見，通常會先考量形式和體面，只使用平凡的口吻或一定的公式。所謂顧面子，其實是畸形膨脹後的自尊心，骨子裡仍充滿卑屈。日本人已喪失了平衡感，平衡意味著調和、適度、折衷，把「中間」當成平衡只是一種自我欺騙。保持平衡的方法是「批判精神」，批判精神可以帶給生活新的秩序和美感，日本人就是欠缺批判精神，才落得戰敗這種下場，也才無法東山再起。

除了普遍反省國民性，也出現了農民性格的探討，神崎博愛的《日本農民的性格與批判》一書便是。

歷史學家津田左右吉在《日本人思想的態度》中提到，日本人有輕率的理解、自卑感、壓抑自我主張、取悅他人等缺點。知識階層也缺少紮實的知識和見地，對流行思潮沒有批判能力，且容易喜新厭舊。他們只在意世俗評價，無法率直表達自己的信念，這些都是武家時代遺留下來的惡習。津田還批評這些

岸田国士『日本人とはなにか』（養徳社一九四八・七）

神崎博愛『日本農民の性格とその批判』（明窗書房一九四八・八）

津田左右吉『ニホン人の思想的態度』（中央公論社一九四八・一〇）

人的思考不從現實觀點出發，而是以固定成見評斷是非。

日本人面對有史以來第一次歷經戰敗和被占領的事實，產生許多自我批判的國民性論述，這些論述也成為日後徹底而客觀的日本人論先驅之作。

《菊花與劍》及其批判

當日本從戰敗的混亂逐漸邁向精神安定之時，出現了潘乃德（Ruth Benedict）的《菊花與劍》。這是史上第一本外國人寫的日本人論，也可說是一本整合性的日本人論。受到這本書直接或間接的影響，後來也產生各式各樣的日本人論。《菊花與劍：日本的民族文化模式》（***Chrysanthemum and the Sword：Patterns of Japanese Culture*, 1946**）擁有廣大的讀者，基本上，是文化人類學家潘乃德以「文化模式」理論所寫成的。這裡的「文化」即美國文化人類學所說的生活方式，探討「日本文化」時就是指日本人的生活行動。潘乃德將日本文化定義為「恥的文化」，西方文化是「罪的文化」，對於義理、義務、恩惠等概念進行考察，這些成果帶給後續的日本人論極大的啟示。

潘乃德指出日本人社會行動的兩點特徵：第一、明治政府由上而下制定規範，造成人民安於「各得其所」、「適當位置」的行動模式。第二、義務的體系，人在被動承受義務的同時也產生了恩惠，如皇恩、親恩、師恩等。報恩就

196 ルース・ベネディクト『菊と刀—日本文化の型』（長谷川松治訳、社会思想社一九四八・一二、改版一九六七・三）

是一種反向義務，又可分成狹義的義務和義理兩種。義務是指努力回報也回報不完的無限義務，忠孝正是典型的義務，工作任務也算是義務。義理則是回報與所受恩惠等量的部份，是時間上有所限制的一種義務。義理又可分成兩種：一種是對於人世間的，一種是對於名份的。前者主要是對於君王和近親的義理，後者則包括報復、不承認失敗和無知、遵守禮節等各種義務。對潘乃德而言，日本和美國最大的不同在於皇恩回報這件事上。

和義理相對照的是人情，日本人追求並尊重肉體的快樂，像是洗澡、睡眠、吃飯等。

美國等西方社會講求「罪的文化」，是指訂定絕對的道德基準，如果違反就會被定罪，同時，罪也可以透過懺悔或贖罪來減輕，但必須從內心自覺的善行才算。「恥的文化」是指表白自己的過錯反而招來恥笑，在恥的文化裡會時時在意他人的評價，以他人的判斷來訂定自己的行事準則。

潘乃德強調日本人有雙重人格特質，特別是小男孩，經常被賦予許多特權和方便，長大成年後，也被容許童年時的那種特權態度，只要日常生活中小心謹慎，宴會時放浪形骸也沒關係。

潘乃德以文化人類學的方法剖析了連日本人自己也沒注意到的地方，因此，《菊花與劍》可說是外國人寫的日本人論中最傑出的一本。

但是，這本書也引發許多爭議：第一、潘乃德不懂日文，對日本史也欠缺正確的知識和瞭解，造成許多資料分析上的錯誤。第二、她忽略歷史背景的探討，把過去和現在混為一談，認為這些就是日本國民性的一般特質。第三、她從一般觀點建構「平均的日本人」，忽略了年齡、階層、職業的區別。正如潘乃德自己所承認，這是一九四四年二次大戰末期的短時間內，美國政府委託她做的研究，日後美軍占領時期的重要參考資料，也是一本具有政治企圖的專書。《菊花與劍》出版後不久，立刻引來日本國內學者的不同批評。

《民族學研究》雜誌製作了一集「潘乃德《菊花與劍》之啟示」的專題，[198]川島武宜、南博、有賀喜左衛門、和辻哲郎、柳田國男等紛紛表達不同的意見。

法學家川島武宜在〈評價與批評〉一文中說到，《菊花與劍》在試圖結構性掌握日本人這點上是值得評價的，但是，它欠缺歷史層面的考察，把日本人當成同質性的一群人，忽略了階層及職業上的差異。

南博在〈社會心理學的立場〉中指出潘乃德研究方法上的問題：潘乃德使用的資料以明治中期以後的文獻為主，她訪談美國的日僑大多生於明治時代，頂多接觸到大正初期的純粹日本文化。南博批評潘乃德用抽象的類型思考「整體的日本人」，只流於觀念論，並非實證的研究方法。

農村社會學家有賀喜左衛門寫作〈日本社會結構中的階層制問題〉，認為

198 特集「ルース・ベネディクト『菊と刀』の与えるもの」（『民族学研究』一九五〇・五）

《菊花與劍》剖析日本社會的階層制度，也注意到天皇制為首的上下關係，這都是該書值得肯定之處。譬如，書中提到和政治階層制並存的是相對自主的地方自治，這種二元性的存在正是日本政治的特徵。宗教方面，國家神道和其他宗教並存；經濟方面，受政府保護的大企業及小企業並存等，都是日本社會二元性的特質所在。但有賀認為潘乃德的二元性並不明確，有必要對農村與都市的社會結構做更細緻的探索。潘乃德說日本人的精神受階層制度的影響，關於此點有賀給予高度的評價，並詳述了潘乃德如何從上下關係解釋義理與恩惠的要義，最後他主張探究階層制產生的條件對民主發展是必要的。

和辻哲郎在〈對於科學價值的質疑〉一文中，全面否定《菊花與劍》的學術價值。他認為潘乃德把軍方的想法誤解為全日本人的想法，例如，「八紘一宇」這個標語確實非常重要，但和辻自我辯稱說，「我就是沒有聽過這種說法的其中一人」。此外，潘乃德認為日本「家」③中父母和年長者握有絕對權力，但事實上，在職業與結婚的決定上，許多年輕人會反抗父母的意見，和辻以他親耳聽到「祖母、外婆那一輩的女性也被媳婦虐待的例子」來反駁潘乃德的研究。

民俗學者柳田國男在〈普通人的人生觀〉一文中說，潘乃德主張西方文化是「罪的文化」，但柳田認為恐怕很難找到比日本人更常用「罪」這個字的民族了，「恥的文化」則本來只限用於武士階級。至於所謂的「義理」原指武士的行為，到了現代也只用於社交場合的慣例，潘乃德卻把兩者等同視之，並當成「首尾一貫的文化模式」，犯了資料使用上的錯誤。

同上述學者一樣，津田左右吉從批判觀點看《菊花與劍》，他在〈《菊花與劍》的國度：外國人的日本觀〉一文中提到，潘乃德毫無批判地使用資料，誤解日本人的地方很多，譬如：從對前線日本兵的印象推論日本人是好戰的；認為天皇是日本階層制的頂端，完全忽略了全國百姓對天皇愛戴的事實；還有，她全然不知「八紘一宇」只是軍部利用明治之前的國學做為擴張的妄想。津田更進一步指出「義理」原是江戶時代的詞彙，把它和明治時期發明的「義務」一詞等同並列，實在非常荒謬。最後，他督促日本人要有反省的態度，不要一聽是美國學者寫的，即便是已經知道的也盲目追隨，日本人必須更深入研究日本和日本人，將研究成果向世界發表才是應然之道。

以上介紹的是對潘乃德的批評，從許多角度看，這些批評都非常貼切。潘乃德提出罪與恥的文化模式是否適切，後來一直成為爭議的焦點，但不可否認，日本人罪與恥的意識等概念確實成為日後日本人研究的重要切入點。

200 津田左右吉「『菊と刀』のくに—外国人の日本観について」（『思想・文芸・日本語』岩波書店一九六一・六）

《菊花與劍》出版前後，也相繼出現從歷史文化觀點考察日本人社會意識與民族意識的日本人論。

首先，川島武宜在《日本社會的家族式結構》一書中，對向來主張社會體制優於家族體制的家族國家論，提出了徹底的檢討。他認為日本社會是以家族生活原理運作，此原理可用在家族以外的所有社會關係中，包括：㈠權威的支配以及對於權威無條件的追隨；㈡個人行動及責任感的欠缺；㈢不容許自主批判和反省的社會規範；㈣從擬似親子關係結合而成的家族氣氛，對外產生敵意及敵我雙方的對立。在意識層面上，孝順這個義務以「恩」為前提，並受到恩的條件制約。戰爭期間，「家族式的利己主義」和澎湃的愛國心並不衝突，為了家族或擬似親子關係，個人很容易做出違法的事。

飯塚浩二在《日本的精神風土》一書〈「近代化」的日本式近路〉中提到，日本的國家體制是以「君臣之義」為首，排除自由民權的市民社會精神，

201

川島武宜『日本社会の家族的構成』（学生書房一九四九・三）

飯塚浩二『日本の精神的風土』（岩波書店一九五二・二）

吸收西方文化形而下的優點部份，自然產生了「由上而下的革命」。飯塚認為近代化是以物質心理二元對立的思維來思考文化，日本推動近代化的結果造就了「東方世界裡的西方」這種「世界史上的奇蹟」。

歷史學家上原專祿在《民族的歷史自覺》中，也探討了日本人民族意識的特徵。他說日本人有民族意識的歷史並不長，幕府末年日本因面臨「開放還是攘夷」的抉擇，急速產生了民族自覺，但這個自覺卻在明治以後被國家觀念取代。多數日本人都把國家意識當成民族意識，直到現在，日本人的民族自覺還很薄弱，《舊金山和約》與《美日安保條約》的締結被許多人當成「民族獨立」的象徵。人道主義和民主只流於抽象的詞彙，也沒有好好教導下一代有關日本民族歷史上或政治上的課題。上原還說有人利用《舊金山和約》生效的機會，假借民族之名渴望回到戰前的政治情勢，這種想法何止幼稚，簡直就是反動。一九五〇年代的民族意識應該從實現人類和平的理想出發，如果只強調被壓迫民眾的自覺實在過於簡化。

202 上原專禄『民族の歷史的自覚』（創文社一九五三・一）

南博以日本諺語為題材，從社會心理學的角度研究日本的國民性，他在《日本人的心理》（英譯 *Psychology of the Japanese People*, 1971）中整理了日本人心理傳統的特徵，包括：自我意識、幸福感、不幸感、非合理主義與合理主義、精神主義與肉體主義、人際關係等六個層面，分析這些特徵存在的歷史及社會背景，並用自我意識中的服從和反抗、幸福感中的危險與空虛、不幸感與無常

南博『日本人の心理』（岩波書店一九五三・一一）

感、命運主義與科學的合理主義、精神的優越與肉體的慾望之重視、義理人情與契約主義等指標，表達日本人精神結構的雙重性。

戰敗後的第九年——一九五四（昭和二十九）年十二月，出現了戰後第一本整合性日本人論的文集，即民俗學者柳田國男編纂的《日本人》。整體而言，該書收錄民俗學觀點的研究成果，隨處可見編者對戰後日本社會民主化的嚮往。柳田提出他對日本國民性的看法：日本人平常只會注意高高在上的人到底在想什麼，對於這些人的言行不加批判，也不分析，一般人如果追不上他們就會惶惶不可終日，長久以來，在上位者帶給日本社會很多弊害。日本人就像魚類或候鳥，是個喜好群居的民族。此外，日本人為了自身安全不惜依賴外國的殖民地心態，至今在許多領導者身上仍可見到。柳田也指出日本人對於抽象概念常常是囫圇吞棗，不懂又裝懂。他警告如果少數菁英仍用艱澀詞彙來教化百姓，日本社會的真正民主便永遠不會到來。

柳田国男編『日本人』（毎日新聞社一九五四・一二）

從《日本人》一書的目錄及執筆陣容可以看出，它是戰後最早的日本人論文集，包括：柳田國男〈日本人是誰〉、荻原龍夫〈傳承的看法與想法〉、柳田國男〈家的觀念〉、堀一郎〈愛鄉之心〉、直江廣治〈日本人的生活秩序〉、最上孝敬〈日本人的共同意識〉、大藤時彥〈日本人的表現能力〉、和歌森太郎〈日本人的權威觀〉、荻原龍夫〈文化的接受方式〉、堀一郎〈不安與希望〉、「日本人」座談會紀要。

在最後總結的座談會上，柳田引用芳賀矢一《國民性十論》的觀點並提出批判，他說「只收集一些表面的現象，不能拿來當佐證資料，那只是些抽象的、無從否定的內容」。

《日本人的道德心性　現代道德講座3》則從道德層面整理日本人特徵，由和辻哲郎統籌、古川哲史等人編輯，是一本網羅日本人以及在日外國人論述「日本心性」的論文集。

這本書的內容如下：

緒論：關於日本人的心性　長谷川如是閑

道德心性的諸相

島國根性　相良亨

農民根性　福武直

商人根性　宮本右次

同情弱者　數江教一

因果報應　波多野述麻呂

義理與人情　有賀喜左衛門

封建道德與封建心性　坂田喜雄

204　和辻哲郎監修・古川哲史他編『日本人の道徳的心性　現代道徳講座3』（河出書房一九五五・一二）

超國家主義　木村俊夫

劣等感與優越感　古川哲史

外國人眼中的日本人道德心性

道德中的折衷主義　Valdo Viglielmo

日本人的罪惡感　Edward G. Seidensticker

私生活與公生活的矛盾　Donald Keene

應該被發揚的人道主義傳統　Joseph Roggendorf

「日行一事」的氣氛　Oatis Keely

西洋與東洋的興趣焦點　Glenn W. Shaw

日本道德的特異性　Robert Scinzinger

日本的新路途　Francis Brinkley

來自鄰國的請求　苗劍秋

長谷川如是閑在緒論〈關於日本人的心性〉中談到，日本人心性的基本特質經常是透過借取融合的方式追求具體現實的目標，因此，舊有的民族宗教和外來的國際宗教可以並存。日本人的生活秩序是集團本位、缺乏社會性、以經驗為導向，產生不出什麼獨創的思想。但同時，日本人的心性是多樣的，有模仿他人的文明，也有自己獨特的文明，新舊文化總是並陳。長谷川還強調日本文化自古以來一直有所謂「近代的特質」，譬如，只要是那個時代的世界宗教就會馬上流傳開來。又如，平安文學在特質、傾向、表現形式等方面都具有近代的風格。之後的《平家物語》④或《源平盛衰記》⑤則融合了古典與現代，是表達圓通無礙的日本心性之極品。《古事記》之後，機智滑稽的特質不斷表現出來，也成為日本心性的主要格調之一。

從「雜種性」這個特殊觀點探討日本文化的是加藤周一，他在〈日本文化的雜種性〉一文中主張日本文化是雜種文化的典型，深深地匯入日本及西方的雙重特質。可從兩件事來看西方文化到底如何深植於日本：一是極端排斥西方文化的日本主義者，幾乎沒有例外，全都是精神主義者。二是面對文化雜種性時，主張回歸日本傳統的日本主義者，已受到翻譯的影響，其精神就是雜種的存在。加藤認為面對雜種性這個事實，日本人沒有必要感嘆，因為日本祖先雖接受外來的佛教，但也已經將佛教日本化了。

緊接著，加藤在〈雜種的日本文化之希望〉一文中談到，戰後這十年日本民眾在民主主義方面的自覺多少有些進步，不僅從技術層面吸收西方文化，也開始有能力將西方文化當成精神食糧。民眾的想法改變會凝結成一種意識型態，所以，必須在西方歷史中探求意識型態的概念與理論，正因為如此，日本文化勢必為雜種的文化。

205 加藤周一「日本文化の雑種性」（『思想』一九五五・六）

「雑種的日本文化の希望」（『中央公論』一九五五・七）、いずれものち『雑文化—日本の小さいな希望』（講談社一九五六・九）所收

在〈關於天皇制〉一文中，加藤探討戰敗之後天皇制的問題，他說當人們「看到穿著開襟襯衫、高頭大馬外國人⑥旁邊的日本天皇，已經沒什麼忿怒了，日本人只是努力想瞭解為什麼事情會演變成這個樣子」。民眾不僅無法信任天皇的權威，也懷疑一般的權威，對民主主義的關心不僅日趨薄弱，還想進一步逃避。譬如，有人試圖恢復過去的威權體制，而有憲法修正、教科書官方化等開倒車的行為出現。最能代表日本意識的神道也和天皇制的發展結合，換言之，一般人已經普遍接受神道不是宗教，而是天皇制代用品的觀念。天皇制是權力的支配機構，在某種程度上，天皇只是傀儡，人民努力扮演家臣的角色，把天皇的「人間宣言」視為理所當然。

加藤在〈日本人是誰〉這篇文章裡討論了日本人與自然的關係。他認為講求經驗主義的現實思想在日本一直非常發達，日本人的精神結構從非超越的原始宗教而來。日本人與自然之間存在著相當獨特的關係，在文化發展的每個階段，日本人都與自然保持緊密的親近感。自然是屬於感覺的、日常經驗的世界，像超越萬物的神一樣，它是唯一普遍的存在，正因為如此，它也讓人活出人的特質。行為規範來自於自然中存在的權威，而日本人對於季節的變化非常敏感。日本之所以能快速達到資本主義化和近代化，是因為日本人的勤勉、聰明與規律。日本人會想一而再、再而三地追問自己是誰，這種焦慮本身只說明了一點：日本國民至今都還不確定自己的真正需求，事實上，從戰敗到現在也

「天皇制について」（『知性』一九五七・二）

206

「日本人とは何か」（『講座現代倫理第六巻』筑摩書房一九五八・六）、いずれものち『日本人とは何か』（講談社一九七六・七）所収

沒人真正搞懂人民的需求。

川島武宜從社會規範層面探討戰前持續至今的民眾生活意識，他在《日本的社會與生活意識》一書中指出，很多日本人都認為不太需要法律，與其主張權利和義務，日本人比較喜歡調解，非理性的情緒、人為的支配與服從、個性的壓抑、義理人情等反而受重視。日本這個社會不是以個人為單位，而是透過直接面對面的溝通所組成。如果能在人際關係中善用「出人頭地」這種觀念，也會爬到較高的位置；在集團中能和大家共飲同歡，甚至適時聊些猥褻八卦的話題，也都是出頭天的關鍵。去做太過符合自己身份、地位、行為的人其實是不通人情的，年齡、年次的排序也很重要，透過有影響力的人介紹或適時饋贈等，都是人際關係中重要的手段。

福田恆存的《日本和日本人》從美學意識論述日本文化和國民性。他說日本人的神經很細，感受性很強，但缺少有意識的反省能力，只會跟著感覺走。日本人有極端的潔癖，對於美感有高度要求。道德感的根源是一種無垢的美感，日本人認為最純粹且最美的男女關係是殉情。日本建築以木造為主，容易釀成火災，但也因為如此，每幢建築不太可能傳到下一代，而有它所屬時代特殊的完美感。所謂的美感，就是去建構特定時代中完成的、閉鎖的、停止的一種狀態。日本人的祖先討厭利己主義的行為，採取清淨和諧的態度，因此很少發生道德或社會問題。人際關係不以精神層面為主，而是眼見為憑，重視各種

川島武宜『日本の社会と生活意識』（学生社一九五五・一二）

福田恆存『日本および日本人福田恆存著作集7』（新潮社一九五七・一〇）

形式的調節，傳統上日本人的自我意識原就比較薄弱。

哲學家仁戶田六三郎也在《日本人：新的反思角度》一書中提到，「日本人缺少科學的知性論述，只有心情的感覺論述」。

仁戸田六三郎『日本人─新しい反論の角度から』（新潮社一九五七・一一）

《菊花與劍》之後，各種不同的知識領域中，出現了以文化觀點整合性探討日本人精神結構的日本人論，但同一時期，尋找日本傳統文化的聲浪也不絕於耳。

傳統的再評價

隨著戰敗出現了許多反省論，日本傳統被重新評價，各種客觀的反省材料也被拿來運用。

譬如，國文學者佐佐木八郎的《藝道的構成》是戰後第一本針對日本獨特藝道成立過程與傳承方式進行全面性考察的專書。序文上的日期是「昭和十七年六月」，但內容並沒有迎合當時流行的日本精神論。

佐佐木對於傳統的美學意識予以高度肯定，認為它們具有日本獨特的價值。同樣地，岡崎義惠在《日本藝術思潮第二卷　風雅的思想》也提到日本風雅之美的美學意識，試圖對傳統藝術重新評價，他不同於占領時期的美國式思唯，明確表達出重新認識日本傳統藝術的熱忱。

大西克禮藉由對大自然的情感投射探討日本人的美學意識，在《自然感情的類型》中指出，日本人對大自然懷抱的情感立基於日本民族特有的生活方式，以及日本人和大自然多重而緊密的互動關係；追溯這種情感源流，會發現

208 佐々木八郎『芸道の構成』（冨山房一九四七・六）

岡崎義恵『日本芸術思潮第二巻　風流の思想』（岩波書店一九四七・一二　四八・六）

大西克礼『自然感情の類型』（要書房一九四八・七）

它和精靈崇拜（animism）以及里維—布流爾說的「神秘介入」有關。日本人對大自然的感傷情緒主要來自直接的「共鳴」，譬如，無常心起於對「飛花落葉」之自然現象無常的感嘆，是把大自然客體化之後產生「物哀」這種民族特有的美學意識。

經濟史學家兼文明史學家三浦新七從中國文化的影響探討日本文化特質及國民性，他在〈西洋文化與日本精神〉中提到，日本在奈良時代、鎌倉時代、德川時代分別受到中國唐朝文化、宋朝文化、明清文化輸入的影響，可說日本文化的發展其實是中國文化的延伸，因此，日本文化的研究也應該和中國文化的研究平行。但是，日本人消化外國文化的能力十分驚人，像中國的漢字可以完全翻譯成日文。三浦又進一步指出，日本文化的特色可用單一個體來象徵全體，例如，日本的家或國民藉由家長或君主具象化。家族性格及其衍生出來的關係中，都把「事」用家長這樣的「物」加以具象化，團體意識的發展也和引進中國文化有關，在日本歷史上已經多次出現。最早是飛鳥、奈良時代採用了佛教，日本人從祖先崇拜的觀點發展佛教，並建構出中央集權的團體意識。有段時間，這股團體意識只是潛伏的力量，沒有彰顯出來。鎌倉時代之後隨著禪宗宋學的輸入，臣子被提升為全人格，君王地位反而下降，也就是所謂的封建集體意識產生了封建君臣關係。後來，國學⑦的復興與宋學的興盛使得中央集權的集體意識再次高漲，最終完成明治的王政復古。到了中日甲午戰爭、日俄

209 三浦新七「西洋文化と日本精神」（『一橋論叢』三巻一号一九二九・一）、のち『東西文明史論考—国民性の研究』（岩波書店一九五〇・五）所収

戰爭、盧溝橋事變等國難時，這種原有的集體意識又再次顯現。

歷史學者林屋辰三郎從文化史觀點論述日本民族意識的特殊性，在〈民族意識的萌芽型態〉中強調，近代日本社會仍奠基於古代的遺制，社會各處殘存著封建餘孽。民族意識無法以正常形態發展，沒有健全民族意識的地方，也很難出現熱忱的愛國情操。這股幼稚的民族意識起源於中世紀，當時已有許多假名文字，這些文字鞏固了民眾之間的連帶地盤，開始孕育民族意識。值得一提的是，當時的團結意識是指民眾願意為鄉土的獨立繁榮而戰，共同意識則是「土民成願」的鄉土之情凝結的意識。這股鄉土團結意識是民族意識發展的泉源，後來的民族意識成為多起農民革命的源頭，隨著資本主義生產方式的開展，民族意識成為幕府末年內亂的一股動力。

210 林屋辰三郎「民族意識の萌芽的形態」（『思想』一九五三・二）、のち『中世文化の基調』（東京大学出版会一九五五・二）所収

作家きだみのる（山田吉彥）曾在法國攻讀社會學，回國之後發表獨到的日本人論，從傳統的農村生活狀況說明民族意識殘存於現代社會的情形。他在《日本文化基底潛藏的內涵》當中指出，能否適應「新的法律和思想」取決於：㈠與生活傳統是否協調，㈡是否想要豐富部落的生活。部落人的第一身份是部落之民，其次才是國民。部落人常說「得不到什麼好處，卻裝出強硬的態度，只會招來側目又惹人嫌惡，這種做法只有損失」。因為有這樣的想法，使得部落人欠缺主導權，只求明哲保身。部落的決議容易一以貫之，是

きだみのる『日本文化の根底に潜むもの』（講談社一九五六・一二）

因為傳統的集團思維根本不容許個人思維介入。都會人講求通、粹、枯淡、閑寂等文化素養確實充滿了知性，然而，這是都會人只吃米菜造成體力衰退，無法走進愛欲的康莊大道，不得不選擇旁門左道逃避的結果。日本人有女性纖細的神經質特性，乃官僚的斥責及儒教的訓令扭曲夾擊孕育而出：「部落是人類生存最初自成的一個集團。不論支配也好、服從也好，沒有比部落更直接透明的社會了。」換句話說，部落就是為了存在而存在的一個集團，部落之所以生生不息，是因為它最接近自然，其存在本身也無關道德。

三枝博音探討日本文化和西方文化交流後日本文化如何成長、發展與變質的過程。他在《西歐化日本的研究》一書中提及，日本人一天中得使用好幾次「氣」這個字。而且，不能以「心」或「精神」來代替，就像「人如器」這句話所說的，日本人聰明的地方是把人當成器物或道具來擬想。日本人的特殊才能是在空白或透明之處巧妙利用「虛」的特性。空、無、虛等都是佛教或老莊的世界觀，日本人並沒有直接引用這套哲學，而是在生活形態上體悟離、空、虛的境界。

西山松之助在〈日本人的權威崇拜意識〉中指出，日本人的一大特徵是依附在家元⑧制度底下求取社會及心理的安定，這也是古代國家的權威可以持續至今的重要因素。就如同天皇，家元是一位神聖的無力者。最好的例子是江戶中期之後，公卿⑨的四条家透過和四条家無關的傳承方式，成為「四条流庖丁

三枝博音『西欧化日本の研究』（中央公論社一九五八・一一）

西山松之助「日本人の権威跪拝意識」（『家元の研究』校倉書房一九五九・一〇）

道」的家元。家元強調接續傳統家藝的「正統意識」，和日本人尊重家柄、家系等正統性習俗息息相關。特別是身份制極其森嚴的江戶時代，正統被當作權威受到尊重，也存在著所謂的襲名制度，繼承和先祖相同氏名、家業與家藝的制度。

對日本人而言，無論在物質或精神上，戰敗是有史以來最初也最大的打擊，然而，日本國內卻不見對占領軍的反抗，倒是明治以來日本人的西方崇拜竟轉換成美國崇拜，加上天皇制也被保存下來，因此，戰敗並沒有徹底改變日本人的國民性。隨後美式民主主義政策開始改變日本人的國民性，有人開始重新評價戰前的傳統文化，是日本從戰敗廢墟中重建的有力出發。

譯註

①他力本願：佛教用語，原指不依自己的修行功德去了悟，只依阿彌陀佛的本願而救贖，後來被誤用為完全依靠他人成事。

②大政翼贊運動：第二次近衛內閣為了推動新體制運動，於一九四〇年成立戰時的國民統治組織，二次大戰結束後解散。

③家：日本傳統社會的基本構成單位，包括：家名、家業、家產、家訓的世代相承。「家名」是指姓氏及屋號，家名能否存續，端賴承繼姓氏及屋號的親族團體是否存在。同一姓氏及屋號的親族

團體以戶為單位，經營共同的消費生活及農漁工商服務等「家業」活動，並擁有屬於該親族團體的財產，是為「家產」。家長遵循「家訓」，對內是家產的管理者、家業與家事的統籌者、家族成員的扶養者、歷代先祖祭祀的主祭者，對外則是家名存續發展的代表者。

④《平家物語》：鎌倉前期的軍事物語，作者及年代不詳，以平清盛為中心，記錄十二世紀末治承、壽永時期的動亂與平家一門興亡的故事，以敘事詩的方式描繪，充滿佛教的無常觀。

⑤《源平盛衰記》：鎌倉時期的軍事物語，作者及年代不詳，用插話、傳說、故事等混合方式表達，記錄源平的興亡盛衰。有人認為它是《平家物語》的另一個版本，關於源氏的描述、佛教傳說、中國故事等方面有所補強而增色不少，但在表現格調和風韻上遠遜色於《平家物語》，故事節奏也顯散漫。

⑥指美國麥克阿瑟將軍。

⑦國學：特別指江戶時代研究日本的古典、古來思想與精神之學問，又稱為皇學或古學。

⑧家元：能樂、舞蹈、音曲、香道、茶道、華道等藝技世界中代代傳承的家系，室町時代開始，江戶時代為鼎盛期。

⑨公卿：「公」是指太政大臣、左大臣、右大臣，「卿」是指大中納言、參議、三位以上的朝官。

現代㈠

整合性日本人論的流變

日本人的瘋狂行動常常嚇到外國人，
這些行為其實是抗爭性的歇斯底里。
戰敗時，日本人堅持抗爭到底的瘋狂信念立刻消失，
轉而對美國文化產生絕對的崇拜與讚嘆，
這種崇拜與讚嘆幾乎支配了全日本。

——宮城音彌

如前章所述，戰敗帶給日本社會及日本人心理上極大的震撼，這種震撼也如實反映在占領時期的日本人論。此時的日本人論主張戰敗的直接原因並非物資缺乏或戰鬥力不足，也應該包括國民性的問題。這種反省為日本人論導引出嶄新的方向，也是回溯過去、重新評價日本人心理傳統的大好機會。

這段期間，日本慢慢從戰敗中復甦。《舊金山和約》與《美日安保條約》的締結，正式結束占領時期；不久，進入電視時代以及技術革新的時代，日本經濟也邁向高度成長。一九五六（昭和三十一）年七月發表的《經濟白皮書》，以評論家中野好夫所說的「已經不是戰後」（《文藝春秋》一九五六．二）這句名言做為結語。

占領時期的日本人論是指戰敗後一九四五年到一九六〇年的作品，一九六一年至今，又有許多論著從正反兩面捕捉國民性的不同風貌，整合性觀點的著作將在這章析論，自然風土、經濟社會、文化藝術等領域的國民性論則放在下一章。必須說明的是，這種分類只是一種方便，所以也只是相對的。

接下來，我將占領時期之後的整合性日本人論分成三個階段：

第一期：一九六〇年到一九七三年，探討日本社會與文化結構如何制約日本人的人際關係，暫且稱為「人際關係論」時期。

第二期：一九七四年到一九八五年，探索日本人的集團式心理狀態，以及產生這種集團式心理狀態的深層結構，稱為「集團心理論」時期。

第三期：一九八六年到現在，主要從國際化的脈絡論述日本人的生活心理，也從時間意識、心眼、留戀等挖掘日本國民性的細節。日本人論已經開始分化，越來越多人從不同角度進行探討，是為「生活心理論」時期。

第一期：人際關係論

這個時期的社會背景包括一九六〇年修訂《美日安保條約》，以及池田內閣推動「所得倍增政策」，對外關係上，國際交流的機會增加，如東京奧運和東京博覽會開幕。國際經濟方面，一九六七年日本實施資本貿易自由化，一九六九年日本GNP已名列世界第二，躍升為經濟大國。

日本從戰敗陰影中翻身，日本國民也開始產生大國意識。探索日本國民的心理狀況時，人際關係的相關論述備受矚目，因為它是社會結構中最重要的一環。換言之，讓國民團結一致、組成國家集團的諸多條件中，人際關係成為重要的考量因素。此外，一九六八年日本大學的抗議事件、一九六九年安田講堂暴動、一九七〇年淀號劫持事件、一九七二年淺間山莊與聯合赤軍事件等一連串由青年發起的反體制運動，喚起國民注意不同世代間的對立，世代間人際關係的處理也反映在日本人論裡面。接下來，我介紹幾本引起廣大迴響的重要著作。

首先，イザヤ・ベンダサン的《日本人與猶太人》（一九七〇）從世界的觀點來思考日本人，本書的問世掀起所謂「日本人論的熱潮」。此外，中根千枝的《縱向社會》（一九六七）從社會結構和社會關係探討日本人的人際關係，從個人精神結構看人際關係的則是土居健郎《「依依愛戀」的結構》（一九七一）。

政治學者丸山真男的《日本的思想》是這個時期最早出現的日本人論重要著作，從西方文化的接觸中思考日本人心理的思想特徵。丸山從政治思想史切入，將日本社會與文化分成「簓型」①與「蛸壺型」②兩種。西方文化屬於簓型，繼承希臘文化以來的傳統，強調文化末端的細分化。在日本所謂的「西方文化」被放置於各種領域，比較接近蛸壺型的狀態。近代社會的功能集團像公司或官僚體制，容易形成各自封閉的蛸壺，成員依集團單位被劃分，組織內外的區別極為森嚴。江戶時代因實施身份制，人際關係講求「此人是誰」。到了近代社會，完全不相識的人在同一職場，依照「此人會做什麼」的邏輯維繫人際關係。換言之，身份制社會強調「是什麼」的社會，近代社會講求「做什麼」的社會。日本人就在「是什麼」及「做什麼」的行動過程中，陷入混亂及焦慮。

教育學者稻富榮次郎探討與西方自我不同的日本國民性，他在《日本人與

218

丸山真男『日本の思想』（岩波書店一九六一・一一）

稲富栄次郎『日本人と日本文化』（理想社一九六三・一〇）

日本文化》中說：日本文化的特徵是公開性、混血性、矛盾性、急性、噪音性。從日常生活來看，日本人的自我意識是「無自我性」，譬如，日本人訂做和服時，一定選擇那種「誰穿上都很合身、無特定型號的和服」，日本人的應酬酒很多，大多住在沒有隔間的家屋裡。社會生活方面，日本人喜歡追逐新奇，炫耀自我，容易受世俗及流行的支配。日語的品詞、數目、性別、人稱、格的區別不很明確，主詞常常省略，敬語非常發達。稻富認為日本人無自我性的原因有以下五點：㈠日本是個雜種民族，本來就缺乏個性；㈡島國根性養成排他獨善的小我性格；㈢鎖國造成不知他國、也不瞭解自己的傾向；㈣明治之後的西方崇拜造成自卑；㈤長年封建制度下無我滅私的性格。稻富也強調，日本人雖然沒有西方人那種自我積極性，日本式的自我卻轉換成無我、大我的目標來發揮。

心理學家世良正利《日本人之心》整理既有的日本人論，指出這些論述皆充滿主觀色彩。世良認為日本人的性格特質以自覺性和社會性兩大人性為前提，日本人的「老毛病」，當屬自覺性中的「無我性」及社會性中的「熟知性」。無我性是儒教家庭生活中維持權威與恭順關係的原理，一種被動的、強迫的、應然的狀態。能力不足無法達成應然要求時，就會發生以下情形：「捨不得放棄的心理」→「想依賴神明的心理」→「想依賴可以依賴的人指示的心理」→「放棄的心理」。熟知性是民眾家庭生活中維持輕鬆自在及慣性關係之

世良正利『日本人の心』（日本放送協会一九六五・一二）

原理，以非選擇性的、封閉的人際關係為主。可以說無我性與熟知性兩者相互關連，形成了日本人的性格。

人類學家中根千枝將日本社會的人際關係予以一般化，《縱向社會的人際關係》（英譯 ***Japanese Society*, 1972**）後來譯成多國文字並廣為人知，她主張上下人際關係是日本國民性的特徵。在日本個人資格不比集團「場域」重要，個人的集團歸屬是單一的，特定集團內上下序列的關係非常嚴謹，日本人不願承認能力差異，只講求能力平等主義。

她還說日本是縱向社會，歐美是橫向社會，這種說法受到多方批判。例如在英國，學校和其他集團多是縱向社會的人際關係，即便在美國，也因權力大小而出現縱向社會的色彩。中根的縱向社會說適用於大企業、官僚體系、大學等菁英集團，但未必適合解釋庶民集團，因此，更不可能拿來說明日本社會的整體狀況（參考米山俊直《日本人的同伴意識》，一九七六）。更重要的是，中根探討縱向社會卻迴避了縱向人際關係中最典型的天皇制問題，成了該書的嚴重缺憾。

社會學家作田啟一在《恥的文化再考》中批判潘乃德的《菊花與劍》，主張對「恥的文化」做更進一步深層的挖掘。作田認為潘乃德太強調日本人在公開場合被嘲笑後的反應，其實這只是恥的一種型態，也就是「公恥」。相反

中根千枝『タテ社会の人間関係』（講談社一九六七・二）

220

作田啓一『恥の文化再考』（筑摩書房一九六七・九）

地，從所屬集團的標準來看，即使當事人的錯誤行為不會受到蔑視，但本人可能因自覺羞恥而深受煎熬，這叫作「私恥」，例如，解放私有農地的有島武郎深感「做為布爾喬亞階級的恥辱」③。幕藩④體制結束後，介於社會與個人之間的中間集團自立性較弱，這種結構性的特色與恥的文化關係密切。家族成員中如果有人遭制裁，同族的人不會去保護這個成員，因為家族的自立性較弱，反而會以相同方式去非議他。作田特地舉一個例子，當我們在家庭以外的場域遇到自己不太出色的親人時，常常會產生難以啟齒的羞愧。在一個不以善惡、而以優劣評判個人行為的社會中，就容易產生羞恥心。對於恥這個行動的制約，並非只來自外部，也會從自我內在生起。公恥會強化事情的達成度以及自我主張的動機，私恥則牽引人們走向孤獨的內在生活。

從科學技術家的觀點考察人際關係心理的是枯木陶（物理學者山口幸夫和梅林宏道共用的筆名），他們在《科學技術與日本人》一書中論及，日本人重視人格主義，也就是「無論做什麼事，真正的專家必須是人格上沒有瑕疵的人」。人格主義的缺點是認定犧牲自我乃一種美德。日本人很在意別人的評價，而不願自我主張，比如服裝、小孩的補習，都很容易受外貌或別人意見左右。同樣地，日本人很在意科技人士的研究現況，只要是順應潮流就能安心了。依自己的價值標準是自律之恥，想像他人的價值標準是他律之恥，重視外貌可說是他律之恥。重視外貌、義理、人情等都是從擬似家族社會結構中衍生出來的國民

221 枯木陶『科学・技術と日本人』（講談社一九六七・一）

情感。日本人比較閉塞，喜好灰色地帶，用委婉方式表達中庸情緒，性情淡薄而能享受餘情。這種性格如果反映在科技方面，會孕育出精緻改良的工業製品，可惜改良有其極限。在還沒找到值得仿效的對象時，日本人會從纖細情感中發揮敏銳的歸納力和直覺力，可能爆發創造力，但直覺力強通常也意味邏輯力差。

工科學者中山正和與枯木陶一樣，對日本人的直覺予以高度評價，他在《直覺的結構》中延伸黑田亮《直覺的研究》（一九三三）一書之論點。中山認為日本匠師的教法只教藝技的周邊、點到為止，雖然弟子對匠師日常起居的打點照料和藝技沒有直接關係，但也非全然無關。透過這些作為，弟子的腦海裡開始儲存許多周邊記憶，這些記憶一旦累積到某種程度，就會產生第六感的直覺。也就是說，某天突然開竅了。其實，匠師什麼都沒有傳授，但弟子會發現屬於自己的藝技。現代經營學中有所謂「不言不語」的策略，只要有好的直覺，也能產生電腦想不出來的點子。中山強調以國民性來看，日本技術人員的直覺非常敏銳。

這種敏銳的直覺發揮在藝能或技術層面，會產生正面效果，但擺在和外國人的交往上，只會帶來負面效果。

源了円從文化史論述《義理與人情》，是長久以來公認的日本人心理特質。他定義日本文化是以「情感和共鳴」為前提的文化，藉由追溯西鶴、近松

222 中山正和『かんの構造』（中央公論社一九六八・一〇）

源了円『義理と人情』（中央公論社一九六九・六）

⑤到明治以後的文學作品，瞭解義理與人情的歷史，將義理的原初形態做以下整理：㈠基本上義理是指對於好意的一種回報，自古以來農村社會就存在這種習俗，義理做為一種觀念，是近世封建社會之後才形成的。㈡值得信賴的關係是好意回報的前提，這種說法最早出現在西鶴的《武家義理物語》。㈢不回報義理的人，會在封閉的共同體內受到羞辱及排斥。日本人為了保留顏面或免於被批評辱罵，遂形成了這種義理關係。

表面的人際關係形成了利害，也帶來了不安，為了逃避，日本人透過義理與人情等私下方式尋求心理上的依賴，直到現在，這種心理結構依然存在於日本社會。

《日本人與猶太人》曾是風靡一時的暢銷書，由山本七平以猶太人イザヤ・ベンダサン的筆名寫成，拿猶太人與日本人比較確實見解獨到，但卻充滿武斷的色彩。例如，作者說日本人沒有畜牧經驗，是非常稀有的民族，但這種說法與事實不符。還有，他認為日本文化的特殊性是允許酌量與法外之法，由此產生所謂的人情味。山本把這種人情當成日本人的宗教，並以「日本教」稱之，主張這是全世界最強的宗教。但他所說的「宗教」定義非常曖昧，肆意地把西鄉隆盛⑥稱作 Saint Saigou，並奉為日本聖者，還將赤穗浪士視為廣受民眾愛戴的殉教者，也說日本人有「容許他人大放厥詞」的雅量，所以存在各式各樣的

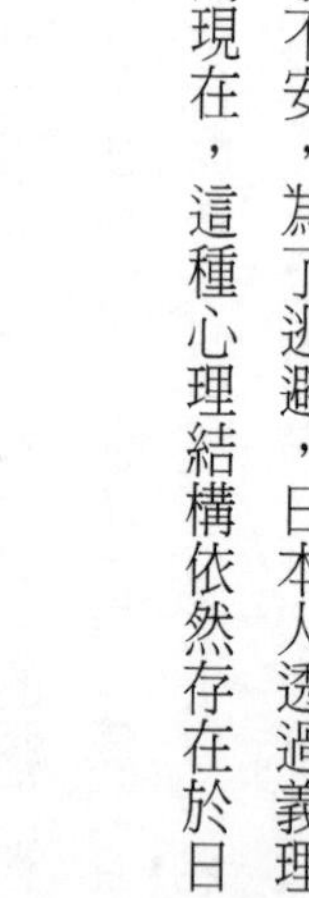

223

イザヤ・ベンダサン『日本人とユダヤ人』（山本書店一九七〇・五）

評論家，可是，他忽略了大眾傳播的言論表達仍有一定的限制。

會田雄次在《日本人的意識結構》一書中舉出日本人人際關係上的心理缺點，並從不同角度論述日本人劣等說。他是第一位提出日本人講求「背後主義」的人。日本人對背部的感受極深，表面上關緊門戶，但卻敞開著枝折戶⑦。這種作為造成敵我不分，無法判斷敵人的優缺點，競爭時甚至會從所屬集團內部去找尋敵人。日本人不擅於向外自我推銷，容易形成我族意識，縱向人際關係特別發達。日本人當奴才得心應手，卻做不了真正的主人。在溝通上，日本人經常設身處地牽就他人。日本史的發展特質是慢慢地演變。所謂恥的意識根本沒有什麼，日本人重視的只是面子。還有，日本人的思考比較被動，自卑感與感傷主義（**sentimentalism**）又經常結合在一起。日本人常會責任轉嫁，當被害人被妖魔化時才會稱許他為正義之士。

精神醫學家土居健郎討論日本人人際關係的心理態度，《「依依愛戀」的結構》（英譯 ***The Anatomy of dependence*, 1973**）得到廣大迴響。土居把渴望依戀於他人的欲求稱為「依依愛戀」，特別是子女對母親的依賴很深，即使長大成人後，母子在心理上仍是難捨難分，這是日本人特有的現象。因此，「依依愛戀」是瞭解日本人精神結構以及社會結構最重要的關鍵概念。

土居認為沒有依依愛戀就沒有所謂母子關係，依依愛戀本身在心理上就否定母子分離的可能。不只有小孩，大人在新的人際關係成立之初也需要依依愛

会田雄次『日本人の意識構造』（講談社一九七〇・一二）

224

土居健郎『「甘え」の構造』（弘文堂一九七一・二、第二版一九八一・三）

戀的感覺，這種行動對精神健康也有益處。

該理論主張，小孩成長過程中依依愛戀存在之必要，但有人質疑這種現象未必是日本所獨有。譬如，韓國學者指出，韓國人依依愛戀的傾向比日本人更強烈，而且，韓文中相當於依依愛戀的語彙也很多。有人批評成人的人際關係中也有依依愛戀，必須考量當事者彼此的地位與角色，下屬對長官、學生對老師都存有這種關係，把依依愛戀當成日本人的一般現象其實有點牽強。

緊接著，土居在《「依依愛戀」雜稿》裡提到依依愛戀有一體兩面的矛盾（ambivalence），依依愛戀很容易轉成恨意，反之亦然。「憤怒」、「抱怨」、「拗執」、「被害妄想」、「扭曲」等屬於恨的系列語詞，「取悅」、「害羞」、「拘謹」則是依依愛戀的系列語詞。依依愛戀是一種普遍的意涵，歐美人是否比日本人壓抑，或是歐美人原本就有方法克服，這點不得而知。失去權威或喪父會造成信賴危機，產生喪失感。戰敗之後，以依依愛戀的相互性原理為準則的傳統道德規範急速喪失，形成了摻雜恨意的依依愛戀。艾瑞克森（Erik H. Erikson）的認同理論強調，如何發現從自我邁向團體的路徑，依依愛戀的理論則主張，如何找到從人際關係或集團回歸到自我的方式。

土居在《「依依愛戀」的結構》第二版加入〈「依依愛戀」再考〉一文，對依依愛戀的概念做了更精確的定位，依依愛戀是指情感的、慾望的、本能的一種存在。依依愛戀是日本式的情感表達，普遍存在於人類渴望依戀的欲求之

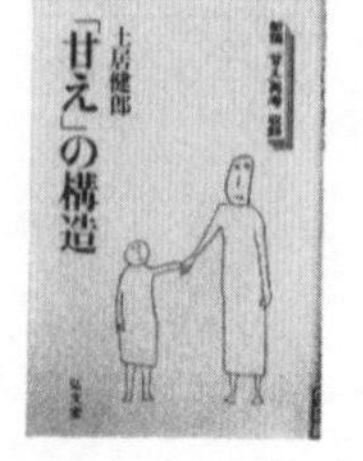

225 『「甘え」雜稿』（弘文堂一九七五・一一）

中。日本把這種依賴的人際關係收編到社會規範裡，歐美則將它排除在社會規範外，所以，依依愛戀在歐美社會不會發達。土居還說依依愛戀和弗洛依德說的認同一樣，日本人之所以講求集團主義，就是因為存在了依依愛戀和認同的傾向。

226

社會學家見田宗介在《現代日本的心情與論理》一書中，非常細緻地整理現代日本社會的精神狀態。他認為自然農村秩序的解體以及大家庭制度瓦解，使得人們必須離開農村到城市工作，造成日本的社會結構、生活結構、意識結構徹底崩裂。離開農村到城市的人已經無「家」可歸，他們深切感受到失序（**anomy**）的痛苦。面對這些無家可歸者的不安，有三種可能的對應狀況：㈠不安絕望的人相互接觸機會多，強化了彼此的失序感；㈡改變體制打造新的「家園」；㈢不得不承認失序的狀態，只好再去營造個別的「小故鄉」。

見田宗介『現代日本の心情と論理』（筑摩書房一九七一・五）

一九六〇年代，走投無路的勞動階級和白領階級選擇第三種方式去迎接「家庭化時代」到來。池田政權匯合這股社會心理潮流，提出「所得倍增」政策，試圖掃除民眾的不安。為了打造個別的「家園」，金錢、房子等家產以及精神堡壘的愛情共同體成了一般人追求的目標。這個新「家」，不是自然村的故鄉，而是全新打造出的未知世界，見田認為一九六〇年代正是日本人「心情結構」完全轉換的重要時節。

227

文化人類學家深作光貞引用依依愛戀的理論探討日本人的人際心理，他在

《日本文化與日本人論：模仿與舔毛的生態學》中談到，日本人「透過親睦、相互瞭解、相互慰勞、合作互助、人和等名目，互相依偎也互相取暖」。這種關係情感越濃烈的話，集團的凝聚力就越強，因此，也能成就更多事業蒸蒸日上。深作把此一狀態稱為「社會關係裡的舔毛」，即指成人世界中把依依愛戀當成重要元素，由此共同交織出社會關係、生活方式、相互集團利益等複雜結構。為了刺激「社會關係裡的舔毛」這種本能，「諂媚」是必要的。諂媚的最大武器是眼睛，像送秋波、瞄眼、歛目等都是。在企業或科層制的社會集團中，日本人不能只靠歐美社會的能力主義或機構主義，還必須利用角頭的勢力範圍或舔毛欲求，才能完全融入組織裡。日本的順位制度很奇怪，最上位的領導者，其實是最軟弱、最幼稚、也最缺乏深思熟慮的人。他把方針、計劃、營運與管理全都交給部屬，最上位者被要求的是能否具備圓融的包容力以及好的出身血統。

深作光貞『日本文化および日本人論—猿マネと毛づくろいの生態学』（三一書房一九七一・一二）

二次戰後，最早整理日本政治思想史、並努力探究日本人思考特質的是丸山真男，他在《日本的思想6歷史思想集》解說第一章〈歷史意識的「古層」〉時提到，《古事記》和《日本書紀》神話中的歷史敘述是以執拗的持續底音（Basso obstinato）為基礎，丸山把這個基礎稱為歷史意識的「古層」。

丸山真男『歴史意識の「古層」』（『日本の思想6歴史思想集』筑摩書店一九七二・一一）

全世界各種神話裡關於宇宙創造論的說法，是由「做成」、「生成」、「變成」⑧三個基本動詞所組成。日本神話「變成」的思維比較濃厚，「生成」也常有「變成」的意涵，大多數的神明都不是生成的，而是自然成為神或化生成神。「古層」的宇宙是一個不斷演化的世界，後來「變成」轉為慣用日語，表現出歷史推演的基本範疇。還有，神話中常用到「次」這個字，「相繼而來」的想法和「變成」有相輔相成的作用，它們都能表達出血統連續的繁殖過程。「萬世一系」的意識型態能夠綿延不絕，就是被這種「相繼而來」無窮的連續性所支撐。日本的價值意識裡「いきほひ」是「德」，「天皇之德」讀作「すめらみことのいきほひ」。對於「いきほひ」的高度讚美就是「德」。「いきほひ」與「變成」一起作用之後產生了更高的價值。隨著武士出現，與「勢」有關的範疇成為軍事學現實主義中的基本概念，也是治亂興亡歷史力學中的常用詞彙。一言以蔽之，日本歷史意識的「古層」就是「相繼而來逐漸演變之德」。

古層歷史圖像的核心不是過去、未來，而是現在，現在涵蓋了過去，而所謂的未來，不過是從「現在」「出發」的。以日本神明的性格來看，它是從「現在」出發，能夠自由地呼喚祖靈，所有嶄新的變革與適應都是「原初」的連續顯現。這種特殊的思考模式也展現在明治維新模仿外國文明的變革中，並且和「依天神指示行事」的思維穩健緊密地相連。藩政改革是日本國土擴張的一大轉變，但比起全面性的革命還算溫和，明治維新的基本原理就是尊重「現在」。

文化史學家齊藤正二從比較限定的角度追溯至古代，並探究丸山的精神結構論，他在《「大和魂」的文化史》一書整理了古代及中世紀的文獻，從文獻中出現「大和魂」的用語及實例引導出以下的一般法則：㈠大和魂是攝關時代⑨和宮廷社會緊密相關的人之精神能力。㈡雖說漢才⑩合一，但大和魂又能發揮和漢才不同的功能與精神能力。㈢大和魂也指隨機應變、解決現實政治問題的精神能力。㈣大和魂是處理複雜人際關係中社會衝突的精神能力。㈤大和魂能解決人生和人際關係的問題，同時，也具有從功利主義完成個人及族群幸福安全的精神能力。㈥因個人狀況條件不同，大和魂展現的方式也有所不同，它並非宗教上至高的精神原理，而是拿來做為個人或集團生活的指引。㈦從文化創造的層面來看，大和魂不是漢字（男文）傾向，而是假名（女文）傾向的一種獨特思考。

大和心是以平安時代傑出女性的「女人心」為題材，中世紀之後的五百年是大和魂的空白期，本居宣長認為平安時代的女性心理乃大和魂的代表，然而，平田篤胤卻主張「天生的威武正直」之心才堪稱大和魂，換句話說，幕府末年到明治這段期間，大和魂已轉換成一種國魂，與武士道理念相結合了。

不同於這些論述探討大和魂永續性的問題，社會學家鶴見和子追溯日本人與外來文化接觸的系譜，完成《好奇心與日本人》一書。她說當日本人和外來宗教、意識型態、制度接觸時，會表現出貪婪的好奇心，什麼都想擷取，並放

斉藤正二『「やまとだましい」の文化史』（講談社一九七二・一）

鶴見和子『好奇心と日本人』（講談社一九七二・四）

在傳統中慢慢累積。薩滿教（shamanism）⑪非排他的宗教特質發揮了過濾的效果。日本人對集團外發生的事物都有強烈的好奇心，到國外旅遊、學習外語的意願也很高。然而，好奇心強的日本人能在現代社會中保存原始的人際關係，就像大人保有赤子之心。日本人在人際關係上的封閉與對外來文化的開放是共存的，面對外國文化時，也同時具備封鎖與開放的雙重特質與多重結構。明治初年後，日本對西方文明展現強烈的好奇心，是一種從鎖國解套後突然的能量釋放。現今，日本文化的基底仍潛藏薩滿教的因子，日本文化多重結構本身和薩滿教的結構形態如出一轍，也就是說，日本人對於事物和思想是開放的，但人際關係中日本人又帶有「秘密儀式的性格」，所以還是封閉的。

作田啟一從社會學觀點分析日本人的缺點，他在《價值的社會學》中提到「日本人的連續觀」，認為罪惡感薄弱是日本人的特徵，日本人把自己在中國發動的戰爭和暴行當成「自然主義」的結果，這種態度大大阻礙了反省的可能。另外，日本人將阿彌陀佛和自我、家族、國族之間看成是連續性的，因而不會陷入心理的緊張狀態，也得以過著調和的人生。日本家族缺乏自立性的原因有三：㈠父母的權威太弱，根本教不出具有自律性或主體性的小孩。㈡戰後的親子關係建立在父權制家庭的基礎上，養出一批主體性薄弱的小孩。㈢日本並不存在像基督宗教那樣具有超越之神的宗教。非連續性的觀念終究會反映在自我和世界之間的落差上，當形成某種特定集團時，這種落差會轉化為一種運

230
作田啓一「日本人の連続観」（『価値の社会学』岩波書店一九七二・八）

動能量。

從詩人觀點論述日本人心理的是金子光晴的《關於日本人》。金子認為戰敗似乎瓦解了古老的日本，但這只是一時的，表面變動的底層中，舊有的生活仍持續著。大體而言，日本人正直、清潔、恬淡，也可說是小家子氣、喜好營私、不講道理。日本人的外貌可能是全人類之中最不堪的。如果說日本人有什麼美德的話，那就是「不重己身，重君命」的精神。日本人非常自以為是，總覺得自己的國家比外國要好很多。日本人說的真善美都是外來的，本質上日本人並沒有什麼太強的慾望。為了賺錢，日本人再怎麼辛苦也不會抱怨；面對權力雖是恐懼，但也充滿無力感；日本人喜歡排名，容許權力運作，總愛仰望高高在上的人。這種心態來自儒教重視功名序列的思維，不是日本原有的，而是東洋的。

精神醫學家木村敏的《人與人之間：精神病理學的日本論》從精神病理學考察日本人的人際關係，他認為「我們日本人」這種說法表達了日本人的集體認同，是超越個人及血緣的一種認同。當自我和非自我相遇時，自我必須自覺，並承認非自我的那個部份。自我和非自我的接觸就是所謂的「人與人之間」。日本人罪的意識幾乎都是恥的意識，日本人恥的意識也幾乎都是罪的意識。例如，未償還的情感或負擔是「罪惡感的體驗」，也正是日本人恥的體驗。

231 金子光晴『日本人について』（春秋社一九七二・一一）

木村敏『人と人との間—精神病理学的日本論』（弘文堂一九七二・三）

日本式的風土寒、溫帶兼具，四季分明，也常有突發狀況，季節變化影響日本人的生活，也因此孕育出日本人熱愛季節的美學意識。日本人從四季分明的變化中感受「寂寥」，從「飛花落葉」中體會無常。當日本人碰到具體的偶發狀況時會馬上做出因應之道，會用肌膚去感覺自然的變化，會採取隨機應變的態度，日本人最不會做的就是硬碰硬的對決態勢。

心理學家宮城音彌以心理學論述日本人性格，他在《日本人是什麼》一書中主張，日本列島周邊的人以及東北地方的人多屬分裂特質，畿內、瀨戶內海沿岸以及關東內地的人則是躁鬱特質較多。日本人有接受及適應新文化的能力，但根本上仍是分裂特質傾向，這可追溯到繩文時代。分裂特質包括自閉以及和周遭產生鴻溝，有敏感與鈍感這兩種傾向。敏感的人是動情的、容易產生身體變化，所以，日文中表現感受的語詞相當多。然而，日本人的動情與興奮並不必然和語言觀念相結合，因此也難以產生持續的熱情。日本人不會在處心積慮之後採取行動，就算有也只是突然的瞬間爆發。從繩文末年到彌生時代，渡海來日本的人屬於躁鬱特質，此一特質是引導日本人行動、引發日本人好奇、更讓日本人積極輸入外來文化的原動力。

日本人中有偏執狂（Paranoia）的不多，歇斯底里（Hysterie）反應的卻不少。歇斯底里性格的人虛榮心很強、渴望表現最好的自己，並以自我為中心。日本人有表面看似內向、計劃性高、勇敢、自制力強、屹立不搖等優點，但也有不

232 宮城音弥『日本人とは何か』（朝日新聞社一九七二・一二）

守信用、不妥協、不服輸、自我中心等缺點。日本人的瘋狂行動常常嚇到外國人，這些行為看似抗爭性的偏執狂，其實是抗爭性的歇斯底里。戰敗時，日本人堅持抗爭到底的瘋狂信念立刻消失，轉而對原來的敵國、也就是美國及其文化產生絕對的崇拜與讚嘆，這種崇拜與讚嘆幾乎支配了全日本。

在《兩個日本》一書中精神醫學家宮本忠雄與佐伯彰一的對談〈深層的日本性格〉，宮本認為，其實依依愛戀的心理潛藏著對他人的攻擊，這種衝動在無意識的深層不斷期待被釋放出來。如果等不到可攻擊的對象，就會自虐式地自我處罰。憂鬱症的人很多是依依愛戀強烈的人，如果他能融入秩序井然的保護環境中就沒什麼問題，一旦無法融入就容易發病。憂鬱症的人對於憂鬱型（melancholy）文學家所表現出來的憂愁、悲哀、絕望，通常極有共鳴。平安時代以來的「物哀」、「枯淡」、「閑寂」等，是憂鬱型文化的代表。歐美的憂鬱症患者多有罪惡感或罪業妄想，但在日本幾乎很少，取而代之的是日本人常會對他人說「對不起」、「真的很抱歉」等近乎恥感的意識表達。精神分裂症的人不會想像自己是超人或迫害別人的人，相反地，認為自己常被鄰居或公司的人陷害，產生漠然的被害妄想。憂鬱症的人經常對貧困感到不安，覺得自己有所殘缺。日本人意識與無意識的界線非常曖昧，無意識很容易被意識化，無意識會滲透到意識層面進行思考與對話。譬如，對於酒醉之後無意識出現的許多奇怪言行，日本人大多以「都是喝酒惹的禍」來淡化。

233 宮本忠雄「深層の日本的性格」（対談集『ふたつの日本』集英社一九七三・一二）

以上整理的是一九六〇年到一九七三年這段期間國民性一般論的代表作，從《日本人與猶太人》開始引發「日本人論的潮流」，緊接著又出現丸山真男的「篩型與蛸壺型」、中根千枝的「縱向社會」、土居健郎的「依依愛戀」等關鍵性概念。進入七〇年代後期，則以第一期為基礎，開展出更多批判性的日本人論。

234

第二期：集團心理論

七〇年代後期，年輕世代的反體制運動因挫敗而急速衰退，這種衰退影響深遠，也帶給國民心理上莫大的創傷，一九七六（昭和五十一）年洛基德事件⑫等政治醜聞更加速了日本國民對政治的冷漠與疏離。

在這樣的背景下，青年心理、集團心理、深層心理等問題開始受矚目，最具代表性的是河合隼雄《母性社會日本的病理》（一九七六）、小此木啟吾《精神準備期（moratorium）人類的時代》（一九七八）以及內沼幸雄《人際關係恐懼的人間學》（一九七七）。

人類學家川喜田二郎在《日本文化探索》一書中探討日本文化，也論及集團與個人的相互作用。他說日本是神佛混淆的國度，共同體主義的原理與個人主義的原理並存。因為有這兩種原理的支撐，日本的社會文化可免於單一原理的制約而傾軋，也能以柔軟彈性的方式處理自身的問題。日本佛教會促使民眾

川喜田二郎『日本文化探検』（講談社一九七三・三）

散發能量，平民或底層百姓如果出家也能發揮才能。室町時代到戰國時代以及江戶初期都強調個人主義的精神，那是國家最衰弱的時期，也是民眾最活躍的時期。在日本，所謂的「天皇神社」向子民訴說信仰的價值；最具說服力的「福利國家」口號，也向崇拜神社的日本人鼓吹共同體精神。日本人被埋沒在集團或過於依附集團，一味強調「個人的角色分配」，全然喪失了自我。日本是一個講求「習慣的國家」，非常仰賴個人的狹隘經驗，地緣、血緣支撐人際間的合作關係。依血緣而生的合作方式，已經在大化革新之前挫敗，但依地緣而來的合作方式卻綿延不絕。小集團的農村是鄉土主義最有力的地盤，習慣的傳承是藉由人際間的長久交往以及「面對面」的原理在運作。

從民俗史的觀點探討集團與個人關係的是民俗學家荒木博之，他在《日本人的行動模式：他律與集團的論理》中說到，集團的邏輯具規範性，基本上，日本人以他律方式來服從及行動，可分成「畜牧文化與農耕文化的樣式」：

A　畜牧人民的基層文化─畜牧的移動的個人社會─自律的個性（個人倫理）─男性原理

B　農耕人民的基層文化─農耕的定居的共同社會─他律的個性（集團倫理）─幼兒原理─女性原理

236
荒木博之『日本人の行動様式─他律と集団の論理』（講談社一九七三・五）

個人原理講求真心話，集團原理則是表面敷衍。集團介入個人的自我重建，產生「彼此努力吧」這種集團式想法，講求全員一致以及趨同的行為模式。他律會導致自我缺席，自我缺席意味著存在一個經常受內外誘因影響而變化的自己。他會放棄判斷而仰賴標籤，成為標籤主義者，不用「我認為」而是「被認為」這種語法，因為集團理論根本上就主張自我否定與自我放棄。

神島二郎的《日本人的創意》從社會歷史的條件與關係加以探索。日本人抱持萬物有靈論（animism）的思維，從物質崇拜、精神崇拜、祖先崇拜到君王崇拜，一直發展到國家崇拜（nationalism）。從萬物有靈論而來的祖先崇拜很早就否定「尊神」的觀念，切斷對全知全能神明的嚮往。天皇也否定了全知全能，與其說天皇在支配日本，不如說天皇仰賴由下而上的服從才能統治日本。「義理人情」分成表面的義理以及真正的義理兩種，兩者相互矛盾對立，又彼此糾結影響。

從榮格深層心理學探討國民性，至今仍具影響力的是河合隼雄《母性社會日本的病理》。他認為母性原理有所謂「包容的」功能，承認並包容所有事物都有絕對的平等性，而且以母子一體為基本原理。母性原理有生育、養育等正向特質，在否定方面則有忍耐、撒嬌、犧牲至死等特質。相反地，父性原理是「切斷的」機能，把一切都區分成主體客體、善惡、上下，例如，將小孩以能力和個性做分類。年輕人吸毒被視作反社會、反體制的行為，他們追求的是回

237

神島二郎『日本人の発想』（講談社一九七五・九）

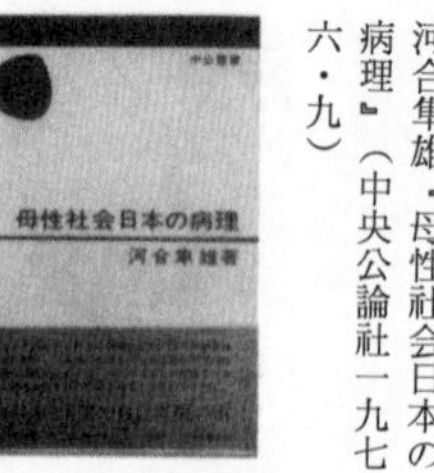

河合隼雄『母性社会日本の病理』（中央公論社一九七六・九）

歸母性，因為他們無法確立在父性原理底下的自我。觀世音菩薩、深山鬼女、鬼子母⑬等母親形象都是母性原理的表現。太母懷中長大的自我逐漸體會父母、天地、光明黑暗、白晝夜晚等分離狀態。英雄神話表達出從無意識分離後獨立的自我，並稱許這種獨立自我的個人，包括英雄的誕生、打敗怪物、擄獲美女等故事。

國外的思想和藝術通過太母的子宮而日本化。太母的絕對平等觀強化了「永遠的少年」這種原型傾向，日本人一般都無視於能力差異，相信人有無限的可能得以向上攀升。準此，產生了所謂日本式的縱向社會結構。西方的近代社會是以父性原理為基礎的社會，並以個人差異和能力差異為前提，容許向上攀升，但對於資格有著嚴密的審查制度。日本以母性原理為基礎，是一個停留在「永遠的少年」階段的社會。

相較於西方人，日本人對他人是比較開放的，上司與下屬有時會用「以心傳心」的方式取得協同。意識和無意識的界線並不明確，意識結構常常在無意識的自我中形成。這些意識會投射在外（像是天皇、君主、家長），在他們面前，個人變得全然卑下或絕對服從。人際關係的基本結構是彼此分享無意識中的自我，是以無意識的連帶感為基礎。在日本所謂良好的人際關係不是契約關係，而是一種「無需語言傳達也能分享」的關係。

人類學家祖父江孝男著眼於日本人和西方人的國民性差異，探討外來文化的接受方式，他在《文化與人格》一書中指出日本人重視上下關係，對於文化優秀的鄰近各族抱持極深的自卑感。此一特質因江戶時代儒教文化的影響而強化，但也有人主張石器時代的日本人就有這種特質，是日本接受外來文化的起點。接受外來文化有三種類型：㈠完全同化，㈡不同化卻直接引入，㈢與傳統並存。第一類型適應快、過程也很順利，第三類型適應也很快、沒什麼抵抗，第二類型適應慢、也難以接受。精神文化方面，佛教的輸入是第一類型的代表，明治之後歐美思想的引介則屬第三類型。

從心理學、也從社會科學探討「依依愛戀」現象的是，大塚久雄、川島武宜、土居健郎三人的對談錄《「依依愛戀」與社會科學》。大塚認為和「依依愛戀」非常近似的概念是韋伯提出的「恭順」（piety），歐美社會科學認定的個人行為類型與日本的類型就是有所不同。這種差異支撐了「家產制支配」的正當意識，「對家族的恭順」仍在農村社會完整地保存下來。沒有掌握「恭順」這個概念，就無法完全理解日本人的行動模式。用「依依愛戀」重新詮釋「恭順」，也讓韋伯的社會學理論有一番新境地。

米山俊直批判中根的縱向社會論，強調橫向人際關係心理，他在《日本人的伙伴意識》中以「伙伴的社會結構圖」來說明（左圖）。縱向軸的右方是血緣，左方是非血緣，橫向軸的上方是大的非限定集團，下方是小的限定集團。

祖父江孝男『文化とパーソナリティ』（弘文堂一九七六・一〇）

239

大塚久雄・川島武宜・土居健郎『「甘え」と社会科学』（弘文堂一九七六・一〇）

米山俊直『日本人の仲間意識』（講談社一九七六・一一）

世間	同胞
伙伴	自身

日本人所謂的伙伴常常是以家族為範式。譬如，職場中社長是我們的父親，有能力的董事相當於家裡的太太。日本西南地區橫向的連帶團體包括了座⑭、股票伙伴、村組織、町組以及很多種類的講⑮，關東和東北地區同一族群血緣的連帶很強，容易產生先住—後住、親方—子方的上下關係。東京是縱向社會，關西則是橫向社會。縱向型是武士對農民，橫向型是職人、商人的伙伴關係。縱向社會的組成份子不只有庶民，還包括大企業、中央官僚、保留講座制的大學，也就是菁英階層的社會。

社會學家井上忠司從「世間」⑯這種社會集團與個人的獨特關係探討日本人的集團心理，他在《「世間體」⑰結構：社會心理史的嘗試》一書中提到，日本人大多以外在「世間」的準則去控制及判斷自我行動。日本人對於「世間」的動向特別敏感，也急於瞭解外在世界。日本人不願讓外界看穿這種防衛心理，於是防衛心理和內向集團主義相結合形成了特有的「小圈圈」。「微笑」是「自制性的」，「大笑」則是「攻擊性的」。此外，日本人的信仰中並

240

井上忠司『「世間体」の構造—社会心理史への試み』（日本放送出版協会一九七七・四）

不存在唯一絕對的神（超越者），當一個人被眾目睽睽審視時會產生恥感，內心深處已培養出面對狀況的應變態度。

精神醫學家內沼幸雄從更敏感的人際關係心理探討，在《人際關係恐懼的人間學：恥、罪、善惡的彼岸》中整理「人際關係恐懼症」的發展階段，還原出：羞恥↓恥辱↓罪↓善惡的彼岸等幾個過程。首先是「怕生」的階段，會有臉紅、不好意思等羞恥狀態出現。接著是「靦腆恐懼」的階段，當事者察覺到靦腆的自己而感到羞愧不已。然後從「靦腆恐懼」移到「視線恐懼」的階段，不單是表情的恐懼或僵硬，也帶給對方不愉快的感受，近似一種醜陋的、異形的恐懼，譬如，電車中用報紙遮住臉孔或出現深感抱歉的意識。罪的階段之後就是善惡的彼岸，這時必須面對治療的問題。

社會心理學家濱口惠俊以「間人」這個概念取代集團與個人的概念，他在《「日本味」的再發現》一書中說西方是以個人為中心的人間觀，日本則是「人際關係中內化」的個人，也就是「間人」。間人主要有三個基本屬性：相互依存主義、相互信賴主義、人際關係的本質論。第一、「人是互相的」。第二、由相互依賴感支撐，產生觸碰彼此私生活的推心置腹之交。第三、人際關係的根本價值在於相互連帶感的持續。

傳統上，日本人在集團中定位自我的意義。以稟議制⑱為例，起草者負責中間的管理，確保制度上的自律性，但必須協調各相關部門及考量組織全體的

內沼幸雄『対人恐怖の人間学—恥・罪・善悪の彼岸』（弘文堂一九七七・六）

241

浜口恵俊『「日本らしさ」の再発見』（日本経済新聞社一九七七・六）

運作，可說是建立在連帶自律性上的一種制度。「恥的文化」是以外在個別狀況為參照基準，強調自我調整、自我控制的一種文化。有人主張日本人只是一群沒有近代自我觀念的軟弱個人，這是西方人的粗淺印象。日本人每個人的自我表達都是為了與所屬上位集團（家庭、地域社會、組織）維持良好的均衡狀態（**homeostasis**），因此不得不在策略上有所選擇，呈現出社會要求的高度精緻形式。「恥」宛如掌握狀況的敏銳雷達，根據收到的資訊控制自我行動，像溫度自動調節器的開關（**thermostat switch**）一樣。

宮城音彌的《日本人的性格：縣民性與歷史人物》則說，日本人對於外來文化表現出新奇愛好（**philoneism**），但同時出現絕對極端的新奇厭惡（**misoneism**）。日本人活潑敏銳，很快就喜新厭舊。日本人容易自暴自棄，雖然積極戰鬥卻也馬上退縮，對外部刺激太敏感，容易陷入不自覺的模仿。

社會學家竹內洋主張，日本人精神結構的底層有功成名就的思維，在《日本人的功成名就》一書中提到，戰後成長期看到的功成名就與戰前的功成名就有四點不同：㈠成功的手段已與道德（人格、品性）無關，完全是術的問題。㈡成功（出世）就會成名這種想法逐漸抬頭。㈢金錢慢慢成為衡量成功（出世）的標準。㈣追求安定和消費的功成名就主義越來越受重視。

《縱向社會的人際關係》（一九六七）引起廣大的迴響，中根千枝進一步透過實例分析各種「縱向社會」的人際往來，她在《縱向社會的力學》中說印度

242

宮城音弥『日本人の性格—県民性と歴史的人物』（東京書籍一九七七・一〇）

竹内洋『日本人の出世観』（学文社一九七八・一）

中根千枝『タテ社会の力学』（講談社一九七八・三）

式的思考主張解構所有無限的因素，相反地，日本社會學則強調個人是朝合流一體的方向在運作。可以容許個人輕鬆愉快生活，不必緊張工作的理想狀態是五至七人的小團體。日本人在農村社會中面對自家以外的人，即使是鄰居、親戚、酒肉朋友都必須謹慎有禮。村子裡的聚會原則上每戶派一人出席參加，換言之，個人是透過「家」才得以進入村落這個集團。最嚴厲的制裁是將人「驅逐出去」。同一組織中也存在著派閥主義（sectionalism），那是競爭意識的溫床。小集團面對上位集團或鄰近集團時會主張獨立或加以反抗，大集團中也必定分裂成各種小集團（派閥、系列），分裂或派閥鬥爭是一種恆久的結構化狀態，領袖總是產生自優勢集團。小集團的成員若違反上位集團的規範，也很少受到制裁。

所謂的縱向與其說是權力關係，不如看成儀禮的序列關係，即使小集團裡的領導者都很難行使權力。並非下服從上，而是上下巧妙的組合，面對外界時不要忘了上下禮節即可。小集團的行動特質之一是容許自我中心的言行存在，譬如，誰先醉倒了，周圍的人會去附和或是幫忙照顧醉的人。小集團的個人通常是既任性又堪忍。「無差別的平等主義」、「打破個別差異」是一種規範，如果做出沒有常識的舉動，個人或集團都會受社會制裁。中根認為日本人終其一生都活在這種小集團的制約中。

精神分析學者小此木啟吾從精神分析的觀點探討日本青年對母性的依戀，他在《精神準備期（moratorium）人類的時代》一書中說，其實日本人的內心深藏了社會意識表層中被否定的「母性」，這個母性支撐日本社會繼續運作。印度佛典中王子阿闍世的故事，正是日本人必經的普遍親子關係之原型：第一、所謂的「母性」是指和理想化母親形象融為一體，並從母親身上渴求依依愛戀。第二、與母親融為一體的幻想破滅後，產生強烈的怨恨之情。第三、母親原諒兒子，兒子也瞭解母親的痛苦，母子間相互作用、相互扶持。以上三點構成了阿闍世情結，也就是日本人獨有的母性原理「原諒他人的罪，也被原諒」，這和歐美講求「懲罰罪犯」的父性原理是相對照的。

當日本人遇到西方個人主義而深感挫折時，就會想到深層心理中生生不息的「日本母親」。母親變成「女人」是令人無法忍受的背叛，這時對母親的依愛戀就轉成怨懟。依依愛戀與怨懟並存正是日本人內心深藏的矛盾，父母對子女產生怨懟時也會有罪惡感。江戶之後的殺子風氣一直延續到現代的墮胎，不少母親都有罪惡感，怨恨母親的子女對這些不夠格的母親更是徹底批判。

日本人認為世上沒有絕對的壞人或好人，而是隨其狀況判斷是非善惡。透過以心傳心的日本式溝通，自然觀察對方的態度，無意中期待的是平等的人際互動。過去「道德上的被虐待者」（masochism，自我隱忍，以他人的快樂為優先）被視為完人，這種說法很能表現出日本人的深層心理。換句話說：㈠這種人站

244 小此木啓吾『モラトリアム人間の時代』（中央公論社一九七八・一〇）

在對方的立場著想。㈡這種人會努力做一名無私的人。㈢這種人會把對方的任性當成撒嬌而原諒。㈣這種人會期待哪天對方也對我產生罪惡感。㈤周遭的人對這種人給予肯定和評價。從兩種意義上來說，母親是被虐待者，首先在「被期待的母親形象」底下，她們總是把自己逼到絕路，無法符合周遭期待時母親會自責，努力把家庭從崩壞邊緣中拯救回來。還有，上司或老師也有被虐待者的特質，相對地，下屬和學生也會自發性地產生罪惡感。這是日本式的「恩」。子女為了從母子連心的壓迫中逃脫出來，會爆發莫名其妙的攻擊。子女因無法割捨親子間的臍帶而產生攻擊，這種攻擊會轉換成怨懟、自殺或排他的行為。西方的價值觀、思想、人際關係都只是在觀念層面或語言層面輸入日本而已，它們終究得面對日本母性原理的支配。

　小此木的母性原理論可用來解釋母子間的關係，但如果考量日本社會的複雜情形，這種說法能否擴大到上司老師、下屬學生的層面還有待商榷。

　村上泰亮、公文俊平、佐藤誠三郎合著《做為文明的家社會》，企圖分析日本近代化的特徵，他們提出日本社會的組織原則以及日本史的兩大主要變動。首先是氏族型的發展，也就是「氏族社會」的循環。第二波是邊境農耕文明，以日本獨特的集團「家」為核心所構成的循環。以生活為共同目的經營體的家包括幾項基本特質：超越性的血緣、系譜性、功能的階層制、自立性。足以代表最古老分工及功能階層制的是軍事集團，它的目的是征服農耕地帶成為

245

村上泰亮・公文俊平・佐藤誠三郎『文明としてのイエ社会』（中央公論社一九七九・八）

騎馬民族，同時發展出明確的階層制。軍事集團為了維持成員的生活，生活材料必須自給自足，並保有自我防衛的戰鬥力及自主性。

日本近代化的過程中，家這個組織的原理就像傳統文化一樣被保存下來，在不同場合被拿來再確認或再利用。然而，家的原理在國家或家族方面的影響力卻逐漸衰退，只有企業代表的中間集團才會強調，家的功能已經被單純化了。戰敗讓日本人喪失自信，連帶否定了日本自身的價值，日本人鼓吹模仿歐美先進國家，就是鼓吹明治維新以來「追隨型的近代化」。企業或官僚體系中的工運組織被認為是一個半自治、低階的運動主體，自成「企業內的一個小圈圈」。做為中間人的日本人可以在經濟上自立生活，但心理上卻背負了重責大任。「依賴者」會去追求歸屬感和連帶感的人際關係，宗教或意識型態的團體急速膨脹。這種連帶的決策體系逐漸穩固，促進了家這類型企業功能的合理化。國民所得分配日趨平等，生活型態的均質化以及生活意識的中間化加速進行，於是產生了新中間階層。這些人在安定與不安、滿足與不滿足之間來回搖擺，他們追尋新的生活意義，卻在徹底的個別化（譬如自宅主義）以及「參與」組織、追求連帶的兩者間瀕臨崩潰。戰後的日本社會是一個講求人際關係主義的分權社會，也就是村落原則與歐美民主主義折衷之後的「村落型民主主義」社會。

心理學家塹江清志從日本社會實存的「生命意義」切入探討《現代日本人

的生命意義》。他認為明治政府成功地把百姓的氏神信仰轉換成天皇信仰，一直到戰敗為止都是如此，可說日本人被迫在天皇信仰中求取生命的意義。換言之，日本人是為了天皇而生、而活、而戰、而死。縱向社會的組織容易產生派閥，連帶精神底下能夠消除派閥的只有天皇。高度經濟成長期也就是一九六〇年代後期，多數日本人從日常吃穿的民生問題解脫出來，開始流行有關「生命意義」的討論。死亡是人生「終極的挫敗」，那麼「生命意義」就是克服死亡、確信自己生命的永恆性。克服死亡有兩種方法：一種是直接的科學方法，醫學的進步延長人的壽命，這種科學信仰與否定死亡的生死觀是相通的。另一種是間接的宗教方法，承認死亡是人類存在的必然現象，也就是透過生死的調和去克服死亡，這種生死觀是傳統東洋式的思維。

精神科醫師佐佐木時雄受依依愛戀理論的影響，考察日本人生活方式的深層心理，他在《自戀與日本人：精神分析的觀點》一書中把憶良⑲、西行⑳、芭蕉㉑等人充滿苦澀的生涯稱為「流離美學」。所謂「流離」是指那些失去「親密人際關係」，但也失去自我獨立意識的人之行為模式。這些人無法成為別人依依愛戀的對象，他們到底是在尋覓自己依依愛戀的對象，還是在追求真實的自我，連本人也無法確認，於是產生猶豫不決的防衛心理。另一方面，顛沛流離與冀望他人根本是相反的行為，流浪可以看成渴望在共同體內扎根的一種藉口或助力。

暫江清志『現代日本人の生きがい』（酒井書店一九八一・三）

佐々木時雄『ナルシシズムと日本人—精神分析の視点から』（弘文堂一九八一・五）

河合隼雄在《民間傳說與日本人之心》中提到，不同於社會制度中的父權，日本民間傳說的內容向來是以女性為主。他說西方小說本身具有自我完成的形式，這種完成性能打動讀者的心靈。相反地，日本小說似乎無法自我完成，必須由讀者感同深受後才算。日本人如果不觸及那些默默離去女人的「惋惜」之情，就無法言盡小說的整體感。為了抵抗離走女人留下的「悔恨」，民間傳說甚至塑造情節，讓這些離走女人返回日常世界。這些女人的存在象徵了什麼，那就是為古來文化注入新血的一種努力。用「女性之眼」而非「男性之眼」來看日本民間傳說，會發現有全新的風貌。日本人的自我比較接近女性特質，社會制度中的父權只會一味掩飾這種深層的心理需求。民間傳說的女英雄都非常自由、積極、奔放，宛如太陽一般。

248 河合隼雄『昔話と日本人の心』（岩波書店一九八二・二）

同一時期，河合又發表論文集《中空結構日本的深層》，並修正過往《母性社會日本的病理》（一九七六）之觀點。他認為把日本社會稱為「母性社會」的人是和歐美比較後才這麼說的，但如果和母性心理較強的亞洲各國相比，日本反倒是一個父性和母性調和的社會。河合以《古事記》神話為例，說明這個結構的原型。阿米、能美、仲主三神在日本神話中占有極重要的地位，強調無為之神的特性正是它們的一貫結構。這是日本神話的「中空性」，也是日本神話最基本的事實。換言之，並沒有什麼原理可以占據中心的位置，而是在中空

249 『中空構造日本の深層』（中央公論社一九八二・二）

的周邊不斷迴旋。中空意味著所有善惡正邪的價值判斷都被相對化了。以原理或權力進行統合時，不符規定的都被劃到周邊，中空避開了非得有統合的尷尬，反而容許對立的共存。顧名思義，當中空意味虛無，也是中空最危險之時。中空比較容許人去入侵他者的中心，為了掩飾這個缺憾，他者的中心似乎存在著防禦機制，然而，也可能什麼都不是或什麼都沒有。中心是一個空性的體現者，面對外來無用的入侵時，周遭的人會為了擁護中心而戰，天皇制的存在就是中空理論最好的體現。

社會學者川本彰在《日本人與集團主義：土地與血》一書中，論述了日本人集團主義的性格。他認為日本傳統文化孕育出來的集團主義不是全體主義，也沒有否定個人的自立，日本文化乃集團與個人相互包容、相互補強。明治維新的政治領導者利用家、村為基礎的集團主義，並活用團結一致的操作手法。另一方面，領導者有意瘋狂地做出走向西化的動作，非常成功地打造出一種高功能且具傳統特質的新體制、新機構、新集團。

濱口惠俊、公文俊平合編的《日本的集團主義：探索其真正的價值》將「間人＝人際關係主義」的概念放到廣泛的社會組織中討論。濱口主張「所謂日本的『集團主義』是一種態度，也就是各成員在工作上可以超越職份、互相協助，不僅能達成組織的目標，也可滿足自我生活的需求，更能確保集團福祉」。在此，「個人」與「集團」利害與共，成員間的協調性（人和）非常重

川本彰『日本人と集団主義—土地と血』（玉川大学出版部一九八二・三）

浜口恵俊・公文俊平編『日本的集団主義—その真価を問う』（有斐閣一九八二・一一）

要。因此，日本的集團主義是一種同時確立機構福祉以及自我滿足的「協同團體主義」。日本人的組織中，工作執行單位是職場本身，而不是那些握有專門技術及權限的成員。職場中的某個單位（譬如科）承擔特定業務，成員之間必須同心協力維護這個職場。在集團層次上，行動者的主體性稱為「連帶的自律性」，日本人多有這種特質，也就是以「參與主體」為人際關係中的典範。相反地，歐美人講求「單獨主體」，歐美人是「個人」，日本人則是「間人」，從自／他人際關係中定義自我的人。間人要做的是如何維持人際關係，就某種意義來說，這種關係的維持帶有神聖性以及非常強烈的價值意識。這就是所謂的「間人主義」。

公文將人際關係主義中社會集團組織及其運作原則分成：伙伴中心主義、所屬的原則、本份的原則、過份的原則、曖昧與無常的原則、競爭合作的原則等。

內沼幸雄在《羞恥的結構：人際關係恐懼的精神病理》中從人際關係恐懼症談日本文化，他整理出三項基本結構：㈠日本文化是多層的，多層性的基底是生生不息的。㈡以心理學來說，這個基底層是口腔期的產物，也是日本人心靈強大的驅動來源。㈢日本文化的特徵是羞恥→恥辱→罪的推衍過程，口腔期所展現出來的羞恥是精神結構的核心。

自從出版《日本人的心理》（一九五三）一書之後，日本人的問題就成為南

251 內沼幸雄『羞恥の構造—対人恐怖の精神病理』（紀伊国屋書店一九八三・二）

博研究的主要方向。他把這段期間從各種角度分析日本人生活與文化的研究成果收錄成《日本人的心理與生活》、《日本人的藝術與文化》（勁草書房，一九八〇・七）二書。透過多年的考察，南博以《日本的自我》整理出日本人精神結構的基本特質。在〈序文〉中談到日本人的行為動機，是指日本人在心理上具一定方向與基礎的特質，那是日本人人格中共通的自我結構。他進一步說明不確定感的定義：「很早以前我就認為日本人自我結構中，最明顯的特質之一是缺乏主體性的『自我不確定感』。這種不確定感會表現出膽小、內向、在意他人、放棄等消極作為，但也有替別人著想、溫柔等積極層面，為了克服不確定感，日本人會出現狂熱心、研究心、向上心、圓融性等令人樂於接受的行為」。南博以歷史心理學思考日本人的自我結構，為了瞭解現代日本人的自我結構特徵形成於何時，他透過社會心理變遷及社會心理史的方法加以掌握。

宗教學者淺見定雄從專業立場嚴厲批判極其膚淺的《日本人與猶太人》。他在《假的猶太人和日本人》中指出，《日本人與猶太人》缺乏科學實驗的證據，完全是作者的杜撰。學術價值非零即負，根本等同犯罪。譬如，書中提到猶太人把羊當成神聖之物就是鬼扯，《新約聖經》中「神的羔羊」這種說法只出現在約翰福音第一章第二十九節和第三十六節這兩處而已。還有，淺見質疑《日本人與猶太人》提到日本國內不曾做為戰場的這個說法，反問沖繩之役㉒

南博『日本的自我』（岩波書店一九八三・九）

淺見定雄『にせユダヤ人と日本人』（朝日新聞社一九八三・一二）

算什麼，難道沖繩不是日本的領土嗎？

贈答是日本人際關係中極為重要的特色之一，至今依然盛行。伊藤幹治、栗田靖之合編《日本人的贈答》，伊藤在〈序言〉中提到，村落社會的贈答包括歲末、正月、三月五月的節日㉓、盆㉔、春分秋分的彼岸㉕等定期活動，還有婚喪喜慶的通過儀式、喬遷、病痛、火災、旅行等。贈答對象有的是喜事，有的是喪家，人際關係也涵蓋親戚、本家分家、老大小嘍囉、左鄰右舍、友人或只是認識的人。回禮叫「御移り」㉖、「御為」㉗，饋贈者會放些火柴、習字用的半紙等。送禮本是節慶時使用的供物，神明和參與節慶的人都可共享。

贈答是物品給付以及一種相對應的互酬性往來，由等質等量的交換原理運作。社會關係中的均衡原理發揮很大的作用，人們必須盡可能趕快償還應盡的義務，於是產生回報對方這種潛在期待的文化機制。所謂饋贈的「回禮」，是為了調節這種不均衡關係應運而生的文化。年中行事及通過儀式的贈答主要是「共時的（**synchronic**）交換」，日常生活中頻繁的人際往來則是「越時的（**dia-chronic**）交換」。義理是對饋贈行為一種禮貌上的回報，婚喪喜慶都是義理的社會交換，授受雙方在既有的人際關係中進行這種交換。

神人之間透過供物締結互酬性關係，神人彼此對於供物都有利益期待。當人們自覺無法從特定神明身上得到利益時，這個神明會被賦予更多的期待或被

伊藤幹治・栗田靖之編著『日本人の贈答』（ミネルヴァ書房一九八四・三）

拋棄。神人之間存在圓融的交流，這種想法在講求俗聖二分的社會是很難被接受的。

強調人際關係中的依依愛戀、給予日本人論極大影響的土居健郎在《表與裡》一書中提到，日本人常說事情都有表裡兩面，字面上表裡看似矛盾，但只是出發點不同，表裡都有真實的一面。在日本不能辨別表裡的人沒有資格說是大人，纖細的體貼入微以及設身處地的為人著想比較受歡迎。把依依愛戀放到外部人際關係時，那種場合下的約定俗成都只是表面。所謂「表面」，就是在行得通的團體裡表達依依愛戀的規範，這種依依愛戀的深處就是真心的底蘊㉘。應酬話是社會化的產物，真心話才是自我意識的表現。日本人不善於自我表達，比較熱中合意，因此產生稟議制。自己到底歸屬於哪個集團非常重要，原則上個人被集團保護才得以生存。日本人有時會對外國人做出卑躬屈膝的過度反應，另一方面，日本人也保留自己的嗜好展現出一種平衡感。現代人絕對需要集團的支撐，這是一種本能行動，然而，現代人好像在走鋼索，既輕視所謂的應酬話，又不得不去維持這種虛偽狀態。

以上看到的是第二期的主要論述，它從第一期的人際關係論出發，開展出個人與集團的關係、日本的集團結構、集團成員之間心理關係等不同層面的探索，也出現關於「依依愛戀」、「縱向社會」等概念的批判及再批判。此外，

土居健郎『表と裏』（弘文堂一九八五・三）

從個人的無意識與集體無意識的觀點研究日本，也成為後來日本人論的主要方法之一。

第三期：生活心理論

一九八〇年代後期，日本已經是國際間數一數二的「經濟大國」。史上空前的貿易黑字，與日俱增的美日經濟摩擦，日系資本也不斷向海外進出，在這樣的背景下，不少外國人開始談論日本的國民性。當時國內外的重大事件接踵而來，「力克路特醜聞」㉙及隨後的政變、天皇逝世與昭和時代結束、社會主義體制瓦解，日本的「泡沫經濟」也逐漸走向崩盤。

大體而言，整合性日本人論的第三期是第二期的延伸與發展，觸角已經擴大到國際化中日本人生活心理的細微之處，譬如，許多著作探討日本人的時間意識、努力、對人態度、留戀等議題。

一九八〇年代之後，從日本人海外進出的觀點所寫成的日本論與日本人論也紛紛出籠，我將在隨後「『日本式的經營』論」與「國際社會與日本人」這兩節中加以討論。

資訊科學家國井利泰從科技層面探討日本人的生活心理，他在《金太郎飴㉚的日本人：如何共赴國難?!》一書中說，日本文化好比均質民眾產生出來的金太郎飴，只會製造均質產品攻占世界工業市場。均質演變成災難，誰也沒料到亡命時的出口。日本人只想開發新型電腦，卻不願顧全大局。農業方面，在狹小土地上為了提高更多獲利，日本人必須採取高密度的栽培、精密的灌溉，以及優良的農具技術。這些的確都相當科學，但相對地，日本企業一味利用別人斥資金錢、時間、人力做出來的成品，企業間諜無視國際市場的秩序，只知以不當手法賺錢。政府早就忘了原先「為全體國民幸福著想」的政治目標，人民很可憐，被這種政府欺騙；政府及企業很過份，竟以如此單純口號騙取百姓。日本歷史講求師徒制或派閥，不成氣候卻已阻礙人的創造性。教育是守成的，教科書有檢查制度，是金太郎飴的制式教育。日本式的作法只是短暫的欺騙，在國際間完全無法適用，沒有能力把日本獨特的東西放在國際間展示，更沒有培育出這樣的人才。

土居的《表與裡》（一九八五）突顯了日本人表面和真心的區別，小此木啟吾則從集團的內外探討男女關係及家族問題，他在《對於人的辨識以及讀取：日本人的心理演變》一書中指出，內外區別全在當事人的心裡，用以心傳心的方式達到彼此的相互理解。幾個人共享秘密而不洩漏出去，組成志同道合的小團體，就是所謂的「內輪關係」。有人說日本人具有共通的種族、語言、文

國井利泰『金太郎飴の日本人—"国難"にどう立ち向かうのか?!』（はまの出版一九八六・一〇）

256

小此木啓吾『人間の読み方・つかみ方—日本人の心理はどう変わってきたか』（PHP研究所一九八六・三）

化，其實這是一種幻想，無視於個別差異，只強調一體感的內輪關係。日本式「連帶」的心理結構過於強調關愛與照顧，反而剝奪了小孩的獨立自主。日本式的「男子氣概」是一種被母親稱讚愛憐下男童稚氣的自戀心理。日本的任何聚會都以男性為主，很少是夫婦一同出席的，營造出男性本位的擬似同性愛世界。日本男性對女性有潛在的恐懼，只要單獨和女性在一起，男性就會馬上變得像小孩一樣。

257

日本人有「恨罪不恨人」的意識，對於罪惡的真正原因、責任的追究以及對被害的補償等，日本人比較豁達。譬如，形式上婚姻是透過彼此意志選擇完成的，但實際上，緣份的觀念要遠甚於契約的觀念。面對婚約的破裂，夫妻雙方多能寬大以對。「日本式被虐待的性快感（**masochism**）」渴望和對方有連帶感、一切以對方為主，不強調自己是受害者才是一種美德。自我實踐及自愛型的人選擇菁英路線，協調（劃一）自愛型的人只淪為平凡大眾。現代人都安於「要塞家庭」、「療養院（**sanatorium**）家庭」、「劇場家庭」、「飯店家庭」。

管理學者三戶公《無恥的日本人：民主主義與「家」的倫理》，和土居的表與裡、表面與真心等概念息息相關。對周遭察言觀色或追求人際間的相輔相成是日本人工作的基本精神。表裡關係存在於所有事物中，表面與真心的關係不僅在集團與個人之間，還必須追求兩者的協調一致。制度層面重視表面關

三戸公『恥を捨てた日本人—民主主義と〈家〉の倫理』（未来社一九八七・三）

係，個人層面重視能否真心，如果無法分出兩者孰輕孰重，那麼將難達到平衡。兩者之間也存在落差，總會偏離某一方。有人主張戰後日本以家、制度、集團為中心，這種論調依然殘存，講求表面原則的風氣還是很盛。

倫理學家小原信從時間意識進一步探討國井所說的日本人的均質性。他在《日本人的時間意識》中提到，日本人習慣以某一「時間」為準，全員配合時間共同行動，這是日本人的深層心理結構，已滲透到一般大眾。守時與否成為判斷善惡的標準，時間本身有獨特的價值，庶民把它當成通則，道德上形成一定的拘束力。日本人彼此間存在「依依愛戀」的關係，預估未來察覺到自己可以被依依愛戀的時間是存續的，時間就成了市民的宗教（**civil religion**）。自古以來，日本人都是順應自然而生，在自然變化中讀取社會歷史的意義，曾幾何時，日本人獨特的時間意識巧妙地展現在歲時記㉛、月曆等製作上。大部份的日本人都欣然接受年齡限制、適當年齡、大安等說法，這些慣例的普遍性及強制性使得時間成為市民日常的「宗教」。

管理學者林周二的《日本式的資訊社會》一書，強調日本人熱中收集各種資訊以及日本式的資訊社會特徵，他說日本人容易折服於新潮流，越是新奇的東西越多人想追逐，日本人有我族意識的「集團熱」。因為日本人害怕自外於世界（脫離中心的島國性格），而有強烈的意識要生存下去（常常會說是「為了我們公司的存活」）。資訊一旦中斷，日本人就非常焦慮，常常處於資訊落差的不安

258

小原信『日本人の時間意識』（三笠書房一九八七・六）

林周二『日本型の情報社会』（東京大学出版会一九八七・五）

259 之中，擔心自己趕不上世界潮流或同儕變動的速度，這是日本人最大的不安。日常生活中情緒感性的資訊，譬如，用電腦算命或用傳真機祈求金榜題名等都很受歡迎。近年來，仰賴他人督導指示才會行動的日本人、也就是欠缺主體性「等待指令的人」越來越多。組織內都配有「監控」機能，這在缺乏領導者的日本式集團經營上發揮極大的功效。從壞的方面想是沒有原則，從好的方面看則是融通無礙，這才符合實際利益與現實價值。年輕人要想對社會、人類做出貢獻的意識已經越來越淡薄。

歷史學家天沼香在《「努力」的結構：日本人的行動原理》中，探討日本人人際關係中獨特的「努力」精神，他說所謂的「努力」有兩種：第一、在閉塞的日本社會中，因為不想輸給其他集團的成員進而發揮努力的精神。第二、在異國意識到自己是外國人，面對外人時發揮努力的精神。日常時間以外，民族性會更鮮明地表現出來，例如，到國外的日本移民比在日本國內的日本人更顯現出日本人的性格。「努力」這個字詞很難譯成其他語言，原本它是從「耳聽四方、眼觀八方」的說法而來，後來衍生出「頑固不動」的意涵。日本人善於在短時間內努力發揮，長時間「堅持」的意願比較不足，欠缺長期展望只能採取「短期決戰」。日本人容易成為狂熱份子，無法自我抑制，只會朝單一方向前進。水田稻作的插秧和收割時，必須集中精神貫注勞力，正是這個民族性的努力源泉。日本是一個稻作發展上的後進民族，不得不在一個未必適合稻作 260

天沼香『「頑張り」の構造—日本人の行動原理』（吉川弘文館一九八七・六）

的氣候風土中努力學習栽種。長久以來，日本一直位居邊緣，所以努力引進外來文化、追逐先進中心的文明，讓日本達成近代化，這些民族精神的基礎就是努力。

和努力精神相類似的是「執著」，佐竹洋人、中井久夫合編《「執著」的心理》，社會學家佐竹認為執著有兩種意涵：一是如己所願的心態，一是「不得不如對方所願」的心態。執著的當事者都是自我意識很強或自負甚高的人，無法超越依依愛戀的需求，在人際關係上一直堅持自我模式，不肯退讓。在這種尷尬狀態下，單方或雙方的依依愛戀無法滿足，就會變成怨懟，單方或雙方的性格也會發展成執著。

精神病理學家中井則認為，或許因為江戶時代沒有絕對的強者，當時的社會無法容許個人的自我主張，才有委婉方式的「執著」。至今，江戶時代人際關係的運作法則依然存在，與其堅持已見，無法直接對抗的場合其實更多，國際關係不也適用執著這種想法嗎？

個人會想依賴他人，即使對方已經不存在，但這種依賴感仍舊綿延，這就是臨床心理學家山野保《「留戀」的心理：男女的分手與日本式的心情》。他從臨床心理學的觀點定義「留戀」，是指「對於無法復存的對象仍殘存愛戀之情」。留戀並非原本希望的心情，但正如民間故事及和歌中所看到的，日本有美化留戀的文化，譬如，說服自己為所愛之人祈福而願意退讓。夫妻及戀人的

佐竹洋人・中井久夫編『「意地」の心理』（創元社一九八七・一二）

261 山野保『「未練」の心理―男女の別れと日本的心情』（創元社一九八七・一二）

愛別離中，留戀扮演了重要角色。幼兒的教育階段，母子都還沒切斷依依愛戀的習慣而獨立，換言之，在意識層面，母親與孩子越追求個別的獨立，反倒突顯出無意識層面母子間連帶感的強化。正因為如此，才會有許多戀母情節的好青年，以及無法脫離子女、操煩子女教育的好母親，這些都是孕育日本留戀文化的溫床。

從宗教等更寬廣角度考察日本人思維的是宗教學家中村元的大作《日本人的思維方法》，副標「各種文化現象，特別是接受佛教傳入的思維特徵」，內容包括下列幾項：首先是〈承認被賦予的現實〉這章，對於現象界絕對者的把握、現世主義、對自然性情的接受、對情愛的強調、寬容謙和的精神、文化的重層性、對立批判精神的薄弱。其次是〈重視人際關係的結合與組織〉，人際關係的重視、人際關係的優先性、人際關係結合的絕對化、尊重家的道德、重視階級身份關係、國家至上主義的問題、對特定個人的絕對傾倒、尊重權威與外國崇拜、帝王崇拜、宗派及派閥的封閉性、擁護以權力結合的人際關係組織、強調社會生活活動、道德上的反省特別敏銳、對宗教教義的態度。再來是〈非合理主義的傾向〉，缺乏邏輯性、欠缺邏輯整合的思維能力、邏輯學不甚發達、直覺情緒的傾向、缺乏組織表達複雜的能力、愛好簡單象徵式的表達、缺乏對於客觀秩序的知性追求。最後，他還談到薩滿教的問題。

284 中村元『日本人の思惟方法』（『中村元選集（決定版）第三巻東洋人の思惟方法Ⅲ』春秋社一九八九・一）

中村在〈結語〉中強調這些特徵無法網羅日本人所有的思維方式，也未必是日本人所獨有，但大概只有日本人才具備以上所有特徵。日本的心靈、日本式的思維並非固定的實體，它有許多矛盾，也不斷變化，有發展也有退化。經過戰後的反省，正值經濟繁榮的現在，鼓吹日本是亞洲最非凡國家的自我優越意識其實很可笑。佛教給予日本的影響極大，但佛教引進日本後也產生許多變化，這種變化並沒有使佛教原先美好的價值喪失，反倒促成今後立足世界、積極創造新價值的機會。

比較思想學家東儀道子從廣泛的人際關係探討常被提到的恥這個概念，她在《「恥」的結構：探索現代社會》一書中說，無關價值意識而衍生出來的恥感謂之羞恥，是從逃避責任及深刻自責中開始的。逃避心理本身混雜了卑劣、缺乏自尊心、意志力薄弱等特質，透過對弱者的壓迫而完成。恥感形成的基礎在於羞恥，羞恥與倫理上的恥感具有相同的爆發力，也有反作用力。日常中輕微的羞恥潛藏人性最根本的生存態度，以及個人選擇迎拒社會的態度。戰敗使日本人的個人意識、個人自覺、個人對社會的意識、個人對國家的意識都有顯著提升，然而，日本人依舊認為「世間的人際關係仍居第一」。「給大家添麻煩」在日本人的道德意識中占有很大的比重，群體內的放縱、默認、屈辱是所謂的「內聞」㉜。「外聞」㉝是最恐怖的事，恥辱才是其次。衝突發生時會以

東儀道子『〈恥ずかしい〉の構造―現代社会に探る』（北樹出版一九八九・一〇）

內聞來防衛，衝突也在模糊曖昧的狀態下消失。倫理之恥是垂直的，是「權力關係的邏輯」；外聞和內聞則是水平的，是「弱者的邏輯」。

日本集團的成員都有共同潛在的弱點，一方面容許罪惡及過錯產生，另一方面則認為弱點必須超越，避免罪惡及過錯出現。日本人認為只要是人都有煩惱，人與人之間必須相互承認，相互容許這些煩惱，但同時，日本人認為那些只會高唱理念或正義的人，是全然不瞭解人性弱點和煩惱的人。這種全面肯定煩惱的態度，是以遠離恥感的「內聞」方式，彼此心照不宣強烈地呈現出來。這是日本的特殊之處。在比較—競爭—達成等一連串現實社會結構中發生的恥辱，稱為「社會上達成的恥辱」。戰敗後成為流浪兒的日本人抱持了相當的屈辱感，這種屈辱感正是促成現今繁榮的潛在原動力。帶給集團莫大恥辱時，也連帶使自我集團與其他集團陷入危機。

土居健郎在《「依依愛戀」的這些那些》中繼續探究依依愛戀的問題，從更寬廣層面引述現代社會的各種狀況，對於批判依依愛戀的許多觀點，也提出進一步的反向批評。他說雖然日本急速達到近代化，但日本人還沒有深受孤獨之苦。戰前的國家被當成統一的大家族，戰後的公司成了擬似家族，善用組織中依依愛戀的關係，日本人可以克服近代化的焦慮。依依愛戀會縮短和對方的距離，這就是韓國社會學家李御寧所說的「縮短傾向」，這種傾向和「依依愛戀」深深相連。「依依愛戀」這個語彙雖然是日本獨有，但該現象並非只出現

土居健郎『「甘え」さまざま』（弘文堂一九八九・一二）

在日本。我常被問到，一個習慣依依愛戀的日本人長大後會變成什麼模樣，我的回答是：這種人會更瞭解人與人之間互相扶持的重要吧。

社會學家間庭充幸的《日本式集團的社會學：涵括與排斥的結構》，從現代社會的集團特質探索日本人的均質性。所謂「涵括」，一般是指集團將他者（主要指個人，有時也指事物）劃入集團規範中予以同質化，成為集團的成員。排斥則是集團將他者異質化、逐出集團外，建構集團間差異的符號，象徵性排除在外。日本是非常強調同質者趨同的社會，每個人都很害怕被視為異端。異端的下場就是孤立，什麼事都沒辦法做；就是要趕走異端，強化趨同，提高涵括力。涵括排斥或同化異端是對個人全面性的要求，並非只是意識型態或信仰上的對象。全面性的要求基準是形式主義的，從血緣開始，學歷、印章、名牌都是重要指標。

中世紀後，傳統村落中存在三種重要的日本文化原理，那就是「互換的共同關係」、「集團神聖化的規範」、「統合的序列關係」。明治以來，全體（家族或國家）的地位優於個人，強調情感的上下關係（對於父母和天皇）是「集團神聖化規範」及「統合序列關係」虛擬的近代版。強調天皇和父母是以「互換的共同關係」消滅個人的主體性，要求一體化，對共同體頂端現人神「無我的獻身」被視為最高的道德。到了高度經濟成長期，日本的個人主義轉變成拜

間庭充幸『日本的集団の社会学—包摂と排斥の構造』（河出書房新社一九九〇・四）

物、牟利的自我主義（egoism）。原本解放後個人的「權利」與私人的慾望是合而為一的，但逐漸以慾望為先。近代的自宅（my home）主義、企業家庭主義、組合家族主義、大國國族主義等新的趨同集團，可稱為「集列型共同體」。對國家的忠誠轉換成對企業的忠誠，但這種忠誠並非像過去一樣建立在犧牲奉獻的精神上，它巧妙地將個人私慾及動機收編到企業裡，透過對企業的忠誠與競爭實現一己私慾。

不同於一般只強調日本文化的特殊性，劇作家兼評論家山崎正和主張文化應該是更柔軟、更開放的，他在《日本文化與個人主義》一書中寫道，日本文化與生活型態的原型可追溯至室町時代到江戶時代期間，核心傳統是大城市的工商業，當時已有濃厚的個人主義色彩。支撐這種獨特社會風土的是中世紀以來日本人公的世界觀，也就是對信義誠實的要求。所謂公的世界是指普遍抽象且被人認知的世界，接近「天下」這個概念。對中世紀商人而言，正直和節儉是兩大美德；為了提高工商業者的地位，也形成重視技術的風氣。

山崎正和『日本文化と個人主義』（中央公論社一九九〇・八）

平安時代之後，開始出現提升個人心靈、記錄私人生活的隨筆與日記文學，也有不少抒情的短詩形式，作者渴望以美的方式表達自我，並小心翼翼地區別自我表達和自我擴張兩者的不同。基本上，這和傲慢對抗他人的近代個人主義，或是怠惰地與他人融為一體的集團主義不同，就是我所說的柔軟的個人主義。

家社會的原理以及個人主義的原理是日本社會運作的兩大法則，彼此互相補強、創造歷史，它們也是農民、武士的組織原理以及商人的行動原理。家社會道義感的使然，讓中世紀混亂後的天皇家仍可持續下去。比起過去任何時代的農民或武士，近代的日本人把自己的社會打造成家社會的形態，並保留農民、武士的特質。

歷史學家網野善彥的《日本論的座標：列島的社會與國家》，從歷史條件探討日本人的均質性。他說現代日本社會在全世界各民族中均質性最高，無庸置疑；從四世紀左右開始，庶民層次關於「日本國」的邊界說已出現在文獻中。值得注意的是，遊歷四方的藝能百姓他們的故事及傳說裡，都曾出現過「日本國」這個概念。此外，平假名的普及也有助於達成「均質」化。十五世紀後，武士階層和都市村落的上層百姓，普遍都有「讀書寫字、打算盤」的能力，文書主義衍生而來的支配體系支撐了幕藩國家的發展。日本的海民、山民等公民以及平民百姓要遠多於奴隸、農奴等私屬民，這些人就是日本民俗學所稱的「常民」。「非人」㉞和奴隸、下人、所從等私屬民不同，他們從中世紀以來就已存在，對於「非人」也充滿歧視，例如污穢的問題。「非人」從平民共同體中被排除出去，但他們仍是神佛的「屬民」，稱為供御人、供祭人、神人、寄人。這些人無需負擔平民的勞役、年貢及公事，並擁有特權在各國自由通行。然而，南北朝的動亂使得天皇和神佛的威權喪失，「諸神落魄」也波及

網野善彦『日本論の視座—列島の社会と国家』（小学館一九九〇・一二）

天皇和神佛的奉仕者（供御人、神人），這是對非人、河原者㉟、藝能百姓歧視的決定性因素。

當然，這也和文字社會的主導權由世俗權力機構掌控、以及日本沒有深植任何宗教有關。網野在結論時提到，日本社會強韌的內發性創造出多樣的文字表達，也支撐了文字社會的均質化，但文字向來只是支配者「公」的所有物，百姓有必要奪回文字的主導權。

歷史學家和歌森太郎在《同情弱者與日本人》一書中提到，日本民眾對於那些被排斥的人，特別是具有英雄命運的人總會寄予同情。和歌說同情弱者未必是日本人的國民性，但如果考察民眾意識史，會發現這是一個重要的事實。A與B本來是相互扶持的關係，但A利用了B，事成之後A又驅滅了B，這種例子屢見不鮮。特別是兄弟或主從應該有魚水之交的關係，當這種倫理觀念出現時，同情弱者的心態會更加強烈。江戶時代，打從心裡憐惜秀吉、憎恨家康的人，多具有同情弱者的傾向。同情西鄉悲劇式的沒落，希望他能不死的民眾，對於當時的國家權力或為政之道都有強烈的質疑。民眾在任何時代都會崇拜權威者，因此，對於權威者沒落或流離的命運也都寄予同情之淚。

回溯整合性日本人論的發展，一定會提到一九八七年五月成立的「國際日本文化研究中心」，這個中心強調因應國際化時代的到來，必須以學際整合方

和歌森太郎『判官びいきと日本人』（木耳社一九九一・六）

国際日本文化研究センター設立（一九八七・五）、紀要『日本研究』創刊（角川書店一九八九・五）

式研究日本文化，同時，也為全世界日本研究的學者提供相關資訊，是當時中曾根首相以京都學派學者的構想所推動的組織。主要成員包括首任所長梅原猛、桑原武夫、今西錦司、梅棹忠夫、上山春平等人，召集了各領域及海內外數十名研究員進行研究和資訊提供，部份研究成果發表在《日本研究》（角川書店發行）雜誌上。

然而，「國際日本文化研究中心」成立之初就被某些人批評。首先，哲學家岩崎允胤在《日本文化論與深層分析》一書中說，該中心的成員多為天皇制的擁護者。近年來，中曾根首相為了「戰後政治總決算」而製造「新國家主義」的意識型態，並將國際化國家與日本認同相連接。因此，他注意到梅原和上山的論點，藉由中心的成立描繪日本文化的整體輪廓以打造「日本學」。此處精心創造出來的日本認同，就是天皇制的意識型態。梅原本身也不斷反覆強調，象徵日本認同的就是天皇。岩崎進一步指出梅原的思考模式有三個特徵：㈠非合理的性格，梅原認為日本文化的深層是「繩文魂」（繩文時代以來的怨靈和鎮魂）。㈡直覺的思維，梅原有的只是一種隨想，充滿了肆意性。㈢以情感、情緒性的態度擁護特定體制。譬如，為了對照西方近代的窮途末路，梅原竟主張日本文化的基礎在於繩文，並強調繩文文化的優越性。緊接著，岩崎將批判矛頭指向上山，上山一直提倡所謂的「深層文化論」，他的論點其實就是「明治昭和兩代憲法是連續的（國家體制是不變的），基底是律令㊱遺制，天皇位於

岩崎允胤『日本文化論と深層分析』（新日本出版社一九八九・一二）

國家體制的頂端，自古以來綿延不絕，也就是以天皇為中心的日本國家論」。上山也承認所謂日本民族自然的「命運共同體」，就是從古至今以天皇為「核心」的天皇制。

同樣地，鯵坂真、上田浩、黑田治夫、釘貫和則、山川學等人在《現代日本文化論研究：天皇制意識型態與新京都學派》一書中也指出，集結在「國際日本文化研究中心」的學者是所謂「新京都學派」，他們的學說直接、間接發揮了強化天皇制意識型態的功能。在這本書中，除了「梅原日本學」、「上山國家論」，西田哲學、和辻哲學、桑原武夫的近代化論都成了批判的對象。

統計數理研究所國民性調查委員會編纂了《日本人的國民性》系列，不同於上述論者的觀點，他們利用統計方法研究國民性，從一九五三年到一九八八年，每隔五年共進行八次「日本人國民性調查」，發行第一版（一九六一）到第五版（一九九二）的報告書。第五版〈結論〉中，林知己夫指出無論經過多久，大多數日本人對某些問題的態度一直沒變。譬如，二十五年來人際關係中的義理和人情之意見分布幾乎沒有任何變化。西平重喜也說日本人不僅對日常生活不滿，對家庭和工作也甚少滿意。和其他國家的國民相比，日本人的親子關係最糟糕，家庭環境充滿危機。日本人對婦人、老人、殘障者的態度極為冷淡。日本人對宗教團體多所批判，但是對宗教本身卻沒有一貫態度。

鯵坂真、上田浩、黒田治夫、釘貫和則、山川学『現代日本文化論の研究－天皇制イデオロギーと新京都学派』（白石書店一九九一・九）

統計数理研究所国民性調査委員会編『日本人の国民性』（第一版至誠堂一九六一・八、第二版至誠堂一九七〇・六、第三版至誠堂一九七五・一一、第四版出光書店一九八二・三、第五版出光書店一九九二・三）

270

類似上述統計調查的是NHK放送民意調查所（後來的NHK民意調查部）從一九七三年開始每隔五年所做的「日本人的意識」調查。一九八八年進行第四次調查，第二次調查的報告結果收錄在《現代日本人的意識結構》系列，已經發行了第一版（一九七九）到第三版（一九九一）。

第三版〈前言〉中提到，從四次的調查結果來看，日本人的基本意識穩定中出現少許變化，單一特定時期的變化較少。具體變化包括：㈠生活滿意度增加，㈡追求「充裕」的傾向增強，㈢政治冷感度增加。其他方面出現連續變化意識的是：肯定家庭中男女平權，職場、近鄰、親戚等方面的人際關係還算可以，追求工作與休閒的平衡，對政治的不信任感提高。八〇年代之後出現新的變化，重視與職場同事愉快共事的氣氛、學習外國的想法越來越強、晚年不想和子孫同住、不再只以效率要求社區中的聚會。

NHK放送民意調查所的調查結果還收錄在《日本人的縣民性》、《日本人的職業觀》、《日本人的健康觀》、《日本人的宗教意識》等書中。

NHK放送世論調査所編『現代日本人の意識結構』（日本放送出版協会、第一版一九七九・六、第二版一九八五・八、第三版一九九一・一）

『日本人の県民性』（日本放送出版協会一九七九・三）

『日本人の職業観』（日本放送出版協会一九七九・一〇）

『日本人の健康観』（日本放送出版協会一九八一・一二）

『日本人の宗教意識』（日本放送出版協会一九八四・五）

譯註

①簓：將竹子細切後，末端再加以束緊。

②蛸壺：捕章魚的素燒壺。

③有島武郎（一八七八～一九二三年）：大正時期的小說家，生於東京，畢業於札幌農校。曾是虔誠的基督徒，一九〇三年留學美國攻讀歷史和經濟學，之後對信仰起疑，並接受社會主義思想的洗禮。一九〇七年從歐洲回國後就移住札幌，組織社會主義研究會，開始向文壇進軍。後來解放北海道的有島農場，積極與社會主義者交流。

④藩：江戶時代大名支配的領地、人民、統治機構之總稱。大名是指與將軍有直接主從關係、俸祿一萬石以上的武士。

⑤井原西鶴（一六四二～一六九三年）是改革型的俳諧師，著有《好色一代男》及《日本永代藏》等名著，作品大多描繪人性慾望及享樂生活。近松門左衛門（一六五三～一七二四年）是淨瑠璃和歌舞伎的名劇作家。

⑥西鄉隆盛（一八二七～一八七七年）：明治維新的政治家及軍人，薩摩藩出身，第二次長州征伐後活躍於討幕派當中。曾指揮薩長同盟、王政復古、戊辰戰爭，以及協助江戶城的開城。高唱征韓論失敗後返鄉設校，明治十年敗於西南戰爭後自殺。

⑦枝折戶：把竹木折成小枝排列成簡單的窗門，通常擺在庭院的出路口。

⑧原文是つくる、うむ、なる。

⑨攝關：攝政與關白，攝政是代替天子主政的人，關白是指平安時代輔佐天皇政務的人，日本史上平安中期藤原氏以攝政關白的身份主政。

⑩漢才：通曉漢書典籍，能做漢詩漢文的才能。

⑪薩滿教：原始宗教的一種，巫女在嚴格修行後能與精靈交流，判斷吉凶及預言。

⑫洛基德事件：美國洛基德公司因買賣飛機賄贈日本政界的醜聞，導致前首相田中角榮被捕及內閣更迭。

⑬鬼子母：印度的女神，千人之子的母親，專門捕捉別人小孩吃食的惡神，後來得佛戒皈依正法。

⑭座：從中世到近世含有特權意味的同業集團。

⑮講：以儲蓄為目的的一種互助會。

⑯世間：日常生活的活動範圍與交際範圍。

⑰世間體：面對人世所採取的態度或風格。

⑱稟議制：行政流程的一種，中下層的幹部起草稟議書，請示各相關部會，得到上位者的裁決。看似民主草根的作為，但多是起草者接受上位者的同意才行使，導致責任歸屬不清，是集團主義決策過程的特色之一。

⑲山上憶良（六六〇～七三三年）奈良時代的萬葉歌人，深受儒佛老莊思想的影響。

⑳西行（一一一八～一一九〇年）：平安末期鎌倉初期的歌人，出家為僧，作品多透過旅行歌詠自然。

㉑松尾芭蕉（一六四四～一六九四年）：江戶前期的俳人，俳諧的革新者。

㉒沖繩之役：一九四五年三月到七月期間美軍攻擊並占領沖繩的戰役。

㉓三月三日的女兒節和五月五日的男孩節。

㉔盆：盂蘭盆的簡稱，七月十五日的佛事或前後期間的行事。

㉕彼岸：以春分、秋分為中間日，前後共七天進行的佛事。

㉖御移り：小小的回禮，放些香皂、火柴、習字用的半紙（長二十五公分，寬三十四公分）。

㉗御為：表面上是為了對方著想，事實上是為了自己而做。

㉘「表面」與「真心」是探討日本人人際關係時極重要的概念，日文是「建前」與「本音」，土居所談的表面與真心和一般說法稍有出入。一般所謂的表面與真心可用外部與內部來區別，外部是指表面的應對、十分客氣、當事人不會完全敞開心胸。但土居所談的「表面」是指外部可以容許的約定俗成，把依依愛戀放到這個共同體的人際規範裡，在此所流露出來的依依愛戀就是一種

「真心」。

㉙力克路特醜聞：一九八八年六月《朝日新聞》揭發川崎市為了讓力克路特公司進出都市開發事業而收受該公司未上市股票的醜聞，並牽連到議員及前首相中曾根康弘的一連串收賄行為。

㉚金太郎飴：江戶中期發明的一種糖果，無論怎麼切割其斷面都可看到金太郎的臉孔，引申為沒有個性、乏善可陳。

㉛歲時記：配合四季變化的祭事行事之書，或是依四季順序整理俳句季語、並以例句解說之書。

㉜內聞：指非正式的詢問或不對外公開。

㉝外聞：指家醜外揚或對外的處世作風。

㉞非人：江戶時代的賤民，負責行刑或市場中的清掃工作，包括輕的罪犯或乞丐。明治的解放令廢止了這個稱號，但社會上對他們的歧視依然存在。

㉟河原者：中世紀因律令制解除，失去隸屬機構的貧困者及被鄙視者。平安末期到鎌倉初期，也指那些徘徊在不用課稅處所或住在河邊的人。或指體力勞動者、以雜藝為生的人、近世歌舞伎等身份低下的遊藝之人。

㊱律令：律是禁制的法規，令是教令的法規，日本律令是模仿中國唐代律令加以改編，從近江令、淨御原律令到大寶律令而法典化，但後來失傳。

現代(二)

日本人論的發展與分類

在盆栽的世界中可看出日本人壓抑的自然觀，
盆栽是用人工方式將大自然變形，但仍然是歌頌自然。
盆栽的魅力在於縮短時間，
縮得越小越能展現自然支配的威力，
同時表達出人類的情緒支配。

——池井望

在前一章，我整理了一九六〇年代以後整合性日本人論的流變，到了七〇年代，日本人論已經發展到巔峰，相關著作或論文紛紛出爐。不僅是量的增加，各領域專家也從自己的觀點探討日本國民性的特質，換句話說，可以看到日本人論在深度及廣度上的蓬勃發展。本章將這些多元的日本人論從領域別加以整理，由於數量很多，只能介紹代表性的作品。歸類在本章某些特定領域的作品，其實也可放到其他領域，所有論述幾乎都是從國民性這個共同點出發的。

首先，我想概觀的是風土論，就是從自然風土觀點探討國民性的論述。其次，整理從自然風土中培養出的生活文化、家庭、性等相關議題。緊接著，考察藝術、語言、宗教、法律、政治等不同領域中有關日本人意識的探討，以及隨著日本人進出海外，日本式經營與國際社會中日本人定位的問題如何受到高度矚目。最後，一定要提的是天皇制，這是日本人論不可忽略的問題，除了整理既有的觀點外，也將介紹昭和時代結束後出現的新論述。

風土論・自然觀

一九三五（昭和十）年和辻哲郎出版了《風土》，在當時得到很大的迴響，至今仍不斷被探討；針對該書的批判也不少，但無可否認，風土和自然確實影響了日本人的生活與心理。

二次大戰之後，風土論本身有了長足的發展，那就是越來越多的研究從生態學、考古學、歷史學的觀點探討風土自然帶給日本人的影響。以下分成三個部份來介紹：㈠批判和辻的風土論，㈡自古以來日本文化深層中的自然觀，㈢農耕文化與國民性的相關著作。

風土論再考

社會人類學家梅棹忠夫比較日本文明與西方文明，進而發展出獨特的日本人論，他在《文明的生態史觀》中說到，若以橫橢圓形來譬喻舊世界，可以將

277 梅棹忠夫『文明の生態史觀』（中央公論社一九六七・二）

世界分成兩個區域；第一區域是東西兩端；第二區域則是剩餘的部份。第一區域是生活方式高度近代文明的地區；第二區域則否，大多是二次大戰結束前的殖民地或半殖民地。

明治維新以來，日本的近代文明和西方的近代文明處於平行進化的狀態，換言之，日本未必以歐化為目標，因為西歐各國和日本在許多條件上類似，得以出現平行發展的關係。第一區域是比較豐饒的，具備中緯度、溫帶、適度雨量、高生產力的土地等條件。以大陸為主的第二區域中，從東北橫跨到西南是一大片乾燥地帶，不是沙漠綠洲就是溫帶草原。緊鄰乾燥地帶的則是森林溫帶草原或是熱帶少雨草原（savanna）。古代文明以乾燥地帶的中心區，或其邊緣的熱帶少雨草原區為據點發展出來。乾燥地帶出現過不少胡作非為的狐群狗黨，他們狂風暴雨般席捲文明世界，因此，第二區域的文明可說是破壞和征服的歷史。

第一區域因共同體內部自然發生的（autogenetic）力量而產生遷移，第二區域則藉由共同體外部的力量來移動。

對第二區域而言，日本近代化的歷史似乎沒什麼參考價值。日本的布爾喬亞階級歷經封建制和革命解放而壯大，即使日本只引入西歐的技術，但日本也創造出擬似西方近代市民精神的特質。換言之，在西歐發生的事，在日本也發生了。但相反地，所謂第二區域並沒有經歷封建制的洗禮，也不存在強大的布爾喬亞階級，為了改善大眾的生活水準，卓越的領袖與政府取代了布爾喬亞。現在正是第二區域的發展期，也就是逐漸邁向近代化和文明化的時期。

上山春平編纂的《照葉樹林文化》從生態學立場考察日本文化，是中尾佐助、吉良龍夫、岡崎敬、岩田慶治、上山春平等人共同討論的成果結集，它以繩文文化為日本原始文化的開端，從中發掘日本文化的基盤。中尾認為稻作以前的日本原始文化屬於「照葉樹林文化」的一環（《栽培植物與農耕文化的起源》，岩波書店，一九六六・一），是農耕文化的一種類型，也是「東南亞地區芋頭類根栽農耕文化」之變種，即熱帶地區根栽農耕文化溫帶適應型的變種。和日本一樣擁有如此廣大照葉樹林面積的國家並不多見。它的特質是濕潤陰鬱，不像沙漠或熱帶少雨草原那麼乾燥。農耕文化的發展有幾個階段，首先是食用野芋，再來是用燒耕方式種植芋頭、雜穀、旱稻，最後才是水田的稻作農耕。歷史上屬於採集經濟或半栽培，是從無土器時代①到繩文時代期間。廣義上，可追溯至繩文時代來看農耕文化的起源。這本書也討論照葉樹林與精神文化的關係，像後來成為日本固有信仰原型的神道，也被認為是照葉樹林固有信仰的一環而重新被評價。

農業經濟學家飯沼二郎批判和辻的《風土》，並從歷史觀點探討風土與社會發展的關係。他在《風土與歷史》一書中說，之前的風土論都以靜態觀點來看風土所造成的影響。的確，風土不是人力可輕易改變的，但風土的利用還是

279 上山春平編『照葉樹林文化』（中央公論社一九六九・一〇）

飯沼二郎『風土と歴史』（岩波書店一九七〇・六）

依個人主體的條件（資本和勞動的方式）而定。近代日本將天皇視為「神」，天皇擁有最高的權威和權力，在前近代國家的結構下，阻礙了日本國民人格的獨立。換句話說，風土本身沒有貴賤之分，端賴個人與風土之間的互動情形，有影響力的則是個人的人格。

緊接著，飯沼在《歷史中的風土》中以更寬廣的歷史脈絡處理風土的問題。他認為就是因為天皇制，日本才得以從絕對王政邁向地主王政。

到了近世幕府，認為天皇是可以利用的對象，但自己絕不能流於被人利用。因此，幕府隔絕天皇，徹底封閉在密室中嚴密監控，圍堵天皇可能發動反秩序的行為，完全將天皇「非人化」。支撐庶民日常生活基本原理的是祖先信仰與氏神信仰，和農耕民族特有的穀靈信仰、日神信仰以及天皇信仰結合，形成一個排他性共同體的自我主義。這種信仰展現在中央集權式的統合制度中，就是所謂近代的天皇制。

文化人類學家祖父江孝男在《縣民性：文化人類學的考察》中，分析日本的風土和自然如何創造出地域性差異的縣民特質，平時日本的自然極其安穩寧靜，但有時會出現狂風暴雨，使得日本人仰慕自然的同時，也產生敬畏或依賴心，造成日本人不善於觀察自然，科學不怎麼發達。原先的日本人多從事農耕，不去旅行，和其他民族的接觸也少，視野狹隘，性格保守，喜好保留古物。農耕民族多採定居方式，從自己的土地收穫物產，只要土地不被侵擾，相

280

『歴史のなかの風土』（日本評論社一九七九・七）

祖父江孝男『県民性—文化人類学的考察』（中央公論社一九七一・一〇）

互鄰接也可和平共處。因此，敵我觀念並不明確，互相妥協才是生存之道。他們認為自然對人類是非常友善的，神也帶有濃厚的情感，是充滿情愛的化身，人們對神抱持著「依依愛戀」的情感。

梅原猛等人合著的《櫸帶文化》②從生態學立場考察史前時代世界觀，梅原在〈日本的深層文化：櫸帶人的世界觀〉一文中提到，照葉樹林在日本西部較多，但日本西部卻少有繩文時代的遺跡，是一個凋敝的地方。繩文文化最絢爛處是日本東部，但那裡反而是照葉樹林稀少的地方。因此，與其從照葉樹林觀點探討繩文文化，不如從櫸和水楢等所代表的落葉闊葉林去掌握。佛教傳入後，日本人捨棄了主張特定之人才可成佛的小乘佛教，而去接受主張人人皆可成佛的大乘佛教。換言之，成佛的不只有人類，舉凡動植物、山川、國土等生物都可成佛，這種佛教思想正是繩文時代以來日本傳統的思考方式。然而，隨著農耕畜牧文明出現，上述這種人與動植物一視同仁的想法逐漸喪失，取而代之的是以人為中心的世界觀。

古代人的意識

之前的考古學多集中於研究遺跡和遺物，第一位心理學出身的考古學家是上野佳也，他從遺跡遺物中探索繩文人的心理變遷。在《繩文人之心》中寫

281

梅原猛他『ブナ帯文化』（思索社一九八五・六）

上野佳也『縄文人のこころ』（日本書籍一九八三・一〇）

到，從繩文初期到前期的這段時間，屋內開始出現爐灶，晚上或雨天的工作相對增加，爐邊對話或資訊量也大為提高。增加的資訊無法完全處理，便轉成神話或儀禮，可塑性高的土器文樣也被象徵化。後來，以日本中部地區為主出現東西文化的交流，東北部的「羽狀繩文文樣」也傳到南方，土器本身隨之移動。特別是關東地區面積廣大，資訊交流也比較頻繁。以圖案表達象徵，使得繩文前期以後的土器文樣益加複雜。在一個還沒有文字的社會，儲存資訊的方法之一就是造形。中期的土器文樣是外向的、動態的、豪壯的，後期和晚期則是內向的、靜態的、纖細的。透過這種繩文土器的傳播，日本各地住民的心性日趨一致，造就了現代日本人的心靈基礎，展現出世界少有的獨特風格。

282 哲學家芝烝的《古代日本人之意識》從宗教、倫理、語言表現來研究，他認為占據日本人意識最深層的是美拉尼西亞傳來的南方物神信仰，可追溯到遠古的繩文時期。古代日本人的意識中，有著南方和北方的雙重特質，南島特質充滿生命性，北方阿爾泰特質則講求個人人格。前者接受了中國文化旁流的老道及佛教思想，後者則接受了中國和歐洲的人文主義（humanism），準此，形成了日本人的雙重性格。古代人在生命、女性、感情、情緒等方面多是南方的再現，相對地，在人格、男性、意志、行為上則多屬北方的再現。日本民族系譜和東南亞及東北亞各族都有相連，同時具備採集農耕與狩獵遊牧的性格。儒教文化是中國文化的正統，以北方思想為基礎，這點易於和日本民族的北方性

芝烝『古代日本人の意識』（創元社一九八五・四）

格相結合。相反地，佛教始於印度，被中國較具南方性格的老莊思想消化，轉成中國佛教後，又易與日本民族中的南方性格相結合。日本人從儒教文化中吸收法律、政治、道德、知識的內涵，又從佛教文化中借取宗教和藝術的精華。島國風土的特徵是比較容易妥協，戰爭時也不會有越境亡命或激烈交戰的情形。

人類學家埴原和郎編纂的《繩文人的智慧》，是一本集結人類學家與考古學家的演講集，也是探討古代日本人意識的專書。考古學家小林達雄在〈繩文文化的終結〉一文中提到，櫻花時節也是捕獲鯛魚的季節，日本人會隨著櫻花綻放的情況鑑別鯛魚的品味。這種捕魚方法可說是繩文式的思考。繩文式思考也表現在造形上，譬如，從土器功能可看出它所呈現的正向世界觀，口徑邊緣有很大的突起，那並不是把手，而是為了表達土器本身的生命力。突起的部份常以人的臉孔來呈現，但並非只是裝飾，而是意味土器本身具有生命，偶爾也會示出人類的面孔。彌生時代的土器出現後，繩文的特徵已然消失，一味地追求功能，像是去除容器中不必要的突起，只保留水平式的口徑邊緣。誇張地說，繩文土器的文樣本身就是一種意識型態，它承載了繩文人的思考與概念。

283 埴原和郎編『縄文人の知恵』（小学館一九八五・四）

考古學家鈴木公雄探討「繩文人與數字」之間的關係，他說愛奴人偏好「六」這個特定數字，「六」代表「很多、多數」，以「六」這個有限的數字表達無限數以及無限大。民族學將這種特定數字稱為「聖數」。日本古代文化中的「八」就是所謂的聖數，它與「十」結合後變成多數的意思。在神話中「八」有其固定的意涵，不被神話籠罩的邊境地帶都有喜好奇數的習俗。這個現象在彌生時代突然消失了，但在古墳時代及古代的東國又再次復活，鈴鏡③中的奇數也被重新評價和再現。鈴鏡被當作宗教的小道具，因此，鈴鏡中的數字似乎也具有宗教的神力。日本人喜歡奇數的思維存續至今，譬如，「家紋」④的分割以五片為多。

埴原和郎在〈繩文人的祖先與子孫〉一文中指出，彌生時代移入稻作的大陸文化，直到古墳時代，日本都持續與大陸保有文化和人員的交流。這些大陸文化的旗手是能夠適應寒冷的新蒙古種（Mongoloid）人⑤，因此，現代日本人的蒙古特徵是繩文時代以後傳入的，經過古蒙古的繩文子孫與渡來者之間的混血，成為現代的日本人。日本西部的人有較多新蒙古種的特質，相對地，關東、東北、裡日本，特別是愛奴和沖繩等周邊地帶的人則多具古蒙古的性格。

不久之後，埴原和郎又編了《日本人新起源論》一書，這是「民族的形成：日本人的情形」開放研討會之總結記錄，各領域的專家針對日本人的起源提出新見解。

接下來，我要介紹透過歷史回溯法深入探索日本人傳統心理的作品。

文化人類學家佐佐木高明在《繩文文化與日本人：日本基層文化的形成與傳承》一書中主張，將繩文文化分成東部的楢林文化以及西部的照葉林文化，

284

埴原和郎編『日本人新起源論』（角川書店一九九〇・九）

佐々木高明『縄文文化と日本人—日本基層文化の形成と継承』（小学館一九八六・三）

透過兩者的對照來思考日本文化的形成過程。他認為楢林文化的發展階段有三：㈠前農耕階段（採集狩獵），㈡農耕階段（典型的楢林文化），㈢崩壞階段（因狩獵或畜牧民族入侵）。其次是照葉樹林文化的發展階段：㈠前農耕階段（照葉樹林採集和半栽培文化的開展），㈡以雜穀為主的燒耕階段（典型的照葉樹林文化，生活空間多在山區），㈢稻作卓越發展的階段（從雜穀栽培中找出水稻的特性，在平原地區出現水田稻作的農耕文化）。彌生時代以後，水田稻作文化在日本各地普遍傳開及發展。日本文化的基底存在著楢林文化和照葉樹林文化衍生出來的各種要素，以現代角度觀之，日本文化的同質性很高，然而，基底卻有不同系統的異質文化。日本文化之所以有這種柔軟性，是因為各種要素混雜交生的結果。以水田稻作為基礎開展出新的社會政治統合，統合又強化了各地的共同體，並導致小國群立。稻作文化的集中發展強化了以稻作為日本文化核心的思維，有關稻作的祭祀和慶典，也在日本人的宗教儀禮中占有更高的比例。

佐佐木高明與大林太良合編《日本文化的源流：北來之道、南來之道》，集結各領域專家從不同觀點探討日本文化和日本人的源起。在〈總結討論〉中就出現了一些尖銳的意見。

自然人類學家池田次郎認為現代日本人的體型可以從北海道、本土、南西諸島等三個地區來分類。南西諸島與北海道的愛奴在考古體質上相似，但地理位置上卻有極大差異，主要是從沿海各州傳入的特質以及從中國大陸傳入的特

285

佐々木高明・大林太良編『日本文化の源流—北からの道・南からの道』（小学館一九九一・四）

質不同。近畿、東中國⑥，以及奧羽⑦、北陸⑧是距離最遠的兩大區塊，有著古代日本中心和邊陲之差異。所謂的「異族」是指過著水稻耕作以外的工作和生活，屬於老古體質的部族。隼人⑨主要的分布區域是南九州，以現代人的角度來看，他們是日本本土中最特殊的部族。南九州的人遺傳性地繼承繩文人的諸多特質，渡來者的影響似乎較少。薩哈林（Sakhalinsk）的愛奴與北海道的愛奴也非常不同，後者的顏面短小，接近繩文人的模樣，前者的顏面則相當細長。從四肢差異的部族變異性來說，薩哈林愛奴、朝鮮、近畿這三個地方極為接近，有人認為近畿地方的人種受大陸影響，這種影響在薩哈林愛奴身上也可看到。

小林達雄主張，從繩文前期到中期的工具和技術幾乎都已出土，像狩獵、捕漁、採集、廚房等第一類工具。圓形的聚落形態以及繩文模式的村落在繩文中期就已定型。中期之後，第二類工具譬如土偶、石棒等反映世界觀的器物也紛紛出籠，繩文文化開始加強自我色彩、確立其主體性。到了彌生時代，第二類工具完全消失，繩文文化趨於瓦解，從考古遺物中發現許多炊煮的深缽土器，這些東西都不是從住家遺址中出土的，可以認定彌生人已不再自家中炊煮食物了。繩文中期以後的住家，不僅是日常生活的空間，也是神聖的空間，這個神聖空間的機能並沒有流傳到彌生時代。

考古學家佐原真分析彌生時代遺留下來與稻作有關的信仰，包含南方和北方的要素。所謂南方是指長江流域及其以南地區，它也影響了銅鐸的發達，北方要素是指卜骨⑩、鳥和鹿的信仰。彌生時代的人突然開始繪鹿，和卜骨一樣，或許這些都是北方要素。從九州到畿內的部份區域，開始有死者的陪葬品出現，也開始意識到死後的存在。

考古學家小山修三認為繩文前期和中期人口已達高峰，但晚期又突然銳減，是因為巨大的天候變動與異族入侵帶來傳染病所致。其結果是讓擁有新式稻作技術的部族得以進入這個空間開發低濕地，水田稻作的生產力高，彌生時代的人口也因此暴增許多。

287

自然觀

齊藤正二在《日本的自然觀之研究》一書中指出，日本人的自然觀深受中國古代文學的影響，首先，他批判認為日本人酷愛美的自然、對季節變化極其敏感的常識性理解。日本人對自然美的禮讚以及酷愛草木的說法，其實是受志賀重昂與芳賀矢一的國民性論之影響。齊藤以《禮記》為例，這本書記載古代中國的專制如何依季節變化有秩序地動員農民。受到這本書影響的日本律令支配者，也開始注意自然的變化，教導百姓不要錯過播種的時間，也不要弄錯年貢的繳交時間。這才是所謂「日本自然觀」的形成要素及其本質。他還說日本

斉藤正二『日本的自然観の研究』（八坂書房一九七八・九）

人對松樹或櫻花等自然美的意識，是當時文人貴族受中國詩文影響、模仿之後所產生的自然觀。

齊藤在《日本人與櫻花》中以相同立場否定了國花櫻花的「社會神話」，他說日本人的櫻花情結根本是國族主義的產物。

近世文化史學家西山松之助在《花：未發覺的密度》中指出，日本人的自然觀孕育出日本獨特的花卉文化，他認為：㈠日本是一個能夠感受花卉神聖性之民族。㈡因此，木石竹草也能成為花。㈢除了花有神聖性外，花的鑑賞法從高度文明的中國傳來，和日本固有文化結合達到長足的發展。㈣花卉文化在生活中綻放出各式各樣美麗的花朵。

日本人所創造出來的「花」擁有超越人類的靈力，是一種神秘力量的象徵，以花來感受這種美，因而生出美的意識。譬如，能劇中的「花」被提升至一種形象的演技並被具體化，「花祭」行事中所有的行動都和花有關。春夏秋冬的季節概念是從中國傳來的，但日本比中國更清楚地區分，日本因季節不同而出現不同的花卉之美，已發展到非常纖細的階段。日本人從花卉中感受靈力，把花擺在頭上裝飾，和服或家紋的圖樣也大部份採用櫻、梅、藤等花卉。原始時代日本人的農耕生活中，把櫻花看成田神降臨而加以愛戴。日本固有的櫻花文化受外來文化的影響發展為鑑賞之花，進而成為日本國花的象徵。原始時代之後，日本人深層心理中持續綻放的櫻花，早已昇華至高度精緻的觀賞之

『日本人とサクラ』（講談社一九八〇・五）

西山松之助『花—未発の密度』（講談社一九七八・一〇）

花了。

在探討日本人與風土的關係時，不能忽略日本人對自然災害的意識及行動[289]特徵。社會學家廣井脩在《災害與日本人：巨大地震的社會心理》一書中提到，日本人的災害觀有三種：天譴論、命運論、精神論。天譴論主張災害是上天對世間的懲罰，為了改善日趨墮落的社會，上天發動災害也不失為一種天惠論或天佑論。命運論則說自然災害以及由此引發的生死是無法避免的命運，人們只能默默承受。這種說法有很大的心理效用，從心理上將災害的悲劇性降低；也就是說，它能緩和絕望，把悲劇當成命運來看，並視做為生活重建的基礎。然而，被害者也會產生絕望或遺忘。第三種是精神論，並不是指人類征服自然或掌控自然，而是透過心態調整以及內在努力，人們面對及處理災害時，捨棄合理的態度、一味祈求神明保佑就是此種態度的極致表現。精神論主張精神重建才是根本之道，比較輕忽防災對策。

自然與人的關係有三種：第一、自然的優美被認為是撫慰心靈的「救贖者」。第二、強調自然的殘酷，自然是人和社會的「定罪者」。第三、同時注意到自然的優美和自然的殘酷兩個層面，把自然當成「救贖者」和「定罪者」。然而，三種論調的背後有其共同點，那就是體認到自然的絕對化以及人類的無力感。換言之，不是把自然當成征服的對象，而採取與自然融為一體、服從自然的態度，這才是日本人自然觀的核心。[290]

289 広井脩『災害と日本人—巨大地震の社会心理』（時事通信社一九八六・一二）

日本史學家樋口清之以水為例，探索自然與日本人的連接方式，他在《水與日本人：為什麼日本人喜歡讓水流掉》一書中主張，日本人有所謂的雙重性格，正反特質並存。日本人具備思索與行動、保守與革新、攻擊與忍耐等並存的特性，所以日本人的順應性也高，擅長快速的思考及對應。日本人面對棄物沒有絲毫留戀，可說是健忘。農村社會基本上講求徹底的平等主義，不以多數決，而是全員一致的方式，是尊重個別意識平等主義的表現。教育上強調違反自然必定導向人生滅絕，濕氣和水都能使物品柔軟。日本人厭惡敵對的人際關係，模糊曖昧才能引出柔和體諒之心。日本人的人際關係是以血緣、地緣、學閥、工作等串聯起來的，其內在仍具圓融性，有時會以東北人或關西人來涵括。確保水的存在，內在我族感強烈的共同體才得以形成，建立相互扶持的關係。

樋口清之『水と日本人—日本人はなぜ水に流したがるのか』（ガイア一九九〇・一二）

農耕文化

農業經濟學家玉城哲的《稻作文化與日本人》，從基本的農耕生產、特別是稻作觀點來看日本人的生活心理。他說關於稻作的源起存在三種有力的說法：最古老的說法主張從中國中部經由華北、朝鮮傳入九州，已完全被否定。其次，從中國中部越過黃海直接到達北九州，算是比較合理的推論。從華南經

玉城哲『稲作文化と日本人』（現代評論社一九七七・九）

琉球群島北上傳到九州的路徑，此說也缺乏事實根據。

玉城關心工業化與發展的議題，但他更強調日本社會沒有失去「稻作農耕」的特色。鎖國長期培養出來的純粹特質使得日本的社會結構、生活方式與文化等都追求獨特的合理性及自我完成，明治維新後雖實施歐化政策，所謂的日本特質仍存續於基底中。德川幕府時期，農民對村落有特定的歸屬感與忠誠心，這並非村人意識底下的產物，而是他們天生的習性使然。江戶中葉之後，農民之間的貧富差距拉開，破壞共同體連帶感的條件也相對增加。然而，因緊張關係和貧富差距擴大，有時反倒強化了村莊整體的統合。明治之後的部落繼承了近世村落的特質，村落的精神已根植於日本人的內心深處。日本人在近代化過程中並沒有放棄以村落為原型來思考社會的習慣，許多地主以村落為基礎培養村民之間的連帶感，這是因為考量到水利權乃共同權利的關係，日本近代社會中所產生的習慣式水利權是一項巧妙的發明，結合了歐洲土地私有制與亞洲日本農業的特質。

東京其實是座巨大的「農民都市」，有著都會身影的農業社會。在這裡，從部落規範中跑出來的農民幾乎沒有受到任何壓抑，在彼此撞擊的過程中組成巨大的社會。無庸置疑地，稻作農耕的百姓在面對大地培育稻作時，發揮了最具人性的生活方式。當他們離開土地或喪失農村歸屬感時，不自主地變得頹廢沮喪。盆祭時的回鄉者，無意識地展現出原始農民對土地回歸的虛無衝動，這個衝動也是所有日本人的衝動。

民俗學者坪井洋文在《芋類與日本人：民俗文化論的課題》、《選擇稻子的日本人：民俗式的思考世界》兩本書中提到，日本明顯存在兩種農耕文化：一是以水田稻作為主的稻作農耕文化（稻作文化），一是以雜穀根菜類為主的旱作農耕文化（芋類文化）。此外，坪井也從更寬廣的角度、特別是民俗學宏觀的角度完成《民俗再考：邁向多元世界的觀點》。首先，他批判日本民族和日本文化是以單一性、純粹性、同質性為基礎發展出來的史觀，指出有人主張民間口述文化的區域性差異是中央文化發展的結果，此種假設只會強化單一文化論的觀點。當國家給予的知識與農民追求的知識一致時，才有可能打造出單一文化的基磐，另一方面，從兩者關係中也會產生多樣性的民間口述。

自然與人類的關係是大不同的，一種是人類從自然中借用土地並還諸自然的燒耕方式，另一種是從自然中占有土地的水田方式。靠山生活的人和山這塊大地享有共生關係和契約關係，因而得以觀察自然，對自然界中人為恆久的變化極其敏感，有不少人會去對抗自然。靠海生活的人也一樣，自然等於自己的生命。山裡的人對應時間的變化比較緩慢，接受新文化的態度比較保守；他們人生儀禮的變化不同於水田稻作那種一加一累進的時間觀念，比較趨近燒耕農民以數十載為基礎的時間觀念。

從上述時間和空間的觀念中，我們看到完全不同的自然生產方式及其基

292 坪井洋文『イモと日本人—民俗文化論の課題』（未来社一九七九・一二）『稲を選んだ日本人—民俗的思考の世界』（未来社一九八二・一一）『民俗再考—多元的世界への視点』（日本エディタースクール出版部一九八六・一二）

礎，從這個基礎又組成了獨自的文化體系。如果承認有所謂的文化對等性及等價性，就可理解日本人獨特價值的多元性了。

生活文化論・家族論

除了風土自然觀，本章將繼續從生活文化、家族關係、性意識等不同層面整理國民性論的代表作。不管是生活文化或家族關係，它們都有各自的傳統形式，又在時代中求新求變，以獨特的造形慣例延續至今，也因此許多論述都把這種特定造形慣例當成日本文化的特質。

生活文化

日本人的居住生活確實形塑了日本人的生活空間及方式，同樣地，居住方式也影響了日本人的心理層面。建築學家上田篤從居住觀察日本人的生活意識，他在《日本人與住家》一書中說日本建築的柱子是古代樹木信仰的象徵，日本人可以把任何東西變小變輕。在室內空間方面，傳統上日本人難以保持寢室的隱私，甚至有人認為「日本民族莫非得了千年的失眠症」。日本人有急性

293 上田篤『日本人とすまい』（岩波書店一九七四・三）

子、不加思索、容易血壓升高、勇往直前、一敗塗地的性格，或許就是這個因素使然。傳統的庶民認為祖靈存在於海的彼岸，而非天上。日本人不是那種大陸「向天」型的思考，而是「向地」、「向海」的思維。絕大多數從大陸國家渡海來日本的人，都是「失去故鄉」回不了家的人。因此，日本民族將「想像的故鄉」求諸於大海的彼岸。

294

上田篤、多田道太郎、中岡義介注意到住家庭院及生活空間中的神聖場所，他們從各種角度共同研究出版《空間的原型》這本論文集，我將介紹其中幾篇觀點特殊的論文。

上田篤・多田道太郎・中岡義介編『空間の原型』（筑摩書房一九八三・三）

民族學家中牧弘允談到「神佛分住」時說，日本人的生活空間中神佛各居其位，發揮了互不干涉的功能。日本人對待神佛是「分別使用」、「隔離並存」，因此保障了整體的平衡與安定。

文化人類學家石毛直道區別「被祭拜的神明以及不被祭拜的神明」，他引用印尼嘎耒拉族的例子做比較，認為「日本神明有雙重性格，一是守護神的和魂，一是破壞者的荒魂，但日本人忽視神明中不吉的荒魂，只承認和魂的本來性格」。使得被驅逐到陰暗世界不被祭拜的神明，無法在白晝進入人的生活環境，只能在夜間活動。但近代化之後，夜晚也成了日常生活的領域，不被祭拜的神明已沒有任何作用。

建築學家中岡義介論及「神人共棲」，他說花祭的空間會以相對等的方式隔出神人各自的場域。神人共棲是以二室形式展現，祭拜者與被祭拜者的關係在日本民宅空間中已經常態化了。

近世文化史學家熊倉功夫以花道為例探討「黯然的空間」。茶室中，為了讓客人的注意力集中在茶會及道具上，日本人會刻意避開主客直接對座的緊張，安排比較穩定的座位關係。一言以蔽之，侘茶的美學意識就是「黯然」的美學意識，「黯然」意味無法圓滿俱足，退而以粗糙、哀美之姿表現出來。這就是所謂非直接的文化，中世紀之後逐漸發達，例如，有人沈迷於「華美奢侈」、「婆娑羅」⑪、「歌舞伎」等不正經的美，創造出特有的文化。日本人意識到越直接、就越想閃躲，轉而追求黯然的樂趣。直接是不通人情而粗暴的，非直接才能展現出粹的精華。所謂「閑寂簡素」不是中國所講求的那種直接文化，而是從日本、韓國等器物中發現非直接的文化。由此看來，日本文化不同於中國文化，著重的是黯然之美，可說是一種非直接的文化。

在其他論文集中，栗田靖之發表〈從日式家屋所看到的兩種美學意識：簡素之美與裝飾之美〉。日本家屋基本上是為小孩而設計的，更確切地說，是為了與小孩長時間相處的女性而存在。房間的裝飾都會考量小孩和女性的需求，因此，家中生活用品也多有花紋。為了營造出客廳或房間舒緩柔和的感覺，這些令人放鬆的空間就算有點凌亂也沒關係。整潔之美被認為應該展現在與生活空間不同的地方，特別是榻榻米的客房。最好的例子是夏天的客房，沒有任何

295

栗田靖之「日本の家に見る二つの美意識—簡素の美と飾り込みの美」（祖父江孝男・杉田繁治編『暮らしの美意識　現代日本文化における伝統と変容Ⅰ』ドメス出版一九八四・六）

家具，展現非存有的空間之美，可說是簡素之美的極致。相對於簡素之美的是裝飾之美。如果追溯到近世的話，極盡裝飾之美的傳統包括：町奴⑫、俱利迦羅紋的刺青、歌舞伎的世界、廓、日光東照宮、寺院中供奉本尊的大殿或神壇，還有靈車的裝飾。簡素之美是一種表層文化，它和禪意、茶會、武家文化相連結，裝飾之美則是世俗粗略的裡層文化。

建築家吉田桂二調查亞洲各國的建築並檢證日本人的住家意識，他在《日本人的「住家」從何而來：韓國、中國、東南亞的建築見聞錄》一書中說，日本單扇或多扇左右拉動的窗門非常發達，這種窗門打造出一個完全開放的空間，為了通風，也為了讓夏天更涼爽而設計出來。單扇拉門或窗戶是日本獨特的發明，鎌倉時期就已出現，室町時代逐漸普及。為了配合單扇拉門或窗戶，又有所謂獨特的格窗。特別是面向老房子通路的窗門，都會裝上類似的格窗。這種格窗並非只為了採光或通風而已，也為了擋住外來視線。外來視線可以是模糊的，房子內外的人就算彼此認識，也可裝作不知道或是相互招呼問候。這種設計能同時兼顧住民的連帶感與各家的獨立性。遇到慶典時，若想融入街道中的氣氛，可以拆掉格窗完全開放。此外，格窗限制光線進入，也創造出一種日本式的陰暗空間。

從日常生活中擷取植物的自然美是日本人生活文化的一大特色，最受矚目

296 吉田桂二『日本人の「住まい」はどこから来たか—韓国中国東南アジアの建築見聞録』（鳳山社一九八六・一〇）

的是社會學家池井望的《盆栽的社會學：日本文化的結構》。盆栽無法進入藝術殿堂，被認為不過是個精巧迷你的模型（miniature）。不是自然原有的，不僅在造形上被模型化，連藝術價值也被模型化了。盆栽不一定以知性為前提，任何階層的人都可鑑賞或參與。盆栽的技術分級較困難，也沒有盆栽專屬的教師團體或家元制度，依個人的即興而創作，也反映了日本人的意識。在盆栽的世界中可看出日本人壓抑的自然觀，日本人可以將現世與天國看成同一地方，是日本人特殊的宇宙觀。盆栽是用人工方式將大自然變形，仍然是歌頌自然。盆栽的魅力在於縮短時間，它的反作用是延長創作者與觀賞者相互的時間。符合極小值（minimum）的那種創意盆栽，縮得越小越能展現自然支配的威力，表達出人類的情緒支配。如果放到生活中，可以向「很會照顧人」的管理階層鼓吹這種活生生的、全面性的支配理念，又可結合日本的國家主義。所以，盆栽有極強的封建性格，可用來理解為什麼過去的盆栽總是和老爺子的意象連結在一起。

池井望『盆栽の社会学—日本文化の構造』（世界思想社一九七八・三）297

評論家寺井美奈子在《一個日本文化論》中探討日本人對和服的心態，她說穿和服令人感覺舒坦，是展現日本民族技藝的一種方式。「穿」這個動作，是指穿衣者在人型的肉體上「量身打造」自己。和服是用心來穿的，穿的行為本身寓含了穿衣人的主體性。藝妓明潔的心情會展現在和服上，她們不是為了和服而穿衣的女人，是為了女人去做和服，這樣才能最接近現代的和服款式。

寺井美奈子『ひとつの日本文化論』（講談社一九七九・五）

和服本身被認為有人的靈魂棲息在裡面，即使肉體腐爛了，只要有和服在，靈魂也還能繼續生存。穿和服時沒有繫好紐扣會被認為失魂落魄，基本原則是在腰部繫好紐扣，這滿足了日本人對生命的追求，千年以來一直存活在日本人的心中。換言之，日本人以各種不同的穿法展現和服的生命力，發揮互美其美、體貼入微的優點。

298

歷史學家村井康彥探究生活文化之一的茶道史，在《茶的文化史》中提到，茶道的最大特色是愉悅地虛構喝茶這種日常行為。第二個特色是「寄合性」，不只是多數人聚在一起這層簡單的意思而已，還包括參與者各自創發、分享過程中的當下性。茶道重視主客同座，主人細心安排讓聚會順利進行，並以至高誠意表達一期一會⑬的精神。與其說茶道講求美學意識，倒不如說是對倫理的追求，它總是在遊興與求道之間不斷徘徊。鎌倉時代庶民開始有普遍喝茶的習慣，十四、五世紀左右，日本開始出現書院式的客房，這是中國與日本最早的分歧點。

村井康彥『茶の文化史』（岩波書店一九七九・六）

「簡素」、「枯淡」是指看到不如所願的現象而引發的情緒，大多用在否定的層面。然而，從平安末期到鎌倉時代，日本人對於簡素生活或枯淡境界逐漸賦予肯定的意涵。「簡素」的意識開始萌芽，茶道的習慣在都會人之間流傳，茶道所用的器具也越來越多。人們使用茶碗器皿，因而產生物質的需求，也促成了美學意識的誕生。「枯淡」是一種美學意識，它強調與對象之間保持距離，看待事物要有客觀反省的態度。但「簡素」更進一步講求其中的人際關係及倫理意識，重視「正直、謹慎、樸拙」，「簡素」和佛教也有關係。茶道屬於都會文化中的一種遊樂，也是講求現實主義的日本人在藝術上的另番表現。

設計師榮久庵憲司著眼於日本人飲食生活中的美學意識，以極其特殊的觀點完成《日本式創意的原點：幕內便當的美學》⑭，他舉出「幕內結構的十個條件」：㈠美的造形，㈡發揮慾望的功能，㈢激發創造的裝置，㈣固定的原型，㈤多樣中的統一，㈥攝取不捨，㈦愉快的發明，㈧臨機應變，㈨有益的文化，㈩親切備至。

孕育幕內結構的是一種造形精神，只要有好的眼力及洞察力，也能超越貧窮。緊接著，他在〈日本產品幕內的解釋〉一文中提出六項特質，包括：㈠和環境對抗的技術，㈡秩序化的技術，㈢提高品質的技術，㈣組織化的技術，㈤詳擬計劃的技術，㈥生活的技術。幕內化的美學意識宛如血液一般，在日本人的體內緩緩流動。

美術學家兼工業設計家杉山明博藉由生活道具考察日本人的精神結構，完成《日本文化的型與形》一書。他認為日本人屬於「地人」，擁有自己的地理特徵，形成特殊的地理文化。這種地理特質孕育出日本人的精神結構，充滿纖細、與自然融合為一以及精緻的情趣，日本人會依四季變化更動所有的生活物

299

栄久庵憲司『日本的発想の原点—幕の内弁当の美学』（ごま書房一九八〇・一）

杉山明博『日本文化の型と形』（三一書房一九八二・八）

品，像器物或掛軸，以維持生活的質感。日本人瞭解四季變化中生命的無常和軌跡，感知自然中大地樹木必將老去的滅絕之美，體會晚秋的物哀之情，這些都是地理對人的影響。日本擁有世界上少有珍貴的良質樹木，日本人酷愛樹木，也能與樹木共同生活。特別是針葉樹的美，讓日本人的感覺更加細緻，衍生出共通感覺無邊無際地滲透、支撐了日本文化。柱子或障子⑮的橫木會隨著時間而腐朽，但障子的紙張可以重新換貼。日本人從「崩壞」、「新鮮」的對比中瞭解「物哀」、「無常」的真理。明亮的障子讓人深切感受四季的流轉變化，可以和自然共存，倍增生活情趣。障子能自由拆卸，和固定的門不同，展現高度圓融。然而，被障子區隔的「場所」成了絕對禁入的空間，產生一種精神上的隔離，也就是「禁區」。飲食生活方面，日本人隨著四季變化料理的顏色，力求色味兼具。折筷是明治初年用吉野杉木材所做的，用完即扔，被當成一種「美的」物件。

中尾佐助從日本人對自然美的生活感覺寫成了《花與木的文化史》。他認為動物對異性有好感是一種本能的美學意識，植物的紅花果實是為了和昆蟲小鳥共生的進化產物。至於人類，則同時包括本能的美學意識以及學習後文化上的美學意識。西方文化的花卉美學建立在本能的美學意識上，日本人則是以文化的美學意識來鑑賞花卉之美。松葉蘭、卷柏、萬年青等古典園藝植物表現出花卉文化的極致。日本的美學意識是多樣性的，充滿異國情趣、矮小趣味、簡

300 中尾佐助『花と木の文化史』（岩波書店一九八六・一一）

素、枯淡等特質，大型豪華的花卉幾乎全被排除在外。

元祿時代開始，花卉園藝文化在庶民階層中普及，也是中產階級意識普遍提升的結果。到了江戶時代，園藝品種改良的手法和稻米品種改良的手法完全一樣，全憑經驗直覺選取變種或優質品種，發揮了日本人天才般的技術。就這樣，日本人在生活中將自然美加工創造，滋潤了生活，也豐富了情感。301

家族觀・結婚觀

二次世界大戰之後，新民法及家族法的修正讓日本家族制度朝更民主的方向邁進。新法削弱了父親在法律上的權威地位，開始承認妻子與子女的權利。但和戰前相比，父親與配偶子女的關係並沒有實質的改變。

神島二郎在《日本人的結婚觀》中提到近代日本單身本位的結婚觀，他說日本近代化之所以能夠快速達成，原因之一是單身主義。但另一方面，家庭本位的結婚觀依然持續。單身主義有三個階段：第一階段是單身者無法脫離大家族並附屬其中，他們在都會娶妻生子，卻完全不負擔家庭責任。第二階段是單身者完全切斷與大家族的關係，受都會單身本位文化的影響沈迷於遊樂，或因官僚、公司、團體式家族主義的鼓吹而熱心投入工作，但不顧妻小家庭，忘卻生活的重點。到了第三階段，單身者無法從父母身旁獨立出來，得仰賴他們的302

神島二郎『日本人の結婚觀』（筑摩書房一九六九・四）

救濟才能生活，此時的單身者對文化生活有強烈的憧憬，物質方面渴望一個富裕的家庭。

從時代上來看，第一階段是明治維新到第一次世界大戰，形式上的小家庭已經產生，念祖的觀念日趨薄弱，開始出現以皇室為日本民族本家的家族國家論。第二階段是歐戰到第二次世界大戰結束，大家庭的解體也波及小家庭。第三階段是戰後，不只有男性，連家庭主婦都渴望單身，是一個享受單身本位文化的時期。單身主義大力鼓吹家庭只是單身者寄居的場所，並非無法切割或分離的單位，因此，如果突發什麼事情，家庭也容易陷入「妻離子散」的狀態。神島認為日本之所以能如此快速從「富國強兵」到達「高度成長」，是因為每個國民被賦予無限希望去自我完成，但又莫名其妙地在事後被棄如敝屣。

教育學家山村賢明從母子關係探索傳統的家族觀念，他在《日本人與母親》一書中以電視劇《母親》為資料來源，分析並整理日本母親的行為與意識中流露出來的特徵。他說傳統上農耕社會的母性原理具有支配力量，到了現代社會還是如此，「母以子為貴」和「辛苦的母親」可以劃上等號。子女也有「死後要回到母親身旁」的觀念，母親已是具有宗教機能的一種存在。對所有人而言，母親是原初的體驗，思考日本人的行為模式時，母親是非常重要的切入點。

心理學家木村駿在《日本人的深層心理：「家」社會的危機》中指出，日

山村賢明『日本人と母』（東洋館出版社一九七一・三）

303 木村駿『日本人の深層心理—「いえ」社会の危機』（創元社一九七七・四）

本人的意識深層潛藏對家族共同體的渴望。所謂「家族烏托邦」，是指特定集團或民族為了實現理想的家族共同體而對空間的一種期待。這種期待潛藏在人的內心深處，當特定社會條件成熟後，它會形變或反覆出現。集團「內」的場域中，成員之間的關係主要是上下序列，依照各人的角色分配，以集團全體利益為目標，保障愛情與利益的獲得。不同於集團的「外」部，集團內部是一個封閉的、自我滿足的生活空間，內部結構比較沒有分化，個人的獨立性雖然重要，但更要求一種沒有間隙、包含私領域在內的連帶感。

文化人類學家中林伸浩的《恩的觀念與親子關係》，探討為何直到戰後日本親子間的情愛關係都還持續不斷的原因。他說「恩」是規範日本親子關係最重要的概念，父母親對子女的施恩行為是建立在自我犧牲的基礎上，不求子女回報。但恩是非償還不可的，報恩完全依子女的自發性而定，親恩是永遠回報不完的。在日本，孝順的範圍很廣，讓父母親高興、別讓他們煩惱、別讓他們勞累、好好照顧自己等都算。此外，恩也發揮了調節機能，化解親子間的世代對立及緊張關係。

文化人類學家原ひろ子以及心理學家我妻洋，針對家庭教育、特別是幼年時代的教養合寫成《教養民俗叢書1》。他們認為日本人有人性本善的觀念，這又表現在「氣」和「蟲」等概念上。譬如，日本人不會直接說「我不喜歡那個人」，而是用「那個人不入我的氣」⑯這種表達方式，日本人也不說「我喜

中林伸浩「恩の観念と親子関係」（増田義郎編『日本人の社会　講座比較文化第六巻』研究社一九七七・九）

原ひろ子・我妻洋『しつけ　ふぉるく叢書1』（弘文堂一九七四・六）

歡這個」，而用「這個很入我的氣」的說法。表達情感和意志的主體並不是「我」，而是我裡面的「氣」。「氣」含有感情和慾望，這些感情和慾望存在於另一個自我中，它和意識到感情慾望的自我截然不同。當日本人說「不喜歡蟲」的時候，並不是我不喜歡蟲，而是我裡面的「蟲」不喜歡。總之，「氣」和「蟲」都存在於個人心裡，但並非由個人來表達好惡，這種間接方式潛藏了日本人罪不在我的逃避想法。關於子女的教養問題也一樣，非常任性或動不動就生氣是小孩裡面的蟲蟲在作祟，信以為真的母親會帶孩子到「滅蟲」神社拜拜，或是拿「殺蟲」紙錢消災。當集團成員做出妨礙集團生活的行動時，日本人並沒有什麼自覺，只把責任推說「都是蟲蟲在搞鬼、氣被著迷了」，一種容易讓人回到集團生活的機制。教養子女的真正意涵之所以薄弱，和這種由性善說衍生的寬大主義脫離不了關係。

精神分析學者佐佐木孝次探討小孩和母親的關係為何比父親緊密，在《母親與日本人》中提到，對小孩而言，母親是一個被容許的存在，也就是說，小孩會去容許符合人類自然傾向存在的母親。母親總有一天會消失，對日本人而言，當母親消失時，很少人會想到父親，無論經過多久，腦海中還是浮現母親的模糊意象。母親是日本人心目中最重要的存在，孩子與母親的連帶感正是日本人彼此之間連帶感的基礎。

文化人類學家飯島茂從比較文化觀點主張日本文化具有南島母性原理，他

305 佐々木孝次『母親と日本人』（文藝春秋一九八五・一）

在《日本文化的原像：島的心態與大陸的論理》中談到，日本社會中南島母性原理為基礎形成的常民哲學（土著思想）阻礙了父系原理的發展，日本在父系與母系的兩相平衡下，形成一個非單系社會。母國、母校、母韻等日語中重要的用語都不用「父」字，而是「母」字。妻型居住婚⑰也非常普遍，家屋中的主要部份稱為母屋，也就是母親的家。由此看來，日本社會的底層是以女性為中心，這和東南亞社會有許多共通處。明治維新後，日本的統治者在富國強兵的名義下，將父性原理的統治觀念導入女性為主的社會，完全抹煞固有的母性原理。日本社會中的南島世界孕育出一顆謙虛、溫和的島國之心，不需要太強烈的自我主張，講求「以和為貴」。這樣的日本文化能在承平時代而非亂世發揮特長，當勞動百姓出現在歷史舞台上，才能期待社會有所發展與安定。江戶末期以及昭和、平成的元祿時期都屬於這個時代。

飯島茂『日本文化の原像—島のこころと大陸的論理』（淡交社一九九一・九）

性意識

無庸置疑，上述探討的家族觀與日本人的性意識也有密切的關連。和家族關係一樣，性文化與性行為在明治之後受到國家及社會很大的壓制，二次大戰之後稍有鬆綁，但直到現在還沒能完全解放。接下來，整理出傳統性文化的相關文獻和有關性意識的論述。

社會心理學家石川弘義與社會人類學家野口武德在《性民俗叢書2》之中，從民俗學和社會心理學考察日本人的性意識。首先，野口在〈傳統社會的「性」〉中論及，江戶時代就有猥語或猥本的猥褻觀，那是城市才有的現象，農漁村從小開始就有各種性教育的情境，人們瞭解到性並不是猥褻，而是「長大成人」的一種象徵。猥褻觀普及全國是明治三十年以後的事，是明治政府統治及實施學校教育的結果。在提升國民道德的名義下，性不再是一般常識而被否定，將猥褻觀與性結合以達到國家統治的目的。科學家使用陰部、陰莖、陰門等性用語，強調性應該是被隱藏的，稱精液為「淫水」，性器為「恥部」，連夫妻間正常的自然生理現象都被視為猥褻行為。有關年輕人的意識調查報告（總理府一九七二～七三）曾指出，日本人的性意識已有大幅變化，但根本的性解放還言之過早。

美學家近松良之從民俗藝能考察日本的性愛主義（eroticism），完成《日本文化的成立：性愛主義與主事者》一書。他說日本式美的價值體驗包含兩個層面：一是性愛上的興奮（ecstasy），二是宗教上與自然合而為一。被古代國家排除在外的諸神，轉由「帳外」[18]的「咒術—氏族社會」去支撐而成為「道之神」，不久之後又化為陰暗巷弄中的「邪祠淫祠」。所謂「道之神」是指日本魔女，和西歐最大的不同是日本魔女不像狩獵民族那樣殘暴，是從農耕民族特有的寬容與曖昧中衍生出隱微模糊的形式。這和國家神道本身的曖昧隱蔽、也

石川弘義・野口武徳『性ふぉるく叢書2』（弘文堂一九七四・六）

近松良之『日本文化のなりたち—エロティシズムとそのにない手』（みき書房一九七四・一二）

就是非真理的特質相通，更進一步說，它和日本歷史發展的隱蔽性有關。

農耕咒術的作用是為了讓人貫徹意志力，在方法上會尊重自然意志，如果放到人際關係中，人們為了完成己願會採取「以對方為主」的手段或態度，就是以對方為主的方法。在「自然＝性」這個大前提下，男女性關係中「以對方為主」才得以成立。日本傳統的性愛主義被說成「好色」，古代國家成立後，性愛行為就由所謂的「帳外之民」去承擔。一般社會由父權制及一夫一妻制支配，「好色」這種事完全被排除在外。

民間民俗學家岩田準一的《本朝男色考》由江戶川亂步編輯而成，集結《犯罪科學》雜誌連載的論文（一九三〇～一九三一）及之後的其他文章。岩田將男色的起源追溯至《日本書紀》，他認為第九卷〈神功皇后紀〉攝政元年出現的阿豆那比之罪是男色正史的開端，之後隨著時代演變直到近世，他也從諸多文獻中整理男色的實例。

岩田準一『本朝男色考』（岩田貞雄一九七三・一〇）

同樣地，戲劇學家堂本正樹收集許多關於男色的資料完成《增補版男色演劇史》。他說日本男色不會被當成罪，因為一般人從少年情愛中可以感受宗教上的興奮。能劇中的美少年被貴人召聘或出賣色相一點也不奇怪。幕府將軍足利義滿也有戀童癖，這是模仿當時寺院的作法，同時代的知識份子如果對美少年沒興趣還會被恥笑。和女性之間當然也有性行為，然而，能蓄養姣童的男人更覺得自己很有面子。山野中的修行者都愛美少年，寺廟的僧侶喜歡稚童也是

堂本正樹『增補版男色演劇史』（出帆社一九七六・二）

當時的常識。中世紀的寺院是一個教育機構，德望之人的小孩或富貴人家的子弟都會被送到寺院學四書五經、習字及培養人格，但另一方面，也養成他們男色的特有氣質。歌舞伎的一大特色是演員不論扮男扮女，都具備出賣色相的開放特質。男同性戀在武士階級最多，後來的商人、農夫、僧侶等也都沈溺其中。就像遊女一樣，具備男色的美少年被當成具有年限且可以奉公的商品。歌舞伎演員的男娼化日趨盛行，名演員賣色也被認為理所當然。明治的許多開國元老都是長州、薩摩等地出身，他們把男色當成成年禮來看待。二次大戰之後，老百姓的所有慾望都被壓抑，占領軍的士兵們卻將男色風俗帶進日本，讓原本就有男色傳統的日本人又重新注意到這層慾望。

木本至的《自慰與日本人》一書從歷史觀點整理國家對性意識、猥褻觀、性表達等各個層面的操控，內容比書名提示的範圍更廣泛。

關於性誤解及禁忌的議題很多，南博特別探討的是近親相姦，他在《家族內性愛》中說，自古以來母子兄妹的相姦多有記錄，特別是母子相姦明確被視為重罪。到了現代，母子間的連帶感與日俱增，日本母親可以為了滿足準備大學聯考兒子的性慾而與之相姦，這和美國多是父女相姦的案例成為對比。依弗洛依德的說法，兒子有所謂的伊底帕斯情結，但如果考慮母親對兒子的性愛需求，那麼，借用羅馬暴君奈羅的母親之名，可稱為「阿格麗媲娜情結」。當日本母親對丈夫有性愛上的不滿，或是希望壓抑來自其他女性、特別是妨礙兒子

木本至『オナニーと日本人』（インタナル一九七六・七）

南博『家族内性愛』（朝日出版社一九八四・七）

讀書的女性之性愛時，都會產生母子相姦。

對於人際關係恐懼症有深入考察的內沼幸雄，也針對日本人的性發表〈性感與羞恥：日本人的性愛〉。他說明治維新之後日本受西方的影響很大，然而，日本人性的基本傾向並沒什麼改變。若把日本當作母性社會，並將口唇間的強力黏著性當成社會特徵，戰後日本的母子關係就更加緊密了。日本母親如果過於接受西方的那套觀點，就會威脅到口唇之間的黏著性，其實，母親在無意識的層面，是遵循口唇之間黏著性法則來依戀自己的子女。口唇之間黏著性的特徵有下列幾項：喜歡黏人、不甘寂寞、討厭黑白判斷、喜歡中間色。日本人特有的智慧之一是對很多事都朝性愛方面聯想，並朝一種陰翳的美學意識發展，用否定壓抑的方式轉換暴力傾向的性慾，因而制止了性爆發出來的反社會能量。這時，日本人醞釀出性的氣氛就是所謂的情色，是其他民族少有的纖細之感。日本人人際關係的特徵是他者形象與自我形象共存，特別是那種自／他沒有分離而被理想化的他者形象和誇大自我形象兩者的共存。

內沼幸雄「色気と羞恥—日本人のエロス」（馬場謙一他編『エロスの深層　日本人の深層分析3』有斐閣一九八五・五）

宗教學者山下明子從女性主義觀點批判日本人的性意識，編纂了《日本的性：女性主義的性批判》一書。

山下明子編『日本的セクシュアリティ—フェミニズムからの性風土批判』（法藏館一九九一・一二）

山下在〈性侵略、性暴力的歷史與結構〉中談到，日本將母性原理放到天皇制的父權國家這個共同體，「母性」特徵與神道混合的日本佛教的教義關係密切。中世紀末之後父權制開始擴大，殘留母系社會意象的「太母」和佛陀＝

「母親」的意象重疊，但她們和現實世界父權制底下的母女卻是表裡分離。日本佛陀的意象是男性在觀念上對母性的崇拜，也是對「あが仏」女人的崇拜，近代之後，佛陀也變成日本人戀愛錯覺的對象。日本特有的近代化政策造成了男性政治、性產業、資本主義之間彼此利害糾結、三位一體的關係。中日戰爭的十五年期間，中產階級女性利用「國家母性」論的觀點，內化了幻想的天皇制意識型態，因為，一九二〇年代的現代主義並沒有建構出男女在性方面的平等關係。山下還說，性暴力所顯現的人權侵害和傳統的精神文化有很深的關連。

佛教學者源淳子在〈日本貧困的性風土〉一文中指出，日本的性文化受佛教思想影響很大，主張禁慾才是開悟的最佳途徑。佛教對性採取否定的態度，貶低女性，認為「女人五障」⑲，女性只有「變成男子」才可成佛，是一種男性中心主義的女性救贖觀。至於神道，它與近代國家的意識型態相結合變成偏狹的思想，然而，神道本身對於性的制約其實滿寬鬆的。儒教只把性限定在生殖上面，自古以來，儒教否定了女性的性，卻對母性極尊重，對「慈母」的生命形式給予高度評價。佛教不承認女性的性可以多樣化，只承認女性有「生育上的性」，這種佛教思想提供了將女性物化的土壤。到了近世，佛教對性的否定思維由儒教加以承續並政治化。近世與現代的性文化，基本上都是以男性為主的價值觀，近代也好，現代也好，男性沒有任何改變。

宗教學者大越愛子在〈女性主義能夠討論愛與性嗎〉提出質疑，她說對日本男人而言，女人的性是一切墮落的開端，佛教教義中的「地獄之用」，形成了「男性是潔淨的神聖空間，女性是卑賤的不淨空間」這種場所二元論。日本獨特的性文化只從肉體層次看待性的結合，沒有提升至人與人之間的交流層次。一談到性，「不是禁慾，就是縱慾」兩者擇一的選取，女性只會淪為性慾的對象或是生殖的奴隸。日本這種貧乏的性文化衍生出來的是，女性對男性的憎恨以及男性對女性的恐懼，只有性自主及平等關係的重建，才能突破貧乏的性文化。

日本人的美學意識

自古以來，一些聞名海內外的日本傳統藝術不僅被當成日本文化的象徵，也影響到西方文化的發展。在此，我整理了日本藝術中文學、繪畫、建築、舞台、音樂等方面論述美學意識的文章。由於資料很多，橫跨的領域也很廣，我只介紹代表性的論著。電影、電視節目、民間藝能等大眾文化觀點的國民性論，在此全部省略。

美學意識

戰前的一九三〇年代開始，美學家中井正一就在追求「日本美學」的理論，他在放送講座《日本之美》一書中談到，可從彌勒佛的流線之美找到被遺忘的肅穆，那是跳脫自我否定、絕處逢生的堅強意志。還有，日本音樂特有的「間」這個概念，在所有日本藝術中都可看到，那是「生生不息的時間」、也

312 中井正一『日本の美』（NHK教養大学、宝文館一九五二・八）

是「藝術的時間」。日本美有兩種：一是極盡奢華炫目的美，一是不怎麼出色卻能打動人心的美，後者的美才是日本之最。

中井最早在〈氣質〉這篇文章中嘗試發掘日本人美感的精神結構。首先，他把「氣質」分成「かた」與「き」。「かた」可寫成象、形、容、態、形、式、跡、賢等漢字，是指載物的外緣。譬如，型與式意味著置換他物所殘留下來的等質之物，鑄型是其中一例。「き」則是非固定的，一種從含蓄出發的流動性，像天地精華的正氣、元氣，能源的電氣、磁氣，心理上的「泰然自若」、「很在意」、「緊張」⑳等都有關連。心代表了中心、湖心、核心等向心的特質，氣則意味從流動出發的核心。因此，「かた」與「き」組合而成氣質，孕育出日本文化特有的結構。儒者氣質與遊人氣質出現在同一時代，卻是兩相對立的概念；町人氣質與職人氣質是歷史與意識型態塑造出來的；女兒氣質與老人氣質是時間上的區分；江戶氣質與上方氣質㉑則是空間上的對立。為了從現象中找到事物的本質，氣質本身自成一種存在的結構。

心理學家千葉胤成在《日本藝術之心》裡以能樂、南畫㉒、俳句、茶道的特質為例，探討日本人的美學意識，譬如：能樂的特徵是中心、律動、象徵、集中緊張、幽玄㉓之美；南畫的特質是省略留白含蓄、得意忘形以及氣韻生動；俳句則是脫俗、象徵、調和、誠實、自然；茶道是閑寂、簡素、知足、和、創意、自然。它們的共通點是高雅、象徵、力動。千葉認為這樣的藝術特

313 「気質」（『美・批評』一九三二・二）、いずれものち『中井正一全集第二巻』（美術出版社一九六五・一）

千葉胤成『日本芸術のこころ』（誠信書房一九六五・九）

質是源於「人人都是詩人」、「日本人親切勤勞」的民族性。

梅原猛從宗教及日本文化談論日本人美學意識，寫成了《美與宗教的發現：創造的日本文化論》。他認為世界上找不到像日本人這樣會自動忘卻自我宗教性的民族，在面對西方文明或日本固有文化這種兩者擇一的狀況時，日本人選擇西方文明及近代科學技術來抵抗西方入侵，並以此壯大自我及保護自我。此時，協助日本人重新認識自我的是國學與水戶學㉔。國學運用消去法思考日本的固有文化，有助於日本人理直氣壯地忽略傳統，卻能自在地學習西方文化。平田篤胤㉕將傳統崇拜自然的神道轉換成對人的崇拜，並達到神的全面人格化。因此，誕生了一種既是國家主權的掌控者，又可向全國百姓發號施令的新時代神明。另一方面，水戶學採用儒教觀點，但藤田東湖㉖卻認為天皇是孔子的後代。日本的神道已經儒教化、武士化及人間化了，明治維新之後更產生新的國家神道。

梅原還分析日本最早的文學理論〈古今集序〉㉗，並探討日本人的美學意識。在漢詩中被歌詠的喜怒哀樂等情緒，只有悲傷的部份被視為日本的美學意識而保留下來。《古今集》中悲嘆生離死別的歌曲很多，但幾乎沒有提到歡喜相會或慶祝誕辰的內容。意識到可能性與現實性的矛盾，而現實性又凌駕於可能性時，《古今集》的詩人會把原因歸咎於命運無常。無可否認地，這是佛教教義影響的結果。日本的美學意識在《古今集》中達到極致，另一巔峰《新古

314 梅原猛『美と宗教の発見—創造的日本文化論』（筑摩書房一九六七・一）

今集》㉘則是由俊成、定家合力完成幽玄的美學意識。神道是日本人的精神基礎，主張清淨是所有價值的核心，清淨具有美的性格，又有善的價值。然而，依國家神道的理念，清淨這個價值雖然已貫通到日本人的思維深處，卻轉而依附在天皇崇拜和軍國主義下，衍生出另一種道德信仰。

美術史家望月信成談到日本文化中極重要的美學意識，那就是禪與茶的「閑寂簡素」，他在《侘的藝術》中說日本人生活在和平的島嶼上，受到風土之美及氣候溫和的影響，總會不斷追求美的事物。美化的習慣已浸染於日常生活中，與其講求生活的合理性，寧願極力保持傳統。華美壯麗與物哀風雅看似兩相對立，卻能在歷史上並存發展。受到佛教東傳的影響，華美即是虛假的這種想法也普及到一般百姓，轉向樸質淡泊的趣味正是佛教的思維。應仁之亂㉙以後，貴族和尋常人家一樣，不得不過耐乏的生活，追求華美的傳統幾成絕響。這時支撐美學意識的是禪宗的思維，產生了「閑寂簡素」的藝術。「閑寂簡素」看似平凡又不顯眼，不注意的話，根本不會意識到它的存在，但如果細心體會，就能發現它無止盡的深邃。

國文學者西田正好在《花鳥風月之心》一書中，整理了自然觀點下日本人美學意識的文學作品。西田認為日本的自然具有淨土般的樂園特質，隱士或流浪者從自然中尋找宗教式的救贖，自然本身就是救世主，這種「自然教」成為日本人信仰的主流。所謂的「自然教」，是指日本人心理底流中自古以來一脈

315 望月信成『わびの芸術』（創元社一九七二・三）

西田正好『花鳥風月のこころ』（新潮社一九七九・七）

相承的自然神道。佛的背後是神，神的背後則有美麗的自然。花草樹木中都可看到神的蹤跡，由此產生敬畏之感。日本人特有的自然美感，是從自然宗教的萬物有靈論孕育出來的。日本的自然就像藝術品一樣，由具備超級造形能力與色彩感覺的「美麗之神」創作出來。春夏秋冬也依成住壞空，不斷輪轉。受到佛教幻滅無常觀的影響，秋天會注意到歌人的存在，《古今集》以後，日本人對於「物換星移、生滅枯榮」的無常觀變得非常敏感。日本人很清楚透過器物表現出來的藝術會徒留空恨，這種無常觀讓日本人更醉心於器物所無法窮盡的心靈藝術。神道所看到的花以及佛教所看到的花是不同的，就像「花鳥風月」與「飛花落葉」這兩句的對比，日本人對自然美感抱持雙重的態度。「風雅」或「風流」等字詞表現出深奧的自然宗教體驗，透過流浪者或隱士的追尋，這些體驗成為日本人的宗教精神史，也是日本文化史最精髓的部份。另一方面，日本有庭院、園藝、盆栽、插花等驚人細膩的「人工自然」傳統，換言之，日本人面對自然時有雙重意識，即「現實的自然」與理念中「理想的自然」，在日本人的心裡，一種傳統的、被理想化的自然早已定型。

　美學家山本正男透過和西方的對比討論日本人的美學意識，他在《感性的論理》一書中談到，日本美學意識的發展包含崇高與美麗這兩種意義。古代歌謠中，「美麗」的詠嘆對象是自然。《萬葉集》裡，「物哀」、「悲傷」、「奇怪」、「趣味」、「歡喜」等生活感覺都升格為美的感覺。「物哀」源於

316

317 山本正男『感性の論理』（理想社一九八一・一）

佛教的無常觀，是對生命最真實的深切詠嘆。平安時代的「美麗」意識揭示了神秘主義的開展，這種意識後來也轉換成密教美術中幽玄神秘之美。無常觀慢慢變成厭世觀，到了鎌倉、室町時代，禪宗帶給日本人美學意識極大的影響，把「無」的世界觀與人生觀衍生出來的美學意識稱為「さび」，意味著荒涼、閑寂與枯淡。芭蕉所代表的「をかし」是一種滑稽與笑料，但也帶有「應該去愛」的意思，以無私的愛包容現實生活及一切矛盾之美的情趣。江戶後期，市民社會的現實生活中出現風流、遊戲、「粋」等美學意識。日本的美學意識透過美與藝術結合的契機而產生，第一個契機是美的自然主義，叫作「風雅」。第二個契機是「遊戲」，風雅是「花月的遊戲」，藝術就是一場沒有終結的遊戲。

山本也談到日本人的藝術觀，日本人尊重藝術活動遠甚於尊重藝術作品本身，所謂藝道是一個沒有終點、以人的塑造與人的自我發現為主之過程。日常生活中會營造出一個美的場域，嘗試「道」的共同體驗。生活藝術的樣式是自然極致的道德表現，藝道則是日本民族美的自然主義之歸結。

美學家森川惠昭在《日本美的性格》一書中，舉出日本之美的諸多實例。他認為對日本藝術影響最大的是佛教，其中最重要的是「觀」。「觀」就是去看眼睛看不到的極樂淨土，也就是去成就不可能成就的事。無法表現出想表現的世界而去積極隱藏，反而達到表現以外的效果，這就是藝術的象徵，例如，

森川恵昭『日本美の性格』（朝倉書店一九八四・九）

繪畫中的留白、詩歌或藝能中的餘情、餘韻等都以「觀」為出發。能面中所謂的「表」是指覆蓋外表日常性的東西，而將內在本質的部份以「表」呈現出來。侘茶人所使用的道具都是表面粗糙黯淡、樸拙又不完美的，因為力求形式上的完美，就會被外在的表象奴役，失去洞察內在本質的可能，這是日本美的性格特色。

美術史家高階秀爾從近代美術與文學切入，在《日本近代的美學意識》一書中探討日本的美學意識。他說很少有民族像日本人能持續和自然維持「幸福而親密的關係」，和室的屋簷底下或房間外側的木板通道都是介於內、外的中間地帶，這些場所在生活中扮演重要的角色。日本人不喜歡和大自然對峙，進入自己的家裡就好像走進大自然一樣，所以，日式建築中遠近法和明暗法不怎麼發達。上代㉚時期，「美麗」一詞是指關愛弱者，後來逐漸演變成一般美的表達。此外，當時美的事物稱為「清」，是一種對無垢的嚮往，一種否定的美學。這種美學意識不僅止於藝術領域，也影響到日常的生活行為。日本人不會把「美的事物」與身強體壯或合理性等觀念連結，美的事物存在於解脫後的世界，多少有點脫離現實的味道。美的理想是一種對活生生的、實在的肉體之不信任，日本人認為美是非現實的，也可以說，日本人在心性上根本就無法忍受被現實世界玷污的醜陋。

319 高階秀爾『日本近代の美意識』（青土社一九八六・九）

美術評論家吉村貞司從繪畫與建築探討日本的美學意識，在《日本美的特質》中他提到，日本繪畫用線條表達形體，沒有線和面的區別。佛像中的細紋是中國傳來的格式，粗線是不矯飾的庶民傳統之表現手法。日本式的線條有粗細、強弱、輕重、淡濃等各種變化。日本造形意識講求留白，譬如，庭院中給人行走的飛石與飛石之間什麼都沒有，就是所謂留白，但是，當人們從一個飛石移往下一個飛石時，會意識到這個留白的空間是連接兩個飛石的存在。現在腳踩的飛石是前點，下一個將移往的飛石是後點，走路的人意識到必須穿越兩個飛石之間的留白才能到達後點。留白的本質是藝術的縮小化，將多餘部份去除，只朝骨幹本質力求精進，俳句的短詩形式可為代表。出雲大社本殿是不對稱的典型，伊勢神宮則是對稱的極致。這種異質性的並存，在之後的不對稱中也常常出現。譬如，窄小的茶室裡，壁龕與爐灶兩者是並存的，因為日本人在過於整齊排列的空間裡常常會感到窒息，因而在意識上不斷追求活力與變化。

吉村貞司『日本美の特質』（鹿島研究所出版会一九六七・一〇）

同樣地，造園學家丹羽鼎三也從庭園解說日本人的美學意識，他在丹羽鼎三紀念出版會編的《日本文化的庭園》一書中定義了「寫意庭園」。寫意庭園

丹羽鼎三記念出版会編『日本文化としての庭園』（誠文堂新光社一九六八・九）

是指：造景者並非以寫實的意匠或手法來打造，觀看者在欣賞庭園的風趣和風韻時，也已超越了具體景觀，而被引領到一個想像的境地。寢殿造㉛這種建物左右對稱，但附加的庭園未必如此。當時建物本身仍採中國式，但庭園已經日本化了，換言之，日本式庭園看不到左右前後對稱的現象，將自然風景縮小再現，並朝非對稱的方向發展。也有所謂的留白庭園，不放置庭木、庭石或其他裝飾，卻在庭園中有許多留白，留白分成兩部份：一是配置各種材料的「實體」部份，一是保持平衡的空白部份，留白不只留下一塊空地而已。日本風土的特色是把心情寄託於雲霧縹緲望不見的彼岸，去體會含蓄餘韻的滋味，生起追求幽玄的念頭。

建築學家井上充夫在《日本建築的空間》中從庭園、建築的美學意識討論空間問題。他認為古代對於建築造形的關心主要集中於外部結構，而非內部空間，特別是原始時代的日本人，對於空間漠不關心，一味追求實體的部份。大陸文化輸入後，日本人對實體的關心是將外部空間建築雕刻化。到了平安時代，這種關心逐漸減弱，日本人開始喜歡夢幻式的繪圖。從平安末期到中世紀，內部空間的擴張、分化、結合等技術日趨發達，比之於外形的造就，更重視內部空間的設計。這種傾向從中世紀便已開始，近代達到巔峰。日本式獨特的內外空間佈局已經完成，在建築的隔間配置、庭園、都市等方面都出現這種特色，井上將這種特色的建築空間稱為「行動的空間」。

320

井上充夫『日本建築の空間』（鹿島研究所出版会一九六九・六）

321

日本建築空間的特色是「不規則性」與「自由性」，走在建築空間的內部，只要轉彎或側身都會發現新的光景，空間的每個部份好像繪卷物㉜一般，可以不斷欣賞和觀照。迴廊式庭園始於日本南北朝時代，直到江戶時期都很流行。庭園的正中央有一座大池子，周圍設有亭台、茶室、佛堂，欣賞者可繞著池邊散步，這是典型的外部行動空間。中世紀之後，日本人對於「空」的關注越來越高，空並非絕對的虛無，而是一種富於變化的運動空間，這種現象的背後是無常觀的精神思維。日本人體悟到所謂的現在，不過是永恆空無之間存在的剎那，棲身的住家也只是人生「暫時的宿店」，井上認為日本獨特的無常觀與多變化的行動空間其實是如出一轍的。

建築評論家川添登也從日本建築與庭園去考察國民文化的特質，他在《建築與傳統》一書中提到伊勢神宮每隔二十一年就重修社殿，說明建築本身無法永久保存。有形的東西終將毀滅，換句話說，自古以來日本人就有生者必滅的想法。日本人努力保存的並非形體本身，而是樣式。代代相傳的樣式被賦予生命時，就有了所謂的形體，日本人製作出許多能夠承載形體的樣式。水田就是日本人培養高度「秩序感」的展現，稻田的格式、地形的巧妙運用、清水的引進、水平性等都是日本人美學意識的源泉。日本人透過農業勞動認識形式與秩序的意義，又把對結構原理的認識發揮到神殿、宮殿等巨大建築上，然後，這些建築又反過來以具體直接的方式孕育人們的秩序感。

川添登『建築と伝統』（彰国社一九七一・九）

322

和外國人相比，日本人顯得輕佻浮薄，但日本人的感受性卻極敏銳。現在「土裡土氣的東西」和大眾社會的需求並不衝突，大眾文化、近代文化、傳統文化的混合並不是指同時並列，而是接近相互融合。日本人依外來文化的移入建立自己的文化，因此，多少有些大眾社會外向的特質，一般大眾的東西也很容易融入傳統文化中。

建築史學家太田博太郎從建築史學的觀點追溯日本建築的歷史特色，他在《日本建築的特質》一書中提到，日本人在大自然的懷抱中過著平靜的生活，當然是喜好自然、也讚美自然的。從小規模又富於變化的自然中，日本人培養出對自然的敏銳觀察與感覺，日本人喜好柔和洗練而非雄壯威武。免受大陸政治文化支配的日本人，並沒有陷入偏狹的民族狂熱，反而能和平自由地吸收外來文化。日本總是遠遠落後於先進國家之外，因此容易受新式文化影響，也很願意真心接受。日本建築的樣式都很單一，因為日本有統一的中央政府，而且，日本是單一民族，保有精神上的統一，加上日本人對權威的服從極強，日本的民族性又很保守。日本建築並非採取和自然對抗的態勢，而是保有與自然融合的謙遜。從日本建築多水平、非垂直的表現形式中可以看出，日本人對自然所持的謙虛態度。日本建築講求非對稱，最具代表性的就是茶室。一間小小的茶室竟有八個窗戶，它們的形狀、大小、結構都不相同，沒有重複的造形。日本建築獨具匠心之處在於它簡素清純的表現手法，帶來一種不誇張、不裝飾

太田博太郎『日本建築の特質』（岩波書店一九八三・七）

323

的美感。

文學

從文學作品探討日本人美學意識的著作很多，我只舉出代表性的兩三本。

國文學者本田義憲追溯古典文學中無常觀的歷史，在《日本人的無常觀》中談到，日本的無常觀從中國佛教傳來，主張有為轉變，人們只是棲息在美麗季節中的暫時家屋，這種觀念容易被日本人接受，日本人對於物換星移有著強烈感受。日本人喜歡短歌、俳句等形式的小詩，也是無常觀的反映。這種無常觀孕育出日本人獨特優質的美感，徹底看清自然與人的關係。

本田義憲『日本人の無常観』（日本放送出版協会一九六八・一）

評論家唐木順三認為最能表現日本人敏銳感受的是日本人的季節感，他在《日本人的心靈史》中具體分析《萬葉集》、《古今集》、芭蕉、西鶴等古典文學、近代文學與思想。

唐木順三『日本人の心の歴史』（筑摩書房一九七〇・二～八）

324

國文學者中西進也從古典文學考察日本人的美學意識，他在《古典與日本人》中指出，目前流行的日本人論似乎都把明治之前當作原初的日本。每個人心中都有所謂的原鄉，現今多數日本人抱持的原鄉是農村的景致。日本人的思考方式是將大小歸於一組，每件事都有自我完結的美學，落單會給人不完美的遺憾。另一方面，日本人運用直線式的思考，以「的」來連結不同的脈絡，以

中西進『古典と日本人』（彌生書房一九八一・三）

「的」來連繫直線型結構。「人」這個字可以用來指涉他人，也可用來指涉一般人。日本人有類推式的思考模式，對事物很少有個別的認識。日本文學傳統中有和歌、俳句兩種類型，分別對應了彌生式的自然與繩文式的自然。平原祥和的自然是彌生文化，荒山的自然則是繩文文化。位居日本主流的是彌生式的脈絡，是一種協調性的、個人思維創造出來的自然，但其基底是以「物」為中心的自然。

另外，作家伊藤整在《近代日本人創意的諸種形式》中，則以生動的觀點整理了近代日本思想家、文學家的創意思維。

音樂

談到音樂和國民性的關係時，必須提到日本極其特殊的音樂狀況。除了傳統的雅樂㉝、催馬樂㉞、聲明㉟、能、邦樂之外，明治維新後，完全不同體系與藝術觀點的西洋音樂也引進日本，可說是日本文化多層性的典型表現。

音樂學者吉川英史在《日本音樂的性格》中談到，只用五線譜記錄日本音樂的旋律，或是只研究日本音樂的形式音階，根本不足以瞭解日本音樂的精神及美感。欣賞日本音樂時，一定得捨棄「西洋音樂就是世界音樂」這種先入為主的觀念。日本音樂史有西洋音樂史及日本其他藝術史所沒有的特點，它是一

伊藤整「近代日本人の発想の諸形式」（『思想』一九五三・九、のち『小説の認識』河出書房一九五五・三）

325

吉川英史『日本音楽の性格』（音楽之友社一九七九・一〇）

種並列發展的現象，雖是先後出現，但後者並沒有否定先行藝術，包括奈良時代的伎樂㊱、平安時代的雅樂、鎌倉室町時代的能樂、德川時代的淨瑠璃或三曲㊲等。而且，同類型的音樂隨著時代有所變化，衍生出許多不同的流派。除了各種民族樣式外，還交錯著極其複雜的時代風格及流派。樂譜和樂器完全不同，美的格調也非常多樣，清雅的雅樂、幽玄的能樂、豪壯的義大夫、優雅的三曲、壯快的長唄㊳、精粹的清元㊴、閑寂的歌澤㊵等都有其獨特性。可以說並沒有所謂的日本音樂，而是雅樂、聲明、能樂、新內㊶、都都逸㊷等共存的現象。

音樂研究家藤田龍生在《韻律：日本人的音感與韻律》一書中探討日本人特有的韻律感，他說日語的音調（accent）是高低音調，也就是旋律音調。所謂日語的節奏是從語言中把節奏要素去除，成為「變化很少」、「極其單調」的另類節奏㊸。每個拍子有相同的比重及獨立性，加以組合後成為特定的節奏。日語有兩拍子㊹的特質，與其說是拍子，倒不如看成每個拍子構成一個音節，不同音節串聯後產生所謂拍子的特質。語言的傳達有兩種方式，喉音聽來非常宏亮，鼻音聽來比較柔和，過去這兩種區別很清楚，現在變得模糊多了。日本人對雜音也很敏感，譬如，蟲鳴鳥叫聲、風聲、滾水的出聲、淺川中的流水聲、摩擦衣服的窸窣聲等，日本人都能從中體會一定的美感。在聽覺上，日本式的溝通是透過雜音、也就是自然音的對話達到人與自然的交流。

藤田竜生『リズム—日本人の音感覚とリズム』（風濤社一九七六・一〇）

作曲家小倉朗討論日本人的音感、身體運動、口語會話等，完成《日本的耳朵》一書。他認為歐洲音樂是從理論體系上追求一種調和的力量，然而，日本音樂只能從體驗中感受、傳承什麼是調和。為了達到每個旋律所要求的密度與精緻，高品質的日本音樂極力排除擾亂寂靜的所有雜音。每個音符都在極度狀況下創作出來，構成一個點線交織嚴謹的音樂世界。日本音樂講求獨特的「間」，它是緩和緊張而出現的一種無聲狀態。日本音樂在本質上屬於兩拍子系列的節奏，例如，耕田時前進後退的腳步、上下前後手的擺動等創造出偶數系的節奏。日本古來的音樂屬於獨唱（solo），配合語物㊺歌唱時也採合聲齊唱。日本式的聽覺有兩種形式：一是壓抑起伏、始終如一、配合朗讀時的耳朵；一是把語言視為情緒的對象，將聲音視為主情旋律的耳朵。天皇為中心的貴族階層原本不存在有旋律的歌曲，除了雅樂、祝詞、和歌外，庶民方面擁有旋律的童謠、民謠等各種歌曲，以及樂器創作出來的音樂。換言之，抑揚頓挫依階級可分成兩種：一是特權支配階級的強弱音調；一是庶民階級的高低音調。始終如一的強弱音調在心理上有其作用力，表現出超越自然、人類以及靈媒的效果，在過去的日本音樂中扮演重要的角色。

音樂學家小島美子將日本音樂的源流追溯至中國，試圖重新評價日本的民族音樂，她在《日本音樂的古層》中談到日本音樂大部份是聲音發出來的，純以樂器演奏的只有雅樂的管弦、寺院中的尺八㊻、民俗藝能中的囃子㊼而已。

小倉朗『日本の耳』（岩波書店一九七七・五）

小島美子『日本音楽の古層』（春秋社一九八二・一〇）

聲音發出來的音樂也只有童謠、民謠、雅樂中的歌物、地歌、端歌、小唄、俗曲，其餘都是語物。它們大部份會配合身體的動作，起初只有音樂，後來加上舞蹈，戲劇化的傾向很強。音樂的「古層」是指去除所有外國音樂藝能的影響後呈現出來的部份，日本音樂的古層至少有下列五種：㈠薩滿教的音樂，神官在迎神時所發出的警蹕㊽。㈡語物，古代語部㊾的口述。㈢歌垣㊿之歌，歌唱系譜的原點。㈣舞蹈音樂，最原始的是手打拍子引歌清唱。㈤工作的歌曲及季節的歌曲。

小島還整理出日本音樂的三項特質：㈠音階，古層音樂中至少包括律音階、變種、民謠音階三種。㈡和聲，梵唱中有和聲的音感。㈢發聲法，為求效果使用假聲，在傳媒不甚發達的時代被用來呼喚遠方的人。

不少著作以現代日本音樂中最具大眾特質的歌謠為例，來考察日本人的心情。詩人富岡多惠子在《歌·語言·日本人：歌謠，啊，歌謠》一書中提到，歌謠中裝飾音的旋律彷彿敬語中複雜曖昧的表達。令人驚訝的是，二十年來日語會話中已經不太用到的「我」和「你」卻在歌詞中出現，這是歌曲引導出的改革。另外，民族音樂學家小泉文夫在《歌謠的結構》中談到，日本人用歌曲表達日本式的情感，演歌有五音音階極其單純，卻使用抖音或裝飾音以不同發聲法表現出來。演歌的音階旋律單純易學，似乎可以輕易模仿，但若想認真學唱可就難了。日本音樂的旋律結構簡易單純，不少名人認為它趣味情深，是日

328 富岡多恵子『歌・言葉・日本人—歌謡曲、ああ歌謡曲』（草思社一九七二・三）

小泉文夫『歌謡曲の構造』（冬樹社一九八四・五）

本音樂的特色。

另外，音樂家みつとみ俊郎在《旋律的日本人論：從演歌到古典》裡探討演歌如何表達日本人的心情。他認為演歌其實很接近西方音樂，但又和日本傳統音樂巧妙連結，成為近年來的創作產物，「分手」常是主題，所以演歌總令人感覺沈悶。

舞台藝術

演劇學者河竹登志夫從日本代表性的舞台藝術分析日本人的美學意識，他在《舞台深處的日本：日本人的美學意識》裡談到，日本的傳統演劇就像掉落成堆的混雜之物，日本人選取外來文化創造新的內涵時，已潛藏「日本的」特質。譬如，能劇或歌舞伎的舞台上，橋掛51或花道52都在左手邊，已不是左右對稱了。歌舞伎中的花道不僅做為出場退場的表演空間，也有神靈的作用，提供一個從原始進化到人類的階段性場域。

日本人不會只滿足於看戲或有條理地分析劇情而已，傳統演劇的世界至少包括眼耳官能上的滿足，以及隨著劇情開展和結束享受「情感」與「餘情」。哀怨愁嘆的情感加上大部份的主情性內涵，都是日本演劇的特色。中世紀的人們將能劇的無常觀置於幽玄樣式中細心體會，藉由這種方法，淨化並釋放平日

みつとみ俊郎『メロディ日本人論—演歌からクラシックまで』（新潮社一九八七・九）

河竹登志夫『舞台の奥の日本—日本人の美意識』（TBSブリタニカ一九八二・四）

329

生活的無常感。近世的德川時代，人們為了封建社會的哀怨戲劇而感傷落淚，也藉此掃除人際關係中的日常陰霾，求取情緒上的安定。描寫或詠嘆骨肉離散的陰濕戲碼在江戶時代已經確立，從能劇到歌舞伎，所有的醜惡都幻化成美麗，唯美主義成為日本演劇的最大特色。

不同於能劇或歌舞伎等傳統藝能，民俗藝能學者三隅治雄以流傳各地的民俗藝能為例，在《民俗藝能之藝》中探討美學意識。他認為日本文化風格的起點可追溯至平安貴族「風流」文化的興盛時期，日本式的行動類型、思考傾向以及各種文化現象都是從平安王朝開始的，那些人置身於狹隘的山城空間，以一種安靜的生命態度內省感性地觀照事物，渡過嘆息而優雅的宮廷生活。享受榮華富貴的貴族開始妄想無常的明天，於是產生所謂的無常觀。各地傳播藝術的隱士們也認為人生無常，風花雪月都只是過眼雲煙，因此，傳到開朗樂天的庶民口中後，所有歌曲彷彿都成了寂寥落寞，庶民只唱些離別失意的歌曲，舞蹈看似活潑跳躍，骨子裡也充滿陣陣哀愁。

國家興盛時，各地方的鄉土藝能或鄰近各國的歌舞都會集中在中央地區，這就是宮廷的「都城」文化㊸，做為「都城↑優雅」的象徵而集大成。現在各地方的民俗藝能也深受「優雅」文化的影響，但卻不怎麼顯眼，因為地方人士的表演非常生澀，演技又很木訥，原本的「優雅」變成了「粗鄙」。如果日本民族的原鄉在亞洲的東北部或南部，那麼，這些地區的藝能和日本南北藝能可

330 三隅治雄『民俗芸能の芸』（東京書籍一九八七・五）

以相通也就不足為奇了，這種相似性就是「優雅」文化普及之前日本藝能的原始風貌吧。

日本的語言表達

許多人都認為日本人的語言表達非常曖昧，因此，二次大戰結束後，有人建議把美式的自我主張與表達的合理性放到日本的家庭或職場中。儘管如此，日本人仍然很重視人際關係中對方的感覺。

331

板坂元在《日本人的論理構造》一書中以日語的獨特性說明了這些狀況，例如：「なまじい」是指不要太過完美主義，寧可選擇不完美的狀態；「いっそ（のこと）」是說當思考陷入兩難時，因厭惡那股不安與焦躁而中斷思考，直接去做衝動、直覺、跳躍式的結論。日本人在人際關係的表現上會運用強烈的膚覺，像「令人感到溫暖的人、冷漠的人」、「重溫舊情」等說法。所謂「人情」是以膚覺為基礎，依人與人之間的遠近距離調節對他人的情感溫度。義理和人情是互補的關係，明明彼此沒有人情，卻又做出一副有的樣子，或是腦袋裡有強迫意識不得不做給人看。這種義理人情的根本結構在於依依愛戀的情感作祟。

板坂元『日本人の論理構造』（講談社一九七一．八）

日語總是模稜兩可，不會明確表達肯定或否定的意志，語言學家鈴木孝夫在《語言與文化》一書中以職場和家庭的對話來做說明。日本的夫婦很難說是夫妻，以父母身份行動者居多。夫妻之間從不明白表達愛意，一般的夫妻關係是私領域的，公開場合中夫妻盡量各自行動。日本人和不認識的人無法很輕鬆地對話，因為不瞭解對方，無法找到彼此安定的關係。日本人擅長以對方的反應及意見為主，再去調和自己的想法，採取等待對方的模式。當對方無法以語言明確表達看法時，能馬上察覺出來，自己也跟著見機行事。日本文化是察言觀色的文化，也是善體人意的文化，每個人都依賴著他人，也期待對方符合自己的預設。對外交涉中，日本人無法掌握整體大局前，也無法確定自己的位置，在外交、政治、經濟等許多層面上經常落後一步。

國語文學者金田一春彥的《日本人的言語表現》，便舉出日本人語言生活的特色。首先，他提到日本人認為不去說、不去寫是一種美德，碰到非說不可或非寫不可的時候，日本人也盡量簡短。日本人唯獨在打招呼時會使用冗長的語句。日本人有壓抑自我的傾向，喜歡以對方的意見或說話的內容為主。其次，日本人避免表達強烈的價值判斷，比較傾向間接的表達，這也使得日本人習慣含糊的文章或談話。只要懂得察言觀色，彼此之間沒有必要說清楚講明白，也能充份瞭解對方的意思。金田一認為從今爾後日本人也該養成習慣，明確地自我主張。

鈴木孝夫『ことばと文化』（岩波書店一九七三・五）

332

金田一春彦『日本人の言語表現』（講談社一九七五・一〇）

語言學家成瀨武史也指出，日語是以他人的依依愛戀為目的，而非以自我表達為目的。他在《語言的磁場：探索日語中「依依愛戀」的結構》中談到，日本人有強烈依賴場面的語言意識，日本人不斷意識對方與自己在年齡身份上的差異，調整彼此間的關係。與其看重話題的內涵或論點的明確性，日本人更在意對方的感受。如能事先打開彼此的心房，就像自家人一樣，不用明講也能心知肚明。日本人不喜歡多言，正是對語言不信任的一種反照。在日本，聒噪被視為沒品，喋喋不休地訴說彼此已經心照不宣的事也被認為粗俗，察言觀色、見機行事的習慣孕育出日本人依依愛戀的性格。日語背後呈現出的是清濁不分、模稜兩可、隨機應變、融通無礙的柔性價值觀，基本上，它排除了對決式的溝通，透過人性以心傳心的溫暖表達成為可能。日語是非完結的不會把話說死，迴避了劍拔弩張的對決態勢，也是一種處世之道，避開了習以為常的僵化思維。

語言社會心理學家芳賀綏的《日本人的表現心理》，從日本文化和社會心理探討日語溝通特質。日本人有穩重、細膩、脆弱、陰柔、內向、小格局等特質，基本上日本的國民性很難有所改變。芳賀將日本人特質的常用語以旁線——表示，正面的語感以雙線═══表示，負面的語感以波線～～～表示。㈠與自然的調和，倘佯在自然懷抱中。㈡淡泊、漂泊、無常，日本人喜歡適可而止、潔淨、斷念等用語，勝負は水物、水を差す等以水做譬喻是日語的特徵，這和

333 成瀨武史『ことばの磁界—日本語に探る「甘え」の構造』（文化評論出版一九七九・七）

芳賀綏『日本人の表現心理』（中央公論社一九七九・一一）

日本人喜歡乾淨不無關連。㈢直覺非分析的掌握，直覺和秘訣等用語最具代表性。日本人不愛分析，抽象思考也不發達。整體性的思考很弱，喜歡隨機應變。日語中擬聲語及擬態語很多，這和日本人喜歡直覺、非分析的思維特質有關。㈣喜好陰影，熱中言外之意，日本人有所謂深邃（無聲勝有聲）的美學意識和道德標準。日本人推崇細膩的價值，貶抑乏善可陳或粗略，對於事物的實情卻不求甚解。㈤心情主義，日本人感性重於理性，言行舉止缺乏一貫性。重視動機，對事情結果不太負責。㈥以他人為主，日本人判斷或行動規範完全以他人為重，這種自我壓抑的性格和自我主張薄弱，以及內在標準不確立是一體兩面的，可從氣配、心遣、心配等用語中看出。在日本，自我抑制是一種美德，不希望別人捲入自己心煩的事，所以日本人多採取笑在臉上、哭在心裡的行為模式，看似體諒安慰他人，其實也是明哲保身。日本人透過談話協商尋求整體的一致性，在意周遭的評價，並產生了許多追隨者。世代交替也影響到國民性的變化，但整體而言，權力支配比想像中來得堅固而連續。芳賀認為國語扮演了重要的角色，它是維繫日本人精神世界的黏著劑。

社會語言學家豐田國夫在《日本人的言靈思想》㊿一書中，追溯從古至今言靈思想的系譜。他說言靈思想的現代版就是長久以來對語言的過度信賴與過度依存，反而造成對語言的不信任。因為，現代人被「汎語言主義」（語言至上，以語言理解周遭事物，不能用語言呈現出來的就無法成為事實，也不足採信）所捆

334 豐田国夫『日本人の言霊思想』（講談社一九八〇・五）

綁。所謂「汎語言主義」是古來言靈思想的「特殊產物」，它未必能反應事實，是個空洞的道具，只會助長純粹符號的語言觀念。民主主義的組織大多採取合議制，但在語言交鋒時，多少有玩弄語言的魔術氣氛。誇張的譬喻、模糊焦點、造作語言、訴諸情緒、只說合乎己利的話等都是惡魔的行為，寄身在語言的不完全性之中。

以上的論述主要從發言者雙方的表達方式切入，語言學家池上嘉彥則從日語動詞探索人際關係的特殊性，他在《「做」與「成」的語言學》[55]中提到，日語「事」的用法為多，英語則是「物」的用法為主[56]。「物」是以個體為中心衍生出來的觀點，「事」則是考量全體狀況後產生的看法。以動詞來說，英語中經常使用「做」，日語則多用「成」。英語以行為者為主，日語以事情整體的把握為要。這些傾向也出現在語言以外的文化領域，譬如，個人主義對全體主義、分析的思考對非分析的把握、人類為主的哲學對自然為主的哲學、積極的行動模式對消極的行動模式等關係中。

作家井上ひさし從歷史觀點追溯日本人喜歡的七五調這種表達方式，他在《私人版日本語文法》一書中提到，沒有文字的時代，語部在說唱時為了記誦必須仰賴枕詞。聽眾沒有辦法完全瞭解說唱的新內容，必須跟著既定文句的枕詞才有心理準備聆聽下一段故事。枕詞幾乎都是五音，也經常附加二音的單語，所以在發話時就成了七音。二音的單語以助詞群（一音為多）連接，由

335 池上嘉彥『「する」と「なる」の言語学』（大修館書店一九八一・七）

336 井上ひさし『私家版日本語文法』（新潮社一九八一・三）

「2・1・2」或「2・2・1」構成五音，七音也是同樣的結構。日語是二音為單位的音塊，所以很有節奏感。幾個二音的音塊加上助詞，也就是「2n＋1」的結構，n是二就等於五音，n是三就等於七音。這是五七調或七五調的原型，只要日語維持等時拍的節奏，這種不受好評的韻律就無法消失，七五調可說是日語的宿命。

荒木博之注意到日語傳統表現中的敬語，主張恢復使用敬語，他在《敬語日本人論——「禮」的語言—從敬語探索日本集團的變動》一書中主張，敬語的本質是自我否定與自我不存在，以對方為優先考量、自我謙讓的一種表現。從日本人身上剝奪敬語等於蹂躪日本人的心靈，撕裂其價值意識。

荒木博之『敬語日本人論——「礼」の言葉—敬語から日本的集団のダイナミズムを探る』（ＰＨＰ研究所一九八三・八）

日本人的宗教意識

日本是一個宗教多元化的國家，國民有許多不同的信仰與信念，宗教意識雜然並存，無法以單一定義來規範。最能反映這種現象的並非宗教教義本身，而是《古事記》與《日本書紀》中出現的日本神話。因此，我在這章中先整理《古事記》與《日本書紀》中的神道，以及從民俗信仰探索日本人宗教意識的論著。接著，介紹各種宗教中信徒最多的佛教，以及討論佛教對日本人心理造成影響的著作。最後，我們談談明治維新以來對日本人思想文化有重大影響的基督宗教，以及探討基督宗教和日本人關係的論著。

神道・民俗信仰

歷史學家高取正男和哲學家橋本峰雄從民俗觀點探索從古至今日本人的宗教意識，他們在《宗教以前》一書中談到，在日本，「忌諱」的意識有兩個層

337

高取正男・橋本峰雄『宗教以前』（日本放送出版協会一九六八・七）

面，且有著表裡如一的關係：一是去除污穢（俗）、接近潔淨（聖），另一是避開污穢、維持自我的神聖性。忌諱的歷史發展從古代到中世、近世，後來的會扭曲、隱蔽先前的。原始神道中，「齋戒」是一項戒慎的宗教倫理，然而，祭政合一的意識型態下，貴族階級的支配者把「齋戒」的意義轉換成禁制的「忌諱」，因此，庶民習慣的「齋戒」也逐漸被混淆了。換言之，日本式的「齋戒」包括兩種真實的面貌，一是被簡化的「齋戒」儀禮，一是毫無理由被因襲化的「齋戒」習慣。這種從「齋戒」孕育出的內涵正是支撐明治近代化的宗教性格，也就是封建制度下庶民所具備的禁慾精神和努力態度。

心理性、社會性、歷史性是神人交會或啟示的真理標準，三者之間必須相輔相成。日本佛教欠缺社會性，並將這種欠缺轉託給神道。新興宗教的龐大組織都具備這三項內涵，並成功地加以運用。日本宗教的特色是藉由生者在世上的援助，讓死者的靈魂在彼岸得到淨化。神道認為定期祭拜死者會讓死者成為祖靈。佛教強調行善及迴向，死者的靈魂可透過佛陀或子孫的他力淨化成佛。日本的集團生活可分成兩部份：一是祭祀生活（聖的生活），二是工作生活（俗的生活）；這樣的區分使得人們可以適時恢復體力。這種陰晴交替的生活型態很難有所變化。傳統的「家」已逐漸解體，核心家庭成為趨勢，但日本人的祖先崇拜仍是宗教意識的核心，這種機能將會持續下去。

民俗學家櫻井德太郎從民俗學考察日本人如何深植自我、家族、共同體等血緣系譜於觀念中，他在〈日本人的祖先觀〉裡談到，日本人有很強的祖先崇拜觀念，遇到盆、彼岸、忌日時都會誠懇地供養死者，這也是日本民族性的一大特徵。然而，近代化及都市化之後，祖先崇拜的習俗大為改觀。櫻井整理出日本人的祖先觀念有以下三點：㈠直接經驗而具象的祖先：家長死後結束葬儀，並將死者放入先祖之墓。一家之長責任重大又深受敬重，死後由在世者對其供養並行祭祀。這種對先祖日常性的接觸經驗，成為民間祖先觀念的構成要素。㈡間接經驗觀念的祖先：從父親開始往上追溯，一直到祖父曾祖父都還是直接經驗的範疇，但對於更早之前的祖先，只能藉由家譜、古文書、肖像、紀念品等間接經驗去體會。人在死後多年亡靈已逐漸純化，終轉換為神明被編入祖神的系列中。㈢普遍抽象的祖先：可以再分成兩種，一種是從具體血緣系譜中分離出來的，屬於神話傳說的祖先，另一種是被時代支配而顯示出來的歷史祖先，典型的例子是二次大戰前後強調天照大神是國家祖神的說法。

339 桜井徳太郎「日本人の祖先観」（『祭りと信仰―民俗学への招待』新人物往来社一九七〇・八）

哲學家、日本思想史學家湯淺泰雄在《日本人的宗教意識：習俗與信仰的底流》一書中談到，日本人宗教觀的特徵是對神明抱持親切感（intimacy）。日本人在判斷一個宗教的教義、信條、思想時，並非根據它們的邏輯性，而是每個人依據己身的信奉、實踐、行動來做判斷。民間宗教不是以理念或教義招攬信眾，更多時候是借助教祖或領袖的個人魅力。日本人罪的觀念中有一項極具特色，那就是自己的罪不會只由自己承受，而是從父母或他人的關係中去面對

湯浅泰雄『日本人の宗教意識―習俗と信仰の底を流れるもの』（名著刊行会一九八一・六）

自我或加深罪的意識，但仍無法窮盡罪惡之感。因此，日本人必須與周遭的人共同努力才得以贖罪。

宗教思想史學家山折哲雄曾把日本人獨特的自我意識稱為「遊魂感覺」，將其原型追溯至古代，他在《日本人的心情：探索根源》裡主張：自古以來日本人已逐漸喪失活潑的生命意識，卻對於瞬間激盪出的生命風華體會深廣。日本人身心運作的機制中有兩層意識重疊：一是壓抑自我的意識，一是遨翔於外在世界的意識；可稱作「靈魂的遊離感覺」，靈魂遊離的彼岸有著實存的自然。明治維新是一場沒有流血的革命，日本人的自我意識沒有發達。日本人的自我意識薄弱是任何時代都看得到的民族性，是日本人從《古事記》、《日本書紀》、《萬葉集》以來一脈相承、根深柢固的「遊魂感覺」。和古人一樣，現代人看到覆蓋滿天的櫻花會生起浮遊之感，靈魂從肉身分離飛向宇宙時，那種身心撕裂的感覺占據了日本文化的底蘊。

「遊魂感覺」和異質思想相融形成了基層信仰的一部份，但它同時也受到這些思想觀念的刺激而更加活化。神道、密教、陰陽道、國學都發揮了「遊魂感覺」的積極效果，相反地，鎌倉佛教、近世儒學、基督宗教則有抑制的作用，許多日本人論也都承認這兩種體系的存在。前者是從古代出發，以超越歷史的方法考察日本的民族性，後者是透過同時代西歐思想文化的比較，分析前近代到近代的歷史過程；前者是反歷史主義，後者是歷史主義。反歷史主義和

340 山折哲雄『日本人の心情―その根底を探る』（日本放送出版協会一九八二・一〇）

民族性的觀點結合，歷史主義則和近代化理論並行。山折認為透過這種對人類觀念演變的探索，日本人論又有了一次重新甦醒的契機。

文化人類學家波平惠美子考察日本民間信仰中不淨的觀念，她在《污穢》中提到，污穢是因死亡與出生而引發的一種特殊狀況，包括污穢的人與物。污穢會和人的不幸相結合，祈禱師、巫者、占卜師等人則指出污穢的起源。民間信仰經常舉行去除污穢的儀式，顯示日本民間信仰是以污穢觀念為主而形成。現在的都會人在死後也舉行通宵守靈、殯葬儀式、齋戒沐浴等來去除污穢。神社中的儀禮從消災淨身開始，打造一個清淨神聖的境地，再從這裡去招迎神明。日本有些地區還出現「紅不淨（生產、月經的污穢）比黑不淨（死亡）更恐怖」的信仰。污穢的意涵極其複雜，深深地鑲嵌在日本人的信仰中，從心理和情感上召喚人們，與價值及社會關係緊密相連存續至今。

經濟學家兼榮格研究者林道義從榮格心理學及日本神話探索日本人的精神生活，他在《尊與巫女的神話學：探索日本人之心的原型》一書中寫道，「從日本神話來談日本人論」的著述很多，這些作品大多犯了方法論上初步的謬誤。譬如，有人把日本神話的心理分析和現代人的心理分析擺在同一層次，又如有人把日本稱為「母性社會」，但從現代的社會現象觀之，日本不是母性過多的社會，而是母性喪失的社會，以企業中的人際關係來看，日本企業根本是一個男性高度競爭的場域。

341 波平恵美子『ケガレ』（東京堂出版一九八五・九）

林道義『尊と巫女の神話学—日本人の心の原型をさぐる』（名著刊行会一九九〇・二）

林認為從日本精神史的角度來看，「男性特質」應該和「母性特質」同等重要。「強勢」與「高大」是男性特質中很重要的概念：「強勢」包括「身體的強勢」和「精神的強勢」，精神的強勢是指客觀的判斷力、自制力、組織事物的能力：「精神的高大」則意味著超越人界、精神的、屬靈的世界，以此為基準思考人類存在樣式的一種特質。神被設定在遙遠的地方，祂以追求正義、公正、誠實、德、愛等至高理念的形象出現。不同於農耕文化的母權觀念，「父親」支配的是合理、抽象、普遍客觀的父權思想。日本神話在編纂時正積極學習中國的父權制，急速邁向父權社會，但日本一般百姓仍以母權觀念在生活，《古事記》和《日本書紀》中也反映出母權觀念，日本神話可說是一個母權與父權觀念角逐的場域。

宗教學家柳川啟一從寬廣的視野解說現代日本人宗教意識的特徵，他在演講記錄集《現代日本人的宗教》中提到，抱持堅定信念在生活的日本人並不多，宗教也一樣，即便宗教本身沒什麼特別的信仰理念，也能自成一格。近代社會中，「沒有宗教的信仰」以及「沒有信仰的宗教」兩種現象並存：新年不到寺廟神社參拜就不算過年，祭典不帶信仰的意涵，卻是人人都可參與的宗教活動，透過祭典也可感受日常生活中不易產生的人際互動。

日本人的宗教原型是薩滿教與祖先崇拜。薩滿教使人陷入忘我的狀態，並能訴說神的語言，祭典時的飲酒也會陷入忘我，祖先崇拜的宗教意象比較安

342 柳川啓一『現代日本人の宗教』（法蔵館一九九一・四）

靜，類似一種親子秩序或鉅細靡遺的正規儀式。對日本人而言，宗教並不一定要有教義、教會、戒律等內涵。即使講求戒律的宗教，引進日本後戒律也會鬆動。日本宗教以人際關係為主，重視人際關係開展出去的儀式與儀禮。宗教是為了連繫各種不同人際關係而存在的，甚至包括日常中死者與生者的關係。

日本有所謂的山岳宗教，一種以登山做為根本修行的特殊宗教。山被認為是彼岸，和人居住的世界大不同，從這個前提出發，人們遠離俗世、到山中隱居、苦練身心以求新的力量。和密教的修練方式結合，產生了山伏的行者。江戶中期，登富士山組成的「富士講」(57)已在民間蔚為風氣，到不了富士山的人會做富士塚(58)的假山來膜拜。山都位處邊境地帶，山岳宗教的領袖也不可能從中央發出什麼正統的訊息，還是得到山裡修行。

佛教

影響日本宗教意識最深的要算是佛教，佛教和神道混合，因此在日本已經很難看到純粹的佛教。

梅原猛在《日本人的「彼岸」觀》中說明日本宗教的特質，指出彌生時代之後，彼此沒有文化交流的愛奴和沖繩卻有著非常類似的「彼岸」觀。日本人「彼岸」觀的原型集中在以下四個命題裡：㈠彼岸與現世看似完全相反，但也

343 梅原猛『日本人の「あの世」観』（中央公論社一九八九・二）

沒什麼不同；天國與地獄、極樂與地獄也沒什麼區別，並無所謂死後的審判。㈡人死後的靈魂會從肉體分離，到達彼岸成為神；罪大惡極的人或是深懷恨意的人不能馬上到達彼岸，除非他們的遺族呼喚並供養靈能者。㈢所有生物都有靈魂，死後靈魂從肉體分離去到彼岸，特別要謹慎恭送的是那些對人類而言重要的生靈者。㈣在彼岸滯留的靈魂終究會回到現世；誕生就是彼岸的靈魂再生，所有生者都得經歷不斷的生死循環。

「彼岸」觀深藏日本人心底，也給予外來佛教很大的影響，產生了日本獨特的淨土宗，成為日本佛教的主流。日本人在葬禮和年忌供養[59]時採取佛教儀式，在結婚、誕生、七五三[60]等節慶時則行傳統的神道。日本人的「彼岸」觀就是人類「彼岸」觀的原初形態，恐怕在石器時代就已經形成。之後，隨著農耕畜牧文明的出現以及都市文明的發達，「彼岸」觀逐漸消失，但日本卻違反了文明趨勢，殘留「彼岸」觀的思維，持續狩獵採集的文明，也接受水稻農業的文明。

從現代觀點出發整合性探索日本人和佛教關係的是《佛教和日本人大系》（全十二卷），在此，我將介紹其中幾篇論文。首先，歷史學家目崎德衛在編纂的《5無常與美》〈總論：無常與美的悖論〉裡提到，無常使人厭世，也使人享受生命。人們看透無常，明白必須超越一切煩惱，但無常仍引導人們走入無止境的悲傷與詠嘆。日本文化史上這種不可思議的悖論，正是引導古代轉向中

344

目崎徳衛「総論—無常と美のパラドクス」（目崎徳衛編『大系　仏教と日本人5　無常と美』春秋社一九八六・一）

世紀的重要力量。宗教和藝術正面衝突，但又能巧妙融合，使得日本的語言、色彩、音調等文化均覆蓋了獨有的陰翳特質。即便到了近世或現代，中世紀的這種美學意識仍根深柢固地存留。

佛教文學家山田昭全在〈佛教的自然觀與日本的無常〉一文中指出，無常是佛教的基本命題之一，是指因緣所生的一切事物不斷流轉生滅的現象。面對無常，人類有兩種接受態度：㈠歸納的無常，累積人生經驗中和無常相遇，親身的體認驗證。㈡演繹的無常，沒有具體的經驗，但接受無常，把它當作至高的命題。前者的典型是《方丈記》㉑、《源氏物語》中頻繁出現的「物哀」，後者以《一言芳談》㉒為代表，節錄鎌倉初期唸佛者片斷法語的書籍。兩者的接受態度有許多地方可供對照，前者以經驗為主、否定無常、被動接受無常、回想過去、感傷、沈潛不幸，後者則超越經驗、肯定無常、主動接受無常、期待將來、樂觀及否定趣味。

國文學家伊藤博之在〈佛教做為一種「死」法〉一文中寫到，日本人對於死後世界抱持心安是基於兩個原因：㈠不考慮死後之事，這是近代以來現世主義文化的影響，現世權力秩序的鞏固以及家、村、町等共同體規範的強化，已經不容許把現世當成「虛假世間」這種想法的存在。㈡淨土宗在日本普及造成的影響，年紀大被稱作「接引」，顯示日本人努力調和與死亡的關係。「往生極樂」的理念意味死亡乃走向永恆寧靜的旅程，和死亡有關的意象總與清淨、光明、淨福等相連結。現代人不再認為地獄是令人不安的，因為，已經沒有人在苦悶中安息這種事了。許多人都認為只要透過制度化的儀禮，人人都能成佛並得到心安，這種想法和信念無關，確信一定可以成佛，也使得「他力」㊸思想逐漸發揮不了什麼作用。

宗教人類學家佐佐木宏幹在其編纂的《12現代與佛教》〈總論：佛與靈魂之間〉一文中說到，已經無法用緣起或靈魂、出家或在家、佛法或世間法、僧侶或咒師等二元對立的方式談論日本佛教的現況。僧侶主張緣起但也參與靈魂之說，他們過著在家生活，並楬櫫出家的道理，保持了僧侶的形象，也發揮咒師的功能。另外，出世間和世間、僧侶和俗人等概念並非兩相對立，而是彼此不斷重複、變形及移動。兩者擇一的思維不僅無法說明佛教的現況，對日本文化整體的理解也沒什麼幫助。日本民眾並不認為佛教和萬物有靈論是不同的宗教體系，佛陀可以同時是覺者和死靈，佛陀和靈魂以微妙方式結合在一起。一般日本人的佛教生活主要是對死者和祖先靈魂的信仰，也就是所謂「葬禮佛教」。日本每年最大的佛教行事是盂蘭盆法會，這是觀察日本人靈魂觀和精靈觀的最佳時機，法會上來來去去的佛陀，其實是佛教以佛陀之名掌管死靈之前的魂魄，換句話說，佛陀本身有兩種意涵，而且拜佛的人也認為佛陀和靈魂是相重疊的。

佐々木宏幹「総論—仏と霊魂のあいだ」（佐々木宏幹『大系　仏教と日本人12現代と仏教』春秋社一九九一・一二）

接下來我要介紹兩本專書，它們分別從風土、對《聖經》的理解、依依愛戀等觀點探討基教宗教何以無法在日本普及的原因。[347]

經濟學家岡田純一以「基教宗教的日本風土化」為主題編纂《日本的風土與基督宗教》一書，探討基教宗教與日本人宗教意識無法相容的問題，該書總共收錄二十六篇相關論文，我只介紹其中的兩篇。

神父井上洋治在〈日本的精神風土與基督宗教序論〉中談到，日本人的感覺非常實在，他們不以概念為媒介，透過具體實存事物的相互碰撞，產生對外界的認識。準此，日本人精神性的特徵有以下幾點：㈠美學意識和情緒性的傾向，㈡無常感，㈢愛好自然與欠缺個人自覺，㈣直覺的非邏輯傾向，㈤缺乏思慮。由此看來，日本人的確喜歡依賴實存事物，徹底追究直覺經驗的實相，但相反地，基督宗教強調福音帶來光明以及和西歐民族相遇等這些事，對日本人而言，完全摸不著頭緒，向日本人傳福音根本與實存經驗沾不上邊。

岡田純一在〈日本的社會風土與基督宗教〉中指出，過去日本深層的傳統家族主義對基督宗教信仰是一大挑戰，基督宗教如不稍做妥協，很難在日本普

347 岡田純一編『日本の風土とキリスト教』（理想社一九六五・五）

及。特別對知識階層而言，只有當傳統家族主義動搖時，他們才有可能接受基督宗教。想改變這些知識階層的信仰，必須面對來自他們的挑戰。直到現在，日本都還不曾出現世界級的基督宗教思想家，教會在日本發展的歷史太短，根本原因在於日本社會的風土和基督宗教無法相容。

基督徒兼神學家關根文之助重新檢證日本精神史，完成《日本人的精神史與宗教》一書。他認為「大和魂」的日本精神有四項特質：創造性、包容性、永恆性、純真性等。日本民族的環境和生活態度可以用下圖來表示：

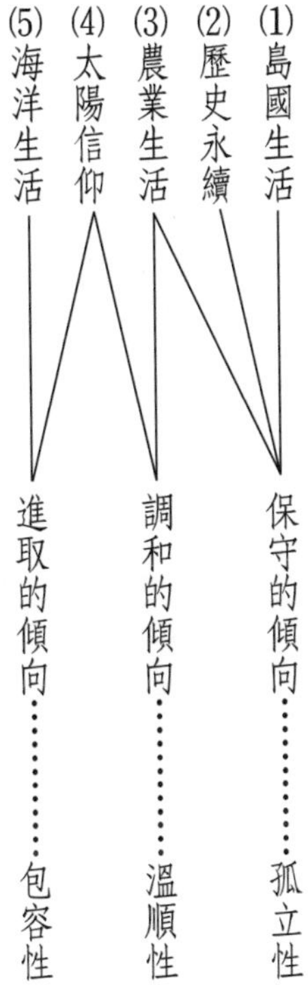

- (1)島國生活
- (2)歷史永續
- (3)農業生活
- (4)太陽信仰
- (5)海洋生活

- (1)(2)(3)——保守的傾向……孤立性
- (3)(4)——調和的傾向……溫順性
- (4)(5)——進取的傾向……包容性

日本是世界上多種宗教並存的少數國家，各種思想及宗教同時存在於日本，也都不斷摸索自己發展的方向。《聖經》在翻譯成日語時曾碰到一個瓶頸，那就是日語沒有未來式，因為日本人根本沒有未來的思想。尊重現實是日本人的精神基礎，對日本人而言，好好活在當下的現實感才是最為重要的。基

348 關根文之助『日本人の精神史と宗教』（川島書店一九七八・四）

督宗教儀式的葬禮中，常會請往生者的朋友前來弔唁，這是日本基督宗教的獨特之處，也是看重現實的一種表現。而且，儀式中使用「冥福」或「御靈前」等佛教用語也不會令人覺得矛盾，這些都是日本式的作風。

349

日本人的法律意識與政治風土

二次大戰結束後，占領軍大幅修正日本的法律，但日本人的法律意識及法律行為並沒有本質上的改變。透過契約、犯罪、判決等行為，可以看到日本人「厭惡法律」和「漠視法律」的一面。此外，日本人對政治漠不關心，權威主義與保守主義的傾向依然很濃，政治家與選民的水準也不高。

法律意識

接下來，我不從法律學，而從社會學、犯罪觀點、判決特質來介紹關於日本人法律意識及法律行為的論著。

川島武宜在《日本人的法律意識》一書中，從法律社會學批評日本人的法律意識至今仍殘留前近代的因子，日本人為了擁護自己的權利，常採取自我中心主義、擾亂安寧、尋求不當政治權力的補償行為，換言之，日本人不是「權

350 川島武宜『日本人の法意識』（岩波書店一九六七・五）

利本位」、而是「義務本位」的思維。日本人對於法律用語的理解就是不確定、非固定，譬如，所有者對所有物並沒有獨占排他的支配意識（或只有薄弱的意識），如果有人任意使用所有者現在並未使用的物品，所有者在心理上也不會太反感。如果日本人對此表達抗議，還會被視為慾望強烈的利己主義者。日本人要求契約內容明確的話，也會被視為不信任對方。遇到問題發生時，日本人不會主張明確的權利義務，而是以「好好談一談」這種方式解決。傳統上，日本人解決紛爭時，並沒有明確區分調停和仲裁，只是力求圓滿收場，當事人彼此間良好關係的建立才是主要目的：當事人把紛爭交給仲裁者，仲裁者對當事人察言觀色後予以定奪。

刑法學者青柳文雄從國民性考察日本人的犯罪，他在《犯罪與我國國民性》[351]一書中提到，日本人解釋犯罪構成要件時偏好模稜兩可的規定，所以選擇簡明的定義。日本的舊刑法和刑法都是如此，這和淡泊簡明的國民性不無關連。所謂守法是指不守法的話會遭白眼或處罰，自首者減刑的想法在日本也非常普遍，自首者很多，真實性很高，犯罪意識不太明確，後悔的人則不少。日本社會中最特殊的是義理，它和義務有幾點不同：第一、義理是非常個人的關係；第二、義理是基於主觀的判斷，伸縮自如；第三、義理常和金錢有關；第四、義理與正義無關。社會規範包括以法律為主的義務以及與此無關的義理兩個部份，但義理更發揮維持秩序的功能。犯罪會受環境影響，殺人或強盜致死者的

351 青柳文雄『犯罪とわが国民性』（一粒社一九六九・四）

自首率很高，當事者欠缺尊重他人生命和身體的意識，也沒什麼罪惡感。日本人不太相信法官具有邏輯及分析的能力，直到現在，大岡裁決[64]還是很受歡迎，它是一種富有人情味又能顧全大局、並引發國民共鳴的判決。

青柳在《續犯罪與我國民性》一書中，則從犯罪和刑罰的角度深入探討日本人的國民性。

和川島一樣，日本文化會議也整理出日本人的法律態度和法律意識，編纂《日本人的法律意識「調查分析」》。社會學者飽戶弘在該書的〈研究概要〉中說日本人不懂法律，認為不受法律保護和不受「為政者」照顧而能自行生活的人是有價值的。庶民想「學」法律的大概只有在逃稅或做壞事的時候。日本人的法律觀點混合「依依愛戀」和「恐怕」兩種複雜情緒，也就是說，不管做了多壞的事也不會受重罰，是從「依依愛戀」衍生出的不在乎心理；相反地，犯了再小的錯也會受到應有的處罰，又是「恐怕」的一種強烈心態。日本人援用法律與刑罰觀念時講求人情、融通無礙，因此，大岡裁決廣受歡迎。日本人所有權的意識極低，契約觀念也很薄弱，見機行事或臨陣脫逃才是實際的做法。訴訟觀念方面，日本人非常厭惡在公共場合中爭議不休，而是傾向私了的解決方式。

法學領域的神島二郎、澤木敬郎、所一彥、淡路剛久等各領域專家，在合編的《日本人與法律》一書中從多元角度探討日本人的法律意識與法律行動。

『続　犯罪とわが国民性』（一粒社一九七三・六）

352 飽戸弘「研究の概要」（日本文化会議編『日本人の法意識〈調査分析〉』（至誠堂一九七三・一）

神島二郎・沢木敬郎・所一彦・淡路剛久編『日本人と法』（ぎょうせい一九七八・九）

神島在〈為何談「日本人與法律」〉一文中提到，日本社會是一個「馴化的社會」，到達這塊孤島的外來者必須選擇融入當地，因為，如不被當地人接受就無法生存下去。島上的人們即便彼此相異，也養成了強迫馴化的觀念，不得不相親相愛，在這個意義上，日本是一個馴化的社會。

淡路指出「日本人是討厭法律的」，直到一九六〇年代，日本人的權利意識與厭惡法律的態度一直變化著，那是基於以下四個原因：㈠明治以來，日本人逐漸學習權利與法律的觀念。㈡六〇年代之後，交通事故激增，日本人不得不面對法律。㈢都市化與工業化的發展。㈣大眾傳播的影響。但日本人和歐洲人的法律行動仍有不同，日本人不只是以判決斷定黑白，判決後的直接交涉對住民運動也很重要，公害訴訟中常可見到這類例子。

353 法學家柴田光藏《法的表與裡：探索日本法律文化的真相》一書，以具體實例說明日本人的法律行動及其特徵。他說日本人不遵守交通規則的原因是：欠缺守法意識、社會上習慣違法、日常生活中習慣違法、馬路狀況、對取締不信任，以社會上習慣違法這點來說，與其守法不如違法，靠車子為生的人都很清楚把違規當成利潤的一種回饋，因馬路狀況而違反車速限制時，不會去改變車子的起動，因為那不會干擾到別人。在日本，有很多像這種難以遵守或是不太適用的法律。整體而言，日本至今還是個村落社會，國民彼此間相互理解，不太需要契約般的「法律用語」，會視情況而用以心傳心、表面服從、表裡分

353 柴田光蔵『法のタテマエとホンネ—日本法文化の実相をさぐる』（有斐閣一九八三・一）

離等方式應對。對日本人而言，依狀況尋求解決之道才符合精神衛生，好比契約出了問題，到時再相互協議尋找好的對策。日本人有強烈的表面信仰，事情從形成到結束，很容易讓人忘卻形成時的本質，任憑表面信仰日趨增強，即便抽出本質部份，日本人也不去注意它的存在。

法學家大木雅夫比較西洋、中國的法律觀念，探索日本人的法律意識，他在《日本人的法律觀念：與西洋法律觀念的比較》中談到有關日本法律制度的形成與普及，他說無法忽略法律意識和國民性，以及影響法律意識與國民性背後的意識型態等各種因素。此外，政治、經濟、社會等各種狀況也會孕育出獨特的法律制度，判決制度不完備嚴重影響法律觀念的養成。有人認為日本的所有法律都和儒教道德或前近代的封建法律意識有關，但這種想法太過觀念論。對小老百姓而言，日本的法院是遙不可及的，因此，與其談論難以理解的法律意識，倒不如健全判決組織來得重要。「法院完全不能信任」、「拜託律師要花大筆錢」等都是民眾迴避訴訟的主要原因，日本人應該排除宿命論的觀點，也就是排除法律觀念深受地理條件、風土、國民性等制約的宿命論觀點。最後，大木批判性地指出，法律意識固然重要，但更重要的是國家司法制度是否健全。

法學家龍嵜喜助從傳統的義理人情與人際關係心理來談法律觀念，他在《判決與義理人情》一書中提到，日本人心中仍殘留義理、人情、浪花節(65)式

354 大木雅夫『日本人の法概念—西洋的法概念との比較』（東京大学出版会一九八三・三）

竜嵜喜助『裁判と義理人情』（筑摩書房一九八八・六）

的觀念，例如，演歌其實有很多手法表達人們行使權利時的心情，然而，演歌對於法律所推崇的權利行使並沒什麼興趣。嘴巴說要你的心而不是要你的人，但從未出現過那種要求背叛者損害賠償的歌曲。演歌的感性在於它很重視情感世界，那是理性思考所無法理解的，以和為貴的日本人會去強求意見相左的人，但這種強求如果太過份，就會出現強烈的攻擊性，形成了不是演歌就是軍歌一面倒的情形。換言之，日本所講求的以和為貴有其雙重性格，一是演歌中柔順的女性特質，一是軍歌中威武的男性氣概。人際關係的調解上，日本人非常重視權威態度與社會的評價，日本人十分恐懼自己成為社會規範中的脫軌者或淪為笑柄。

355

政治風土

政治學者篠原一在《日本的政治風土》一書中，將政治風土定義為國民對政治的感覺、想法、評價、行動等所有態度，並從具體實例一一檢討。他說日本庶民認為「忤逆權威者是徒勞的」㊻，換言之，庶民有服膺權威主義的傾向。但這並非日本人固有的特質，明治憲法底下政府有「殺人免罪」㊼的權力，這種權力體制持續已久。人民對政治採取現世主義、樂觀主義，以及預先調節的態度。「成為」比「做為」的理念來得強勢。對於政治則有傳統的冷漠

篠原一『日本の政治風土』（岩波書店一九六八・一二）

和現代的冷漠兩種，傳統的冷漠出現在「人民可使由之，不可使知之」的支配形態下，對人民而言，政治彷彿雲端般遙遠。現代的冷漠則是社會中政治成了遙不可及的存在，人民有自己的價值判斷，卻只埋首於私人生活，造成以他人支配為先的冷漠。國民間的同化可分成意識與無意識兩種，譬如，美國境內複雜的移民團體因意識到差異的存在，積極追求主體性同化於美國這個新興國家。然而，日本在人種、宗教、語言等方面的差異很小，地理上是個島國，實質上及形式上也是個「鎖國」，國民之間早已自行同化了。

以宏觀的角度來看當今思潮，可分成未來論、人生論、疏離論三種。對中上階層的人而言，未來論是極具魅力的說法。大眾社會的多數人則在心理上有疏離的感覺。未來論和疏離論之間是人生論，它的特色是在承認社會架構的前提下，進一步思考如何過安定的生活。日本文化的特色是人類主義對自然主義，合理主義對事實主義，後來也發展成對日本的禮讚。回歸到日本主義幾乎是日本人無意識與生理的反應，也可說是日本精神史上的永久運動。另外，最近也流行簡易的日本主義，它和天皇禮讚是相結合的。

篠原從整體性觀點探索日本政治，政治學者石田雄則從同步與競爭的人際關係發掘政治問題，他在《日本的政治文化：同步與競爭》中說，強調集團內的同步性會提高對集團外的抗爭意識，來自外部的威脅也會強化集團內的同步性，可在日本近代國族主義的發展中清楚看到這兩種關係。然而，日本文化的

356

石田雄『日本の政治文化—同調と競争』（東京大学出版会一九七〇・九）

特徵在於集團內競爭與同步的結合，例如，企業的上層階級講求同步原則，那是一種結合企業間競爭與企業內同步的競爭原理，相反地，幾乎沒什麼競爭的下層階級會去強調競爭的「神話」性。整體而言，日本是一個閉塞的同步性組織，人們在這樣的同步社會中相互競爭。

長年在英國大學任教的經濟學家森嶋通夫批判日本政治家不求長進，並探討日本的國民性，他在《政治家的條件：英國、歐洲共同體、日本》一書中指出，日本人說理能力很差，邏輯性思考大概是明治維新引進近代科學後，才在一般國民間普及開來。談論知識領域以外的道理在日本並不受到歡迎。日本的政治家不讀書，政壇不求長進也是出了名。內政不干涉的原則造成日本政治近代化的低落。選舉承諾是議員對選民的個人承諾，並非該議員所屬政黨對全國人民的承諾。政治家沒有提出政策的能力，以官僚為主體制定政策，執政的政治家只是政策實行中的參與者。政策失敗應該是執政黨的責任，政策並非自己所擬，所以也沒有太深的挫折或反省，可說是既無反省也無責任。日本的政黨（特別是自民黨）不是那種可以提出意識型態或真知灼見的政黨，經濟層面外，自民黨什麼也沒做。現在二十～三十歲世代的人是喝自民黨奶水長大的，沒有衝勁，只會追求奢華，根本無法和外國同齡層的人相比。沒有主義或主張的政黨只能一味仰賴政府，經濟突飛猛進，但經濟繁榮的結果是造就這批沒有衝勁的年輕人。

357 森嶋通夫『政治家の条件―イギリス、EC、日本』（岩波書店一九九一・一二）

政治家依賴官僚，必須提供官僚利益回饋，也得準備許多官僚退休後的職缺或另組外圍團體，非官僚的人無法理解這些行政事務有多麼繁雜，企業界也爭相迎接這些官僚。森嶋批評政界、官僚、企業界三者間的勾結與共謀，他認為日本政治越來越朝前近代的方向發展，相反地，日本經濟卻越來越近代化。

「日本式的經營」論

美國經營學家阿貝格連（James C. Abegglen）是最早注意到日本戰後經濟快速復甦的外國人，他在《日本式的經營》（一九五八）一書中指出，日本經濟成長的推力是所謂「日本式的經營」。日本逐漸邁向「經濟大國」的一九八〇年代，海內外開始出現許多書籍探討「日本式的經營」。在此，我將介紹幾本具代表作及廣泛考察日本人經濟觀的論著。

《日本式的經營》（*The Japanese Factory: Aspects of its social organization,1958*）是阿貝格連實地調查全日本製造業的大工廠，直接訪談經營者所整理出來的報告。他說當時沒有一本關於日本企業的英文書，日文文獻不足，缺乏社會科學的實證研究，也沒有任何可利用的資料。

首先，阿貝格連比較美、日兩國的工廠組織，發現兩國的根本差異在於日本企業與員工之間有著終身互賴的關係，這個關係賦予工廠和作業員雙方一種

358 J・アベグレン『日本の経営』（占部都美監訳、ダイヤモンド社一九五八・一〇）

不同於美國企業人事管理及勞資關係的義務與責任。經營者採取這種雇用制度的理由是：日本乃貧困國家、人口多工作機會少、雇用困難、員工一旦被解雇只有餓死一途。然而，阿貝格連說這不是個令人滿意的理由，反倒只是對現存制度合理化的藉口。值得注意的是，公司和員工之間的關係並不止於經濟利益的層面，已擴展到員工對集團的忠誠與責任的相互分擔。

另外，和美國企業非常不同的是，日本企業在招募和任用制度上並沒有一套特別評鑑職能的方法，而是以當事人的畢業學校及個人特質為基準。因此，從學校應聘成了進入公司的唯一途徑。

阿貝格連舉出日本企業組織的一般特徵，他說工廠裡有職員和工員兩種身份：職員是指因應公司所需被派到各個不同工廠但仍隸屬於總公司的人，工員則是指終其一身只待在雇用工廠裡的人。員工薪水主要以考進公司時的教育程度、服務年資、家庭人數來決定，依工作類別與表現發放的部份少之又少。日本企業不只發放員工薪水，也給予住宅、食物、商店等生活細節方面的照料。分紅基本上是公司給員工的一種饋贈，具有強烈的父權溫情主義。企業組織的分層極為巧妙，許多人都有正式的職位與權稱。大公司的社長除了執行業務，對外是代表公司的象徵性存在。美、日兩國企業組織內的決策進行有如天壤之別，在日本：㈠必須以集團方式花費許多時間協商。㈡決策必須傳達到許多相關權限的單位。㈢決策責任幾乎不可能歸於特定的個人。換句話說，日本人採取了犧牲效率、維持公司內部人際和諧的決策方式。

日本工業化最成功處在於保留前期的社會關係制度，並將它穩健地導入工業化過程中，個人對家族的忠誠以及團結合作的原理，都巧妙地在軍事、產業、金融等組織中展現出來，也成為工業化變革的重要原動力。阿貝格連認為日本從歐美學習工業經濟，卻沒有採取合理主義和非人格化的原則，這就是日本的獨特之處。

我詳盡介紹了阿貝格連的這本書，它是第一本對日本式經營積極評價的先驅之作。

經營學家間宏從近代經營的出現到技術革新等不同時期，探討日本式經營的歷史變遷，他在《日本式的經營系譜》中指出，以實質合理化為經營目標的家族主義大約在一次世界大戰前後開始普及。擬似「家」的經營管理制重視如家中長幼的年功排序，雇用關係好比親子關係，被認為是「一生之緣」（終身雇用）。薪水比照年齡發放，以個人在家族中的地位來決定薪資額度。公司會以祝賀金、預備金、額外報酬等方式給付臨時支出，或是安排員工宿舍與購買設施[68]等實質援助，採取溫情主義的生活保障政策。為了對抗武裝社會主義的勞工運動，資本家以溫情主義做為思想的防波堤。二次大戰戰敗之後，日本式的經營有了很大的轉變，日本開始引進美式管理，各企業在職務分析、職等

間宏『日本的経営の系譜』（日本能率協会一九六三・五）

制、人事考核等方面部份選擇美式經營的手法，日本經營在外觀上也看似有所變化，但並沒有根本性的變革。所以，管理體系上看到的是和戰前經營家族主義沒有兩樣的制度。經營管理仍以年功序列為基礎，職務分派的過程中，仍殘留了早該廢除的身份制。本質上，企業還是實行終身雇用制，和戰前相比，員工的服務年資有延長的趨勢。在要求薪資體系合理化的聲浪中，以年功給付薪資的老作法不斷被質疑，但仍是日本薪資體系的重要骨幹。

勞資雙方的強力合作是日本經營的歷史傳統，「業」是勞動條件相對低落時還能維持高度企業意識和企業道德的重要原因。在歐美人的眼中，它表現出日本人的誠實與勤勉。歐美的近代經營強調個人主義和無我主義（**inpersonalism**），日本則尊重集團主義與人間主義（**personalism**）。歐美重視能力主義和業績主義，對員工發揮的勞動功能予以評價，然而，日本講求全面性的、人格上的精神主義和努力主義。作者在結論時說，從日本經營中可以看到人間主義，以及和人間主義密不可分的集團主義，這些都展現在勞資關係上，也就是所謂日本式的溫情主義（經營家族主義和經營福祉主義）。

隅谷三喜男編纂《日本人的經濟行動》一書，是結集自各方專家討論日本人經濟行動的成果報告，各場研討會的題目如下：〈日本人為什麼辛勤工作〉、〈日本人為什麼拼命儲蓄〉、〈家在日本經濟發展上扮演什麼角色〉、〈日本的企業經營有什麼特質〉、〈日本社會是否富於流動性和開放性〉、

362 隅谷三喜男編『日本人の経済活動』（東洋経済新報社一九六九・五）

〈日本人的共同體意識薄弱嗎〉、〈日本人是模仿的天才嗎〉、〈支撐日本企業活動的是什麼；日本人的價值觀為何〉、〈外國人怎樣看日本人的經濟行動〉、〈日本人的經濟行動有什麼特質：總結〉。

隅谷在〈結論〉中談到，思考日本經濟發展時會發現，戰後到昭和三〇年代左右，日本以西歐為範式，「近代化」是經濟發展的目標。三〇年代之後日本經濟高度成長，低度發展國家卻面臨成長停滯，因此，日本邁向「近代化」的路程開始受矚目，換言之，日本已成了另一種典範。三〇年代之前，強調阻礙日本經濟發展的原因與經濟行為的負面因素；三〇年代之後，重視促成日本近代化的可能正向因素。隅谷真情而深切地說，思考問題的座標放在西歐先進國家和低度發展國家這兩者上，然而，結合兩者並非易事。

經營學家津田真澂從社會心理學分析日本經營的特質，他在《日本式的經營理念》[363]中提到日本經營的基本原理：第一、日本的企業經營體本身不只是一個追求合理性功能的集團，而是共同生活的群體，對參與者而言，是一個發揮全面性人格的場所。第二、企業經營體可說是一個誓約共同體，入會者在加入時，必須在入會契約書上署名，承認權威以維持、發展共同體，並誓言參與及維持活動的發展。第三、在經營組織與管理上具有雙重性格，企業經營體的最高主事者不僅追求經營的合理與效率，也必須是社會上高度人格的理想形象。這種雙重性格在工作集團上可看出，企業以能力主義和實力主義為重的競爭原

363 津田真澂『日本的経営の論理』（中央経済社一九七七・四）

理來評價及配置參與者，並強調每個成員的信賴與合作，以人格高低來評價、配置參與者。第四、這種雙重性格很容易影響企業經營體內部人際集團的關係；人生的主要週期在一個經營體裡度過，人格的相互關係也變得非常緊密。以上四個基本原理貫穿整個經營世界，並由兩大軸線組成：一是業績的到達，追求合理性和效能性；一是對理想人格產生共鳴，也就是理解和共識的態度。把日本社會或經營體稱為「縱向社會」是錯的，這種說法充其量只說明了經營體的部份特質。「縱向社會」是歐美經營體的特徵，日本經營體講求橫向連結，共識形成的網絡相當緊密，因此可說是「橫向社會」。

同樣地，經營學家岩田龍子的《現代日本的經營風土：基礎與變動的探索》從社會心理學探討日本式經營的特質。她認為日本人的責任意識影響了日本經營的組織結構和管理方式，因個人責任意識沒有確立，責任範圍也不清楚，使得日本人傾向追究集團成員間的連帶責任。與其針對契約或職務追究應有的責任，日本人反倒要求所屬集團出面負責。日本人具有強者的責任意識，認為扶助弱者是當然之責。從這種責任意識來看，經營組織不太強調個人職務的完成度，而是重視特定職場的業務達成度。

支撐這種日本式經營背後的心理基礎有以下三點：㈠日本人見機行事的本領，墨守成規的人被認為是愚蠢的，只要說句「萬事拜託」一切就通行無阻。㈡獨特的人際關係「習慣」，日本人的人際關係有「無緣」、「習慣」、「不

岩田龍子『現代日本の経営風土—その基盤と変動の動態を探る』（日本経済新聞社一九七八・一〇）

客氣」三種，企業中的「習慣」發揮極重要的功能；一時的利害並不重要，重要的是對方的好意以及相互的信賴關係，並以長期的平衡感調整彼此利害。㈢日本人的集團傾向，到底是自己人或局外人成了評價對方時的重要指標。

日本企業具有雙重結構：一是中心部份，以關係的永續性為原則；一是周邊部份，處理衝突的緩衝地帶。中心部份可以看到終身雇用制，它是不斷擴大發展的一種制度。還有年功序列制，從日本人對地位的敏感和獨特的能力觀念出發，能有效刺激經濟活動、創造晉升競爭、維持組織動態。

日本式經營的過程中，日本人的心理特質也被發揮得淋漓盡致，提高組織的活力，但同時，日本組織特有的不滿因素也破壞了這個組織的存續。日本人習慣以表面和真心的區隔方式解決問題，不滿會在個人心理上造成極深的攻訐。特別是進入低度成長期之後，日本式經營的矛盾已經出現，終身雇用制和年功序列制也面臨許多困境，被迫檢討與接受挑戰。

產業社會學家尾高邦雄在《日本式的經營：神話與現實》一書中指出，外國人認知的日本式經營其實是一種謬誤的「神話」，充滿「現實」的缺憾。他說之所以有這種神話，會對日本式經營的各種慣例產生毫無反省的讚美，是因為日本人無意識中渴望這種神話存在。日本人有很強烈的自卑感，被外國人點名批判時會惱羞成怒，相反地，被外國人讚美時又容易得意忘形。

所謂日本式的經營應該是指：一個特殊的人事、勞務、慣例之體系存在，

365 尾高邦雄『日本的経営―その神話と現実』（中央公論社一九八四・四）

創造出這個體系的各種慣例或制度不必然是日本固有的。而且，具備這些慣例的只是大企業或大公司罷了，許多小企業或小公司從一開始就沒有終身雇用制和年功序列制。江戶中期，大都會中的店鋪或商家開始運用集團主義的價值理念，並逐漸出現日本式經營的雛型。明治末期，近代企業的經營者引進集團主義的慣例到人為結構的企業體，採取壓抑利益社會（**gesellschaft**）、接近共同社會（**gemeinschaft**）[69]的政策而獲致成功。這種正面影響使得集團主義的經營慣例在二次戰後仍被保留下來，並成為大企業的經營方針及日本式經營慣例的一環。

高尾主張集團主義是一種價值取向，它把集團組織當成自己的命運共同體，整體秩序的繁榮和集團內生活的安寧，遠甚於成員個人的能力發揮或個人欲求的滿足。集團主義和全體主義不同，全體主義只在意全體優先這件事，然而，集團主義在講求全體優先的同時，也尊重個體的自由與幸福。集團主義並非特定時代的產物，它是反映日本民族文化特質的一種價值觀。

日本式經營包括下列幾項獨特的人事勞務與慣例體系，像終身雇用制、由公司包辦平等企業員工的定型訓練、為培育通才讓員工在所有職場中輪調、年功序列制、壓抑競爭尊重人和、稟議制度、抬轎式經營和集團責任制、權威主義和民主式參與並重、對員工私領域福利的溫情照料等等。這種日本式經營的正面效果有：㈠雇用安定、㈡人事的柔軟性、㈢培養員工和公司的連帶感。負面效果則包括：㈠助長員工的依賴心理、壓抑員工自主創造的精神。㈡雇用上的差別待遇、阻礙自由勞動市場形成、年功序列制的弊端、中高年齡層人事停滯。㈢員工喪失工作的喜悅和意義。最後，尾高強調七〇年代經濟蕭條後，這些負面效果逐漸顯現，能提出改善、修正、補強的策略，才會出現外國人所說新日本式經營的「神話」。

銀行家、經濟學家外山茂在《日本人的勤勉、儲蓄觀》中，將日本人勤勉與儲蓄精神的源起追溯至江戶時代，並以具體實例探討明治維新和二次大戰之後的轉變，也論及現代日本人的儲蓄觀。

外山茂『日本人の勤勉・貯蓄観』（東洋経済新報社一九八七・四）

經濟學家西村孝夫的《日本人的經濟觀念》對於日本人的經濟觀念，譬如勞動、所有、土地、貨幣、薪資、利潤、企業等做全面性考察。他認為長久以來，日本人對物質或商品有著「厭惡唯物主義」及「重視精神主義」的傳統，談到商品價值時，從使用者的使用價值出發。日本人對於貨幣表面上採取輕視的態度，但骨子裡則有拜物主義（fetishism）的傾向；對金錢的「敬而遠之」表現在對價格的曖昧不明上，對勞務或服務的酬勞也不做明確要求。饋贈他人禮物時先把價格標籤撕掉，認為這是一種禮貌。處理動產方面，日本人經常混淆家中自己或家人的物品，親子或兄弟姊妹也會交互使用同一物品。

西村孝夫『日本人の経済観念』（啓文社一九九〇・七）

因為有這樣的經濟觀念，日本人也不可能以科學法則理解經濟社會。正因為一般日本人的經濟觀念「落後」，才成了為政者絕佳的攻擊點，也保障了學者的工作，得以用經濟學「啟蒙」人民。日本人的勞動觀念強調勞動中自然與人際關係的溫和協調，激烈的對立或相剋並不多見。和歐美不同的是，日本人認為大自然給予人類的恩惠是一種天賜的產物。勞資關係或勞動者之間的合作關係，多少都帶有兄弟或親子的擬似成份。換句話說，日本人不會用客觀的交換價值或抽象的一般價值看待勞動，而是以意識或情感等主觀使用價值來掌握勞動的意涵。

國際社會與日本人

一九七〇年代之後，日本經濟不斷向外擴張，日本人到海外生活的機會也越來越多，很多人開始從各種角度論述國際化時代日本人的生存方式，比較外國人與日本人的書籍也紛紛出籠。阿貝格連《日本式的經營》正是以外國人觀點寫成的日本人優秀說，二十年後傅高義（Ezra F. Vogel）的《日本第一》（一九七九），也是廣為人知的日本人讚美論。在此，我整理外國人的日本人論、日本人的外國意識、海外日本人的論述等不同著作，包括嚴厲的自我批判與極端的日本人劣等說。

368

最早寫日本人國際觀的是評論家加藤周一，他在〈日本人的世界圖像〉中說日本和外部接觸機會少，近代之後，日本人對國際情勢敏感，對外國事物持續關注，並熱心比較日本和外國的種種異同。鎖國讓日本培養出一種純粹獨特的地方文化，當這個純粹文化和黑船相遇時，日本人對外國的理解只停留在難

加藤周一「日本人の世界像」（『近代日本思想史講座第八巻』筑摩書房一九六一・六）

以抵擋的軍事能力上。日本近代化是一個向西方學習的過程，以建立有效的社會及軍事能力為目標。換句話說，近代日本和外在世界的關係就是為了抵抗外部而學習外部，也就是從「面對於」以及「來自於」[70]這兩種相反立場出發。明治初期，「面對於」外部，日本產生了所謂的國權論，另一方面，「來自於」外部，日本借取西方思想打造自由民權論。這種雙重結構貫穿近代日本的每個時期，有時「面對於」的層面較重要，有時「來自於」的層面會被強調出來，顯現出兩者交替的循環過程。打開日本人的世界圖像，最空想的時期是為了接受外部而停止對外部的觀察，為了迎戰外部而開始觀察外部。戰敗之後，日本從極端敵對外部的時代轉換成學習外部的時代。

同樣是加藤的論文，他在〈日本人的外國觀〉中提出兩個特徵，一是因讀書而有豐富的知識，另一是日本人和外國人接觸機會很少。日本之所以在國際社會中被孤立，是因為地理條件、文化、歷史的差異以及語言的障礙。日本人在努力克服這種孤立的背後，其實有合理化這種孤立的傾向；或多或少是國家主義的反映，因日本人在心理上總認為「外國人不懂」我們。從古至今，日本人的外國觀有兩種：第一類型是強調日本的落後，而去理想化特定的國家；第二類型是強調外國的落後，而將日本自身理想化。前者是對外國「一邊倒」的類型，譬如，中世紀的禪僧[71]或幕府末年的南畫家，都把中國視為最高價值的標準。至於後者，則是把日本理想化，發展成一種價值信仰的「國家至上主

369

「日本人の外国観」（『思想』筑摩書房一九六二・八）、いずれものち『日本人とは何か』講談社一九七六・七）

義」。自古以來，日本人的外國觀裡，還存在不太起眼的第三類型，那就是不論外國或日本，都不會把現實的國家理想化，而是把現實和理想區分清楚，譬如，道元禪師所說的禪和現實的國家社會完全無關，那是一個超越的、理想的原則。另外，在日蓮佛陀的面前，將軍或天皇的威權等同虛無。這種例子放到二十世紀就是馬克思主義了，第三種類型的外國觀能否源遠流長，才是今天日本的課題。

一九七〇年代末期，美國社會學家傅高義所寫的《日本第一：給美國的教訓》（***Japan as number one: Lessons for America, 1979***）因其聳動的書名，博得許多日本讀者的關注。傅高義在〈序文〉中闡釋日本「世界第一」的意涵。日本不是世界上GNP最高的國家，政治文化也非居世界領導的地位，日本資源貧乏，卻是最能妥善處理後工業社會問題的國家。就這點而言，日本提供了許多國家可資學習的經驗。

日本成功的要因之一是「集團性的知識追求」，日本人以此為最高價值，這是日本自古保存下來的傳統智慧，都可在集團學習、運動學習、資訊管理者的官僚、智庫、企業的資訊收集戰略中看到。當意見不同時，日本人不會以激烈爭辯尋求解決，而是收集更多資料，在可取得共識之處相互妥協。日本人即便同時隸屬幾個集團，也會選擇依附其中所謂「包山包海」的基本集團，它於公於私都能徹底照顧自己的人際關係，成員彼此的義務感很強，想要加入或脫

370

エズラ・F・ヴォーゲル『ジャパン・アズ・ナンバーワン―アメリカへの教訓』（広中和歌子・木本彰子訳、TBSブリタニカ一九七九・六）

離都不容易。

日本企業開始凌駕歐美企業大約是在一九六〇年代末期，日本經營者意識到年功序列制遠優於西歐式的經營，自此以後，逐漸朝確立日本獨自經營哲學的方向邁進。這種新的經營手法有許多特色，除了從西歐吸取經驗外，也融合了日本戰前以來的制度及思想，譬如，長期計劃、終身雇用制、年功序列制、員工的忠誠心等特質。日本大企業的成功之處是給予個人歸屬感和自尊心，也讓員工認知到企業的成功必能保證自己的未來。許多日本人都很自豪也很安心家族成員中有人在大企業裡工作，這是日本社會整體的基調，也是政治穩定的原因之一。

日本的考試制度有諸多特色，提供一批訓練有素的人力資源，也就是充滿好奇心、容易接受填鴨式學習、具備克己之心、對人的問題強烈關心、高度公德心的國民。整齊優質的高水準教育培養出精良的生產力，上班之後也能在職場中學習特殊技能。社會政策涵養出文化的同質性，教育正是社會政策的中流砥柱。

日本能夠有效控制犯罪增加得力於一般市民的協助，傳統上，日本人有服從長上的習慣，但對於違規者卻絕不寬大，為了維持社會秩序，一般市民會協助警察。出現異端時，集團成員會以全體力量加以牽制，避免造成集團的傷害，並且向異端者施壓，要求去做符合集團成員的行為。

傅高義舉出日本的許多優點，但在〈日文版序言〉中也提出以下警告：日本現在必須重新思考「國際化」的意涵，以及培養具國際觀的政治家；目前為止，日本所使用的「國際化」一詞，只是站在日本的方便立場利用世界罷了；日本從世界各地取得原料、引進新的想法、施以海外援助等，都是朝日本企業有利的方向在進行，日本如果持續這種做法的話，很難得到國際社會的尊敬及友好。

372

拉米斯（Douglas C. Lummis）在《內化的外國：《菊花與劍》再考》一書中批判日本人論的古典名著《菊花與劍》。首先，他強調《菊花與劍》有許多根本上的謬誤，但它仍在學術界和一般大眾之間具有持續性的影響力。要想真正解開這個影響力的謎底，不能只把潘乃德當成社會科學家，也不能只把《菊花與劍》當成文化人類學的研究成果。潘乃德在成為人類學家之前是一名詩人，《菊花與劍》的影響力不在於它的科學結論，而在於它的美麗修辭，以及這本書在二次戰後美日外交關係上發揮的意識型態作用。《菊花與劍》的重要貢獻之一是，主張美國的勝利是日本人從恐懼、壓迫中解放的唯一方法，這也是日本感謝美國之處。日本根本不存在自我批判的因子去達到所謂的社會改革或社會解放，戰敗意味著日本在全世界面前出醜，但也唯有戰敗，才能使日本邁向「更好的變革途徑」。潘乃德認為人類生活中最重要的部份是基於規範的行動

グダラス・ラミス『内なる外国—『菊と刀』再考』（加地永都子訳、時事通信社一九八一・三）

以及自然的表達，然而，日本文化完全欠缺這兩項要素。在日本服從他人被當成是件好事，真情流露反而是愚蠢的舉動。日本沒有所謂的壓迫者，連政治上的壓迫機制都不存在，有的只是自我壓迫底下的全體壓抑。潘乃德從日本社會發現某些價值模式，那是明治時代政策制定者所鼓吹，或是昭和軍國主義時代被強化及誇大的，換言之，它不是所謂的「文化」模式，而是國家在背後推動的一組意識型態。最後，拉米斯也強調，《菊花與劍》是結合日本軍國主義和潘乃德複雜思維結構下的產物，也是提供戰後美日關係意識型態理論基礎的一本重要著作。

韓國評論家李御寧在《「凝縮」傾向的日本人》一書中指出，多數的日本人論都是在比較歐美與日本，他想以具體實例提出獨到的觀點。譬如，有人認為英文中沒有「依依愛戀」一詞，就說這是日本獨特的語彙，但其實韓文中也有類似語法，也在生活中經常用到。還有人從日語獨特的敬語探索縱向社會的序列意識，但韓文的敬語語法比日文更複雜、也更發達。李御寧指出日本人的特質是將事物縮小而非擴大，也就是「凝縮」傾向，接下來他透過各種實例加以說明和分類。

㈠入籠型—塞入：日本人喜歡省略用語，盡量縮短語言，經常使用「的」來縮小思維及形象，譬如，石川啄木的短歌「我淚流滿面地在東海的小島的石岸的白沙上，看著螃蟹在嬉戲」⑫，可以看到「的」被不斷重複使用，從「東

373

イー・オリョン『「縮み」志向の日本人』（学生社一九八二・一）

海」、「小島」、「石岸」、「螃蟹」不斷凝縮下來。㈡扇型—折疊、握、靠近：團扇從中國和韓國傳入，後來日本人改為折疊扇，並創造出世界最早的折疊傘。㈢洋娃娃型⑬—截取、削去：日本是洋娃娃的國度，最具精巧縮小模型的是江戶洋娃娃。日本人使用假名，出發點和洋娃娃沒有兩樣，任何語言都可用「どうも」⑭來結束，這是日語獨特的凝縮方式。㈣折疊便當型—塞入：所謂的便當就是把膳食凝縮在小型餐盒中，日式食物的形狀可塞進小盒子裡，而有便當文化的形成。正如「見詰める」、「思い詰める」、「息を詰める」⑮等用語所表現的，日本人把氣力花在「塞滿、縮短、動彈不得、押進最後階段」等行為上，沒有辦法達到這種狀態就會覺得「索然無味」。日本人還以填鴨式⑯的方法讀書，並從口袋書中獲取精神食糧。㈤能面型—組合：劍道、柔道、花道、茶道等都是從「組合」出發。所謂組合是指將所有動作凝縮在一個瞬間的造形，最典型的是能劇的面具，看似靜止卻深藏數百種表情，這正是日本人的臉孔。㈥紋章型—凝結：武士為家紋而戰，職人穿著印有家紋、屋號的無袖短背心在工作，商人以染上屋號、商號的布簾維護買賣的信用，日本人的集團主義就是以這種紋章文化來進行。日本人喜歡的名片也是紋章的一種傳統，個人稱謂以集團中的頭銜來表示。

李御寧還舉出許多凝縮文化的實例，像傳統的迴廊式庭園、盆栽、花道、茶室，現代的電晶體收音機、電子計算機、機器人、柏青哥等。歷史上日本主張「凝縮」文化時多屬繁榮盛世，一旦成功就開始向外「擴張」，才會發生秀吉侵略朝鮮或珍珠港事變的過錯。現在，歐美文化追求的巨大主義已是窮途末路，將來後工業社會的典範應該是凝縮文化的日本。最後，李御寧以「別成為魔鬼，要成為一寸法師[77]」做為結論。

日本人的「凝縮」特質確實存在於李御寧所指的這些事項中，但他的探討局限於現象的表層，換言之，大多是從生活意識和生活行動中呈現出來，對於這些現象產生的心理動機並沒有足夠的分析。

社會學家杉本良夫與馬歐耳（Ross E. Mouer）透過社會學的比較方法，佐以日本、美國、澳洲的生活經驗，合寫成《日本人是「日本的」嗎：超越特殊論、邁向多元的分析》一書。所謂日本人論幾乎都在強調日本的特質與獨特之處，這些論述的內容不外乎：㈠日本人的自我意識較弱，不存在獨立的「個體」。㈡日本人有集團特質傾向，願意為所屬集團自發性奉獻。㈢共識、調和、統合等原理貫穿了整個日本社會，社會的安定度和團結度很高。然而，從近年來嚴謹的國際比較研究報告中發現，日本社會的特質和其他產業社會並無不同，歐美社會也有集團主義的色彩，日本社會亦有濃厚的個人主義傾向。

從日本人論的系譜中可以找到日本特殊說的原型，也就是風靡一九三〇年代的日本國民文化論。當時的日本在物質和生產方面都不及歐美，因此，日本人論很自然地從精神、心情、情緒中主張日本人的優越性。從這個脈絡發展出

375

ロス・マロア/杉本良夫『日本人は「日本的」か─特殊論を超え多元的分析へ』（東洋経済新報社一九八二・二）

來的主要學說有和辻哲郎的日本風土學、柳田國男的民俗學，以及有賀喜左衛門的農村社會學。戰前和戰時日本人論的研究方法有兩種：一是「全體單一主義」，把日本文化和日本社會當成一個調和的統合體，強調日本人確實存在共通的國民性。另一是「沒有比較卻加掛的特徵」，只在日本社會內部進行詳細調查，就得出日本社會的多種特徵。二次戰後的日本人論仍延續「全體單一主義」的風格，同時運用「西方一元主義」的思維，把歐美社會理念化，把歐美也當成全體單一的社會。高度成長期之後的日本人論，又再度回歸並強調日本特殊的國民性。

依杉本的分類，不同時代產生的日本社會特殊論，其背後的價值底蘊如下表所示：

時代	主要議題	對日本的評價	理論的普遍性與個別性
一九三〇～一九四五	國體文化理論	先進國家、高評價	需要獨特的個別理論
一九四五～一九五五	民主化理論	後進國家、低評價	適用美式民主主義的普遍理論
一九五五～一九七〇	近代化理論	批評後進部份，但對先進部份予以評價	強調產業發展理論底下經濟成長的普遍性
一九六五～	新國民性論	先進國家，予以評價	以個別理論為主，採取反現代化理論的立場，但也承認普遍理論

戰後的日本人論有兩個共通特質：一是「日本人同質說」，主張日本人具有其他民族所沒有的特質。二是「日本人同調說」，認為日本人最顯著的屬性是對集團自發的獻身精神。兩者合稱為「同質同調論」，但相反地，也存在了「分散對立論」，以個人、集團、階級間的衝突為分析重點，因為，日本社會確實有利害對立、經濟報酬不平等、意見衝突等現象。

幾乎所有日本人論的研究方法都不甚明確，主要特徵有下列五點：㈠軼聞主義：資料多屬片斷軼聞、個人非連續性的體驗或是細微的真情告白等。㈡語言主義：擷取日語中的獨特表達，或經常引用諺語加以說明。㈢異質樣本的比較：拿日本大公司管理階層候選人的行為模式與西方一般勞動者相比，而得出日本是「縱向社會」的結論。㈣排他的真實感受：許多人深信日本的事只有日本人自己能理解。㈤西方一元論：把西方看成單一同質的社會，對「西洋」、「歐美」等範疇並沒有明確的定義。

接下來，杉本提出「多元階層模式」，以分散對立論解析日本人的思考和行動，主要有三個前提：第一、日本社會是由各式各樣的人組合而成，有各種不同的思考及行為模式。第二、人類行動的背後有著「自我利益極大化」的考量。第三、制約個人意識和行為的不是文化，而是透過階層結構展現出來的權力。多元階層模式從這三個前提出發，並以「社會資源」和「多重層次」為中心。所謂社會資源是指所得、權力、資訊、威信，多重層次是指藉由性別、年齡、學歷、職業、居住地等指標構成不同屬性。社會資源和多重層次相互交錯，形成了所謂多元階層模式。

最後，杉本主張以「民際的世界主義」取代「國權的國際主義」，以民際的世界主義做為社會考察的基準點，積極找出異文化之間潛藏的「異形同質物」。

《日本人》（*The Japanese*, 1977）是介紹日本的一本海外名著，由日本研究的著名學者賴世和（Edwin O. Reischauer）執筆，十年後以修訂版《今日的日本人》（*The Japanese Today: Change and continuity*, 1988）重新問世，該書關於企業的章節已大幅修正。書中提到日本的國民性大部份受到國土的影響，也就是受到國土位置、氣候風土、自然條件等不太容易變動的因素影響，而決定日本人的走向。日本人自覺是一個小國，但若以人口和GNP來看，日本其實還滿大的。

在某些領域，日本人是個和歐美普遍規範完全不同的特殊民族，最明顯表現在犧牲個人、並以集團為重的傾向上。從衣服、行動、生活方式乃至思想，日本人都因服從集團規範而感到滿足。在日本找工作並不只為了收入，也意味著獲取重大意義的存在感，特別是獲取連帶關係所產生的滿足感。日本人的雇用通常會一直持續到屆年退休，除了安定感，也使員工對企業產生歸屬、榮耀與忠誠之心。日本人的人際關係中最大的美德是對於他人的協調觀待、謹慎判斷及理解能力，重要的價值在於調和。所謂意志決定是指透過商量與委員會的

378 エドウィン・O・ライシャワー『ザ・ジャパニーズ・トゥデイ』（福島正光訳、文藝春秋一九九〇・一）

手續達成共識，意見的尖銳對立會透過「表面服從」的方式或仲介者的介入而事先迴避。日本人凡事以集團為重，壓抑了個人的自我表現，順應「表面」一般原則時，日本人也承認所謂「真心」，亦即個人自身內在動機的存在。因承認這種內在的不一致，日本人變得更會適應矛盾情境。總體而言，日本人不擅於抽象原則的思考，傾向具體狀況及複雜的人際關係。日本人巨細靡遺地重視行動綱領，導致自我意識不足，因此，日本人總是很在意別人怎樣看自己。日本人謹守集團與集團間已確立的接觸方式，集團以外的人都被逐出而成為「他人」。階層結構牢固地滿佈於日本社會的每個地方，行政機構與企業之外，許多集團透過年齡差異建構縱向社會的序列關係。事實上，階層關係重視的大多是純粹而抽象的存在，像國家這個龐大階層社會中的天皇。

從歷史上回顧日本人對外國的態度，可以發現日本人在劣等感與優越感之間不斷徘徊。近代日本的國族主義以追隨歐美為標的，個人也好，國家也好，都決意要達到歐美的規範、渴望被歐美承認，這和傳統上希望被集團認可的慾望是相通的，因此，日本人在對待外國人時，也出現生澀忸怩的態度。日本現在面臨的最大問題是和其他國家的關係，日本必須捨棄語言障礙及經濟繁榮所帶來的安全、孤立而輕鬆的生活，朝向處理世界和平及國際經濟問題的方面努力，但這也並非易事，因為時至今日，日本人還沒有充份的溝通能力，且抱持強烈的被隔離感。

讓我們回到比較早期的兩本書，談的都是日本人對西歐的強烈自卑感。原駐阿根廷的日本大使河崎一郎談到自己寫《素顏的日本》的動機，是為了客觀而良心地描述日本，一個在戰敗後不到二十年就成為「世界最機動的工業國家」。該書最被批判的是以下文字：「世界人種中，除了皮格明族（Pigumi）族[78]和后天特特族（Hottentot）[79]之外，身體魅力最差的要算是日本人了」。這段充滿人種歧視的露骨表現，讓日本外務省與河崎斷絕了關係。河崎認為所有日本人對外國人、特別是白種人都懷有自卑感，這種自卑感已深植意識中，成為一種癖性融入日常生活。西方的個人主義還沒有在日本扎根，日本人又缺乏自我信念，很容易被群眾心理引發的行為所牽動。除此之外，日本人語言能力不足、喜好集團行動、習慣性饋贈、拙於契約協定、過份拘於禮數。河崎斷然地說：「彎彎的短腿穿了件寬寬垮垮的褲子，肩膀上揹了個和自己後背一樣大的高爾夫球袋，這就是日本紳士的高爾夫行程，實在是滑稽到無法形容」。

河崎一郎『素顔の日本』（二見書房一九六九・五）

380

科學評論家高橋敷也從旅居國外的生活經驗出發，以《醜陋的日本人》批判日本人的缺點。高橋說日本人和世界其他民族的精神生活有很大的斷層，因為日本人很少意識到他人，這點從海外宴席上面對不知該如何吃的料理時日本人表現出來的態度就可以看出。日本人拿著刀叉，裝出一副很懂的樣子在等

高橋敷『みにくい日本人』（原書房一九七〇・四）

待，如果有誰先開動，就急忙跟著做。日本人不喜歡出鋒頭，但也不願落後。日本人不去創造，只去模仿外形，不去訂定未來的計劃，只埋首於現在的事物。日本人說「意見」時其實是在表明「立場」，說「思想」時其實是為了顧及「面子」。

國際交流日趨頻繁，日本人在海外不適應的現象也浮上檯面，精神醫學家稻村博於《日本人的海外不適應》一書中詳細分析此狀況。一般日本人對海外生活很不習慣，到任何國家不能適應的事（自殺、精神障礙、中毒、犯罪等）大同小異，這是日本人的獨特之處。日本人在海外的行動模式包括：總是膩在一起、裝出很優秀的樣子、熱中教育、找尋代罪羔羊。引發這種不適應的內在因素是日本人缺乏自我完備性、喜歡相互依賴、心理上不成熟。還有，日本人在人際溝通上彼此可透過默契去理解，但如果對方是外國人則完全不同。近年來，當地外國人對日本人的誤解及偏見與日俱增，日本人也逐漸喪失堅強的鬥志，在過度保護中只渴望依依愛戀的感覺，未來的遠見及願景卻不斷模糊，難以適應的情況只會日益惡化。

國際問題研究家金山宣夫在《國際感覺與日本人》一書中談到，日本人價值體系的背後存在兩種思維：一是「誠實主義」，在人生和人際關係中要求誠實。二是「教養的共同體」，訓練儀禮舉止的一套體系。透過這兩個概念，金山再次檢討日本文化和日本的合理性，針對日本人國際觀該如何演變提出建

381 稻村博『日本人の海外不適応』（日本放送出版協会一九八〇・一一）

金山宣夫『国際感覚と日本人』（日本放送出版協会一九八九・六）

言。

文化人類學家青木保重新探究戰後日本「文化與認同」問題，在《「日本文化論」的變容：戰後日本的文化與認同》整理戰後日本「獨特性」神話的相關論述，也就是「日本文化論」（或是「日本人論」）的代表性著作，追蹤檢討其內容的變化。首先，他觸及潘乃德《菊花與劍》的特質，這本書對日本人提出了兩項長久以來被不斷探討的觀點，一是日本社會組織原理的「集團主義」，一是日本人精神態度的「恥的文化」。緊接著，青木將一九四五年到現在的「日本文化論」分成四個時期：

第一期：「否定的特殊性之認識」（一九四五～一九五四）

第二期：「歷史的相對性之認識」（一九五五～一九六三）

第三期：「肯定的特殊性之認識」前期（一九六四～一九七六）、後期（一九七七～一九八三）

第四期：「從特殊性到普遍性」（一九八四～）

當日本向海外擴張時，曾出現所謂「打壓日本」的論調，這是第三期「肯定的特殊性之認識」為基礎衍生的反向結論，換言之，「打壓日本」是反向利用七〇年代鼎盛的「日本文化論」而產生的「日本批判論」。最後，青木強調

382 青木保『「日本文化論」の変容—戦後日本の文化とアイデンティティー』（中央公論社一九九〇・七）

有必要主張日本文化的「獨特性」，但從今爾後「日本文化論」必須朝更開放、更普遍的方向邁進。

一九七〇年代以後，許多日本人頻繁地進出海外各地，也陸續出現從海外經驗出發附上《〇〇人與日本人》書名的國際比較論。在此只舉出一些書名，與美國人比較的有：宮城音彌譯著的《美國人與日本人》（山手書房，一九七六・七）、尾崎茂雄《美國人與日本人》（講談社，一九八〇・三）、N・イナモト《日本人對美國人》（早稻田大學出版部，一九八二・一）、NHK放送民意調查所編纂的《日本人與美國人》（日本放送出版協會，一九八二・十一）；與歐洲人比較的有：篠田雄次郎《日本人與德國人》（光文社，一九七七・十一）、荻野弘巳《法國人與日本人》（日本放送出版協會，一九七九・五）、桝添要一《日本人與法國人》（光文社，一九八二・三）等；與中國人比較的有：陳舜臣《日本人與中國人》（祥傳社，一九七一・八）、金山宣夫《日本人與中國人》（三省堂，一九七八・十一）、松本一男《中國人與日本人》（サイマル出版，一九八七・四）、邱永漢《中國人與日本人》（中央公論社，一九九三・三）；與韓國人的比較有：金容雲《韓國人與日本人》（サイマル出版，一九八三・七）、金兩基《韓國人或日本人》（サイマル出版，一九八六・十）；其他則有：インタライかつ代《「臉孔」醜陋的日本人：泰國人眼中的日本人》（學生社，一九八五・一二）等與外國人的比較論。

天皇制與昭和的結束

日本國民的天皇觀是日本國民性最重要的部份，戰敗讓天皇失去神格成為「人間天皇」，但直到現在，日本人還是無法自由地討論天皇制的問題，昭和天皇的逝世讓天皇制問題被重新拿出來檢討，但不夠徹底。在此，我整理民眾的天皇觀，以及和天皇制有表裡關係的基督徒與被差別部落等觀點的著作。

384 大浜徹也「「英霊」崇拝と天皇制」（田丸徳善他編『日本人の宗教Ⅲ近代との邂逅』佼成出版社一九七三・四）

大濱徹也在〈「英靈」崇拜與天皇制」〉中，分析明治國家如何在天皇制國家的成立過程中操控民眾的「英靈」崇拜意識。

明治國家為了確立以天皇為中心的國家秩序，結合了戰死者的怨靈與天皇的信仰，將戰死者的「忠魂」昇華至「英靈」，準此，確立靖國神社為主的信仰體系，貫徹天皇制國家的支配原理。將天皇當成神聖的信仰，必須從認識天皇實存的形體開始，明治天皇數百次的巡幸正發揮了這種功能。民眾的「天皇信仰」非常土俗，譬如，明治五年天皇在鹿兒島巡幸時，國學家枝幸左衛門把收到的「大御尿御廁箱」當成「神體」放在壁龕，對「大御廁之御神」朝夕供

385 奉。戰死者被安放在靖國神社，對遺族而言，到神社參拜是和親人面對面的唯一方法。換句話說，國家利用戰死者為媒介，將民心導向靖國神社。成為「英靈」的動機除了為「天皇陛下犧牲奉公」外，也多少期待改善家庭的生活狀況，像是出征士兵會把軍隊的存款簿交給父母。天皇制以支撐絕望的秩序原理，讓民眾透過「英靈」崇拜從絕望中脫身，因此，「天皇陛下萬歲」這句話其實隱含了士兵的無奈。

近代日本思想史學家武田清子在《天皇觀的相剋：一九四五年前後》一書中，整理了戰敗前後聯合國內部不同天皇觀的激烈衝突。她說關於天皇制的存廢、天皇是否有罪、裕仁天皇是否該退位等問題，於一九四三～一九四四年期間在聯合國內部都有許多討論。因為，預期日本投降後，天皇或天皇制是民主化推動過程的重要關鍵。當時，各國「鏡」中映照出來的天皇觀等同於「日本人的圖像」，反映日本人思想行動的特質。明治維新到現在的天皇觀具有雙重的意象，那就是神話、絕對主義、大權主義的天皇觀，以及憲法限制下行使君權的「民主主義」天皇觀。透過賢能者巧妙的管理營運，能維持兩者緊張、平衡、調和的機能，有時又會分裂而相剋，某方要求對方屈服。戰敗之後，聯合國壓倒性地主張「廢除天皇制」，然而也沒有全面否定「天皇」，盡可能將「天皇」空洞化。占領軍徹底排除軍國主義與帝國主義，並改革軍國主義與帝
386 國主義背後的各種制度，只保留那些讓日本「民主化」發展的要素。占領軍認

武田清子『天皇観の相剋—一九四五年前後』（岩波書店一九七八・七）

為剛戰敗的情況下，如對天皇採取過於激烈的處置，恐怕會引發日本國內的混亂與暴動。透過「本土民主化」維持天皇制，就不會引爆民主化的波動，但可能需要一場激烈的革命。無論如何，戰後天皇制的問題可說是以特定目的及意識積極嘗試變革傳統的一次實驗。

社會心理學家齊藤哲雄在《天皇的社會心理：社會調查中的民眾精神結構》中進行天皇制的意識調查及分析，一九七七～一九七八年期間，他以東京二十三區有投票權的人為對象，調查他們對於權威人格及天皇制的看法。權威人格的部份包括：㈠女性似乎比男性更具權威主義的傾向，但無法完全確定。㈡以年齡來看，五十幾歲的人除外，年長者較具權威主義的傾向。㈢以學歷而言，低學歷者較具權威主義的傾向。㈣以職業來看，無工作者、自營業者、小企業的老闆比較權威，和大企業與大團體相比，小企業及小團體中工作的人也較有權威主義傾向；擬似家族制殘存的職場裡，不論經營者或勞動者都具有較強的權威主義。㈤政黨支持方面，支持自民黨的階層有強烈的權威主義傾向。㈥從信仰來看，「同時信仰神佛的人」比「信仰神佛以外的人」或「無信仰者」有較強的權威主義傾向。㈦身份地位的價值觀方面，非理性價值觀的人有較強的權威主義傾向。㈧國族優越感強的人有強烈的權威主義傾向。

在〈關於天皇支持與權威主義人格的關係〉一文中，可看到以下的結果：

㈠天皇支持率高的集團和權威主義人格強烈的集團一致，特別是強力支持「政

斉藤哲雄『天皇の社会心理——社会調査にみる民衆の精神構造』（渓流社一九八三・六）

治或道德上象徵天皇」的集團。㈡對天皇的支持度越強者，權威主義的傾向也越強。㈢天皇支持者中特別是「政治或道德上象徵天皇」的支持者，都有強烈的權威主義傾向。強烈的權威主義者，也能忍受來自權威主義的壓迫。他們只專心實踐權威的命令，對於此行為正確與否不太在意。這些人認為自己只是權威的代理人，對自己的行為並不負責，養成了所謂「無責任感」。天皇制法西斯主義下軍國主義者的「無責任感」也和這點有關。自律性的缺乏造成對傳統習俗的過度依賴，挑戰權威時，呈現出極端「權威主義式的攻擊性」。天皇法西斯主義信奉者的精神傾向之一是「不以建設為前提的破壞性」。「支持象徵性天皇」是現在的支持形態，但「支持政治或道德上的象徵天皇」則是戰前殘存的支持形態。和「支持象徵性天皇」相比，「天皇制支持者」更具權威主義的傾向，天皇制能夠存續就是因為民眾具有權威主義的人格。

繼續追蹤「天皇制國家和民眾」這個議題的是後藤總一郎，他在《天皇制國家的形成與民眾》中指出，明治近代國家的政治過程乃天皇神學概念世俗化的過程。明治政府利用權威，系統化地整頓幕府末年到明治維新這段期間還不很明確的天皇神學概念，打造天皇正當性的觀念。這種打造之所以可能，是因為「常民」長久以來的穀靈信仰中存在幻想式的天皇信仰。另一個可能的原因是日本固有信仰中「神的雙重結構」，也就是死後成佛，三十三年後再成為祖先或神。換言之，這個「神的雙重結構」承認從佛到神、從家的祖先到共同體

387

後藤総一郎『天皇制国家の形成と民衆』（恒文社一九八八・四）

388

的守護神都具有地位轉換的情感信仰。「常民」生活原理的主軸包括兩個體系：一是家及其衍生而來的祖先崇拜，一是村落及其相關的氏神信仰。「常民」會對人為的天皇制信仰體系趨之若鶩，是因為他們恐懼精密的權力機制，但他們又有一種自我主義想成為好人，這種自我主義正好被收編在權力召喚的文化思維裡，也就是鼓勵常民出人頭地的那種文化思維。基本上，常民的行動原理是不能丟祖先的臉，為了家庭要立志出人頭地、光耀門楣。戰敗之後的占領時期，默默支撐常民這種生生不息力量的是「家」以及「共同體」的團結。日本固有信仰孕育出來的「無私」情感，是根本上支撐近代日本天皇制及其信仰的來源。

歷史學者安良城盛昭在論文集《天皇、天皇制、百姓、沖繩》中分析了大眾傳播的調查結果。根據一九七八年NHK所做的「全國縣民意識調查」，有二五．一％的日本人不認為「天皇應該是被尊敬的」，認為「天皇應該是被尊敬的」也只有五五．七％。特別是沖繩，不尊敬天皇的人遠多於尊敬天皇的人。另外，一九八六年兩大報進行民意調查，認為天皇是「值得尊敬、有親切感的」，《讀賣新聞》是五七．六％，《朝日新聞》是五五％；對天皇「沒什麼感覺、也不怎麼關心的」，《讀賣新聞》是三一．八％，《朝日新聞》是四〇％。值得注意的是，現行象徵天皇制的支持率極高，《讀賣新聞》是七二．四％，《朝日新聞》是八四％。再來看同年時事通信社的民意調查結果，

安良城盛昭『天皇・天皇制・百姓・沖繩』（吉川弘文館一九八九・四）

有過半數的國民認為天皇必須負戰爭責任。

對支配階級而言，在歷史上天皇是有利用價值的，但天皇並沒有代表國民或庶民的言行舉動。天皇制有兩次可能消失：一次是戰國時代織田的統治政權，一次是戰敗後的占領體制。天皇制能夠長期存續有其內在因素，就是人民願意接受象徵秩序、保守、支配階級的天皇。沖繩原是和天皇制沒什麼關係的地方，但日本本土村落的氏神多少都和《古事記》、《日本書紀》的神話相連，被收編在皇室的統治底下。沖繩的傳統信仰是ニライ・カナイ⑧⓪，和天皇制完全無關，明治維新時有所謂「琉球處分」⑧①，沖繩才開始和天皇制沾上邊，扣掉美軍占領時期，沖繩和天皇制的關連也只有八十年左右的時間。

色川大吉、網野善彥、安丸良夫、赤坂憲雄等人合編《天皇制：歷史、王權、大嘗祭》乃一本彙整歷史學者討論天皇制的專書，從歷史、宗教、民俗的觀點多方面重新檢討天皇制的意義。隨著昭和天皇逝世，該書從皇號、神話與王權、天皇制的政治史、登基與大嘗祭⑧②等探索歷史上古代天皇制的成立，並對現代天皇制投下諸多疑問。

389

色川大吉・網野善彦・安丸良夫・赤坂憲雄編『天皇制―歷史・王権・大嘗祭』（別冊『文藝』河出書房新社一九九〇・一一）

飯沼二郎所寫的《天皇制與基督徒》思考日本基督徒與天皇制的關係。飯沼在〈序文〉中斬釘截鐵地說：「明治以來，被當成國民統合基礎的天皇制其根本思想是民族主義。……現在，日本正邁向國際化，民族主義的強化不會帶

飯沼二郎『天皇制とキリスト者』（日本基督教団出版部一九九一・六）

給日本任何未來。……如果，基督宗教的精神在於否定民族主義與尊重基本人權，那麼，天皇制的否定也就是民族主義的否定，這才是使基督宗教成為真正基督宗教的方法。」

評論家菅孝行在《現代的部落差別與天皇制：國家權力與差別結構》一書中，探討殘留至今的部落差別[83]與天皇制之間的密切關係，另有歷史學家井上清《天皇制與部落差別：不可觸之神所降臨的災難》、上杉聰《天皇制與部落差別：為什麼有今日的部落差別》等相關著作。菅主張行政權力組成的社會結構以及從內部支撐這種社會結構的習慣性意識，都是讓部落差別與天皇制成為一體並得以持續的原因。

390

菅孝行『現代の部落差別と天皇制─国家権力と差別構造』（明石書店一九七八・一二）
井上清『天皇制と部落差別─さわらぬ神にたたりあり』（明石書店一九八八・四）
上杉聰『天皇制と部落差別─部落差別は今なぜあるのか』（三一書房一九九〇・一一）

譯註

①無土器時代：繩文之前的時代或稱作舊石器時代，距今約一萬五千年前，當時還沒有製作土器的技術，所以也稱為無土器時代，食物烹煮相當簡單，肉類只用燒烤、曬乾、燻製等方式烹調。

②櫸（**Fagus crenata**）：寒、温帶落葉闊葉木的代表。

③鈴鏡：古墳時代日本各地製作的鏡子中被稱為「鈴鏡」者，外緣附有三～十個不等的鈴，現在所知的鈴鏡有七成左右分布在北關東地區。

④家紋：各家所定的紋章，是這個家的象徵。

⑤可從人骨判定繩文和彌生的差異，以臉形來說，繩文人輪廓深、鼻樑挺，是所謂的「舊蒙古種」，

東南亞等亞熱帶地區常見；彌生人多長圓臉、單眼皮、塌圓鼻，是適應寒冷地區的「新蒙古種」，朝鮮、蒙古、中國等地較多。也有從體毛的稀（新）濃（舊），耳垢的乾（新）濕（舊）等來區別。二千年來，日本人幾乎都是這兩種人的混合，「舊蒙古種」多分佈在關東和東北地方，「新蒙古種」多在關西和中國地方。

⑥中國：岡山、鳥取、島根、廣島、山口五個縣。

⑦奧羽：東北地區的山形、秋田、青森、福島、宮城、岩手六個縣。

⑧北陸：新潟、富山、石川、福井四個縣。

⑨隼人：九州南部大隅和薩摩國（今鹿兒島縣）的男子。

⑩卜骨：燒龜骨或獸骨，以灼燒的龜裂痕跡來卜卦吉凶。

⑪婆娑羅：歌舞伎演員在氣氛最高潮時，以誇張的表情動作瞬間停止的一種演技。奢華享宴，或指音樂舞樂中脫離本來曲式改採炫耀技巧的自由表現。

⑫町奴：江戶初期穿著美服在市中橫行的遊俠之徒。

⑬一期一會：出自安土桃山時代茶人山上宗二的著作《山上宗二記：茶湯者覺悟十體》，指一生只相會一次，或強調一生一次。

⑭幕の内弁当：俵形的御飯團和小菜組合而成的便當，原是舞台表演空檔時吃的食物。

⑮障子：區隔和室房間的格狀紙門。

⑯原文：あいつは気に入らない。

⑰妻型居住婚（uxorilocal marriage）：婚後夫婦和妻方親族共同居住或居住於附近的一種婚姻狀態。

⑱帳外：江戶時代被放逐或無家可歸的人。

⑲女人五障：古代印度認為女性無法達到梵天王、帝釋天、魔王、轉輪王、佛等五種境界，是為女

人五障說。出自《大乘妙法蓮華經卷四》〈第十二品提婆達多品〉的經文。

⑳原文：「気をたしかに」、「気になる」、「気がはる」。

㉑上方：指京都和大阪地方。

㉒南畫：中國繪畫的樣式，以淡彩山水畫為其特色，又稱文人畫。

㉓幽玄：事物的情趣深不可測或指深情、餘情。日本文學論及歌論中，特別從中古到中世紀，詩歌或連歌裡表達美學意識的語彙。

㉔水戶學：江戶時代水戶藩所產生的學派，從第二代藩主德川光圀編纂的《大日本史》開始，以儒教思想為中心結合國學、史學、神道為骨幹的國家意識，對後來的王政復古影響很大。

㉕平田篤胤（一七七六～一八四三年）：江戶後期的國學者，出羽國（今秋田縣）人，學習國學，高倡神代文字的存在，主張尊王復古的神道說，創立平田學派，對明治維新發揮精神上的影響力。

㉖藤田東湖（一八〇六～一八五五年）：江戶末期的儒者，勤王之人，水戶藩士，協助藩主齊昭進行藩政改革，死於江戶大地震。

㉗《古今集》：《古今和歌集》的略稱，平安初期最早的敕撰和歌集，共二十卷，延喜五年奉醍醐天皇之命，由紀貫之、紀友則、凡河內躬恒、壬生忠岑等人編纂。以短歌為主，內容優美纖細，充滿理性和知性，對後世影響極大。

㉘《新古今集》：鎌倉初期完成的第八本敕撰和歌集，共二十卷，以細膩優雅著稱，富於耽美浪漫的情趣，作品風格與《萬葉集》、《古今集》並列，代表歌人是俊成、定家、家隆、西行、慈円、寂蓮、式子內親王、藤原良經等人。

㉙應仁之亂：室町時代的應仁元年到文明九年的十一年期間，以京都為中心所發生的內亂，造成幕府權威喪失，之後是群雄割據的戰國時代。

㉚上代：一是指古早以前，二是指奈良時代。

㉛寢殿造：古代貴族家屋的造法名稱。

㉜繪卷物：卷軸物上的繪畫作品，主要是詞書文章以及與之對應的繪畫，平安時代到鎌倉時代最為興盛，內容包括物語、高僧傳、社寺緣起、戰爭記、肖像、歌仙（和歌的名人）等等。

㉝雅樂：奈良時代雅樂寮演奏的音樂，以及後來由此改編及新作的音樂，主要在宮廷、寺社、貴族間流傳。

㉞催馬樂：起源於唐樂的催馬樂，中古以後流行的一種歌謠，結合上代的民謠歌詞以及外來的雅樂曲調。中古之初，主要在宮廷、貴族的遊宴和寺院法會中演唱。

㉟聲明：梵文 sabda-vidya 的譯詞，歌詠或諷刺的偈頌，依各種宗派或法會儀式而有所不同，也稱為「梵唄」。

㊱伎樂：日本最早外來的、有音樂伴奏的無言假面戲劇，據說是西域地區的一種雜劇，推古天皇二十年，百濟的味摩之歸化日本，引進在吳國所學的伎樂儛。因聖德太子獎勵而興盛一時，但隨著聲明、雅樂的傳入而凋零，江戶時代幾乎滅絕，只留下伎樂的面具與笛子譜本。

㊲三曲：邦樂的一種，用三味線、琴、胡弓或尺八等三種樂器合奏。

㊳長唄：江戶歌舞伎中的舞蹈樂曲，出現於元祿時代，從杵屋家的三味線發展而來，吸取豐後節系統的淨瑠璃，呈現多元變化。

㊴清元：「清元節」的簡稱，江戶淨瑠璃的一種，清元延壽大夫從富本節分出而創立，曲調纖細豔麗，多用在歌舞伎或舞蹈中。

㊵歌澤：江戶後期興起的一種俗曲，以端唄為主，曲風特徵是優雅、緩慢、長調。

㊶新內：「新內節」的簡稱，從豐後節區分出來的一種淨瑠璃，流行於娼館地區，極富濃豔煽情的趣味。

㊷都都逸：「都都逸節」的略稱，俗曲的一種，以口語唱出男女情愛，江戶後期完成所謂都都逸坊

扇歌。

㊸就發音上而言，日語的每個字詞多屬平板調。

㊹二拍子：音樂中每第二拍都是強拍的拍子。

㊺語物：將故事分段訴說的藝能，平曲、浪曲、淨瑠璃等屬之。

㊻尺八：用竹根所做的縱笛，以一尺八寸（約五四．五公分）為基準，有各種長短尺寸。

㊼囃子：能樂、歌舞伎、寄席等藝能表演中，隨著節拍或情緒演奏的音樂，使用笛子、太鼓、鼓、三味線等樂器。

㊽警蹕：天皇或貴人通行時，負責驅趕旁人打前陣開路所發出的聲音。

㊾語部：沒有文字的時代，奉公於朝廷、負責口述傳承歷史的人。

㊿歌垣：古代男女在山邊或市集中聚集，飲食、舞蹈、歌唱以尋求性的解放。也是農耕儀禮、求婚場合的一環。之後，宮廷貴族加以採用，成為男女唱和的風流游藝。

(51)橋掛：能劇或歌舞伎中舞台與（演員等待出場的）後台之間的假橋，通常在面向舞台的觀眾席之左斜方，做成欄杆橋狀的通路。

(52)花道：同橋掛的作用一樣，早期為了讓觀眾獻花給自己心儀的演員而架設，才有此稱號。

(53)みやこ：通常是指皇居的土地或繁華的都會，平安時代之後也指京都。

(54)言靈：古代人相信寄身於語言中的一種靈力。

(55)「做」與「成」：「する」與「なる」。

(56)「事」與「物」：「こと」與「もの」。

(57)富士講：近世關東地區流行信仰富士山的一個集團教派，據說是角行所創立。

(58)富士塚：富士講的地方都有富士塚，以富士山為模型所做的假山。主要在地方的神社，也有在寺院、山中、個人家的庭園。最早的富士塚於一七七九年在高田水稻荷（今東京都新宿區）落成，稱為高田富士。

(59)年忌供養：人死後的第三年、第七年、第十年、第十三年，後人舉行佛事祈求冥福供養。

(60)七五三：祝福小孩成長的節日，以虛歲算男孩是三歲和五歲，女孩是三歲和七歲，十一月十五日當天要穿著漂亮衣服參拜氏神。

(61)《方丈記》：鴨長明（一一五五～一二一六年）所寫的隨筆短篇文學，與《枕草子》、《徒然草》並列日本古典文學的三大隨筆。鴨長明原是下鴨神社神官之子，也是當時活躍的歌人。出家之後，在京都郊外方丈庵過著隱居生活。《方丈記》傳遞無常觀的思維，描繪火災、地震、饑饉等社會現況，訴說人生的虛幻不安與苦惱，被列為隱士文學的代表。

(62)《一言芳談》：節錄淨土宗祖師法語的書，編纂者頓阿（一二九八～一三七二年），二十三歲出家，是個充滿個性的歌人。

(63)他力：佛教用語，借助佛陀的力量，特別是阿彌陀佛的本願之力。

(64)大岡裁き：適切並充滿人情味的判決，出自江戶中期的名奉行大岡越前守忠相的判決典故。

(65)浪花節：江戶末期大阪地區彈唱三味線的一種大眾說書，明治以後更為盛行，內容包括軍事、傳記、文藝作品、義理人情等。

(66)原文：長いものには巻かれろ。

(67)斬り捨て御免：江戶時代武士握有殺人或復仇的特權，譬如，武士的妻女如與他人通姦，可以殺害姦夫姦婦而不問罪。

(68)購買設施：大企業內的販賣體系，將日用品或公司自行生產的製品以低價方式賣給員工。

(69) **gesellschaft**：因共同的目的並基於成員的自由意志所形成的社會，譬如公司或同業公會。**gemeinschaft**：以有機體的本質意志結合而成的自然、有機、封閉的社會，像家族或村落。

(70)原文：「対して」、「から」。

⑺中世紀的禪僧在異文化交流上扮演一定的角色，禪宗寺院是學習中國文化的雙語世界，漢詩和水墨畫是在接待外交使節場合中展現的藝術。

⑻原文：東海の小島の磯の白砂にわれ泣きぬれて蟹とはたむる。

⑼姉様人形：以縮緬紙做束髮，用千代紙或布做成和服的新娘洋娃娃。

⑽どうも：感謝或道歉的招呼語，是一種曖昧或省略的表達。

⑾詰める：日語動詞，有「塞滿、縮短、動彈不得、押進最後階段」等意涵。

⑿填鴨式的日文是：詰め込み主義。

⒀一寸法師：日本民間故事中的人物，個子小卻完成許多偉大事業，擁有美滿婚姻，成為人上人。

⒁**Pigumi**：中非共和國境內的矮人族群。

⒂**Hottentot**：西南非的族群，也指十九世紀歐洲人在殖民地引爆的戰爭中極其殘忍的一面，德國人曾誇示自己在西南非對 **Hottentot** 族殺戮的過程及人數。

⒃ニライ・カナイ：日本南西諸島海洋的彼方，神明渡海而來，帶給人們豐穰與幸福。

⒄琉球處分：明治政府將琉球編入日本近代國家的一連串過程。沖繩於一八七二（明治五）年設置琉球藩，一八七九（明治十二）年廢藩置縣，第二年又發生分島問題，前後九年是謂琉球處分。

⒅大嘗祭：每年十一月二十三日的夜晚，在宮中神嘉殿舉行新嘗祭，將今年新穀供奉給天神地祇，大嘗祭是新天皇即位之初的新嘗祭，每任天皇一生一次極大的儀式。

⒆部落差別：江戶時代的身份制，將士農工商底下賤民階級的一部份視為部落民，從血緣、先祖、家格等系譜中建構偏見並予以合理化，例如，部落民不准隨處移動，不能和其他非部落民通婚。明治初年廢除，但社會上對於他們的歧視依然存在。

結語

正如本書中所看到的，隨著明治以來巨大的社會變動，日本人論蓬勃發展，特別當日本和外國發生國際問題，或日本對外國產生強烈的自國意識時。

明治維新後，日本以近代化為目標一直想追上先進國家，和西方人相比，日本開始出現國家和國民的自我認識與自我反省，也產生了明治初期的洋化主義，以及與洋化主義相反的國家主義之自負心理。

明治前半期有日本人劣等說與日本人優秀說。接著是大正時期，隨著日本國際地位提升，日本人不再比較日本和外國的優劣，而是透過國際主義客觀地掌握日本人的狀況。昭和（戰前）時期，從風土和文化角度探討日本人論，中日戰爭到二次大戰期間，以日本精神論為主的法西斯主義日本人論則是盛況空前。

戰敗之後的占領時期，出現了與戰前一百八十度不同的論述，強調日本人的反省與新國民的展望。

總括以上日本人論的發展，可整理出下列幾個觀點與立場：

㈠日本原是一個多元民族的社會，古代天皇制的王權確立後，雖然有愛奴與琉球等不同民族，但基本上，都在中央集權下強制性地被收編到日本國民性的框架中。明治之後，日本人的自我意識與國民性逐漸統一，國民性又在歷史脈絡中被建構出來。

㈡首先，是日本的自然地理條件，特殊的島國性與封閉性影響了國民性的生成，江戶三百年的鎖國政策讓這種傾向更加嚴重，日本把外國人當成「異人」，出現了排外意識。

㈢從古代到明治，包括歐美中國等各國的文明、文化與精神不斷累加在日本國民性身上，「結晶」出現代複雜的國民性。

㈣這種「結晶化」孕育出國民性的雙重結構或多重結構（譬如，表與裡、西方崇拜與排外主義）。

㈤隨著時代及社會的變動，結晶化的國民性當中某些特質會特別突顯，有時，這些特質看似國民性的主要核心（譬如，明治初年的西方崇拜、法西斯時期的日本精神）。

㈥自我不確定是日本國民性這個結晶體的心理核心，表現出自我不成熟、欠缺自我主張、服從心態等。一方面造成日本人對權力的恐懼，也造成日本人和權威主義的緊密連結。威權主義讓日本獨特的家元制及天皇制得以存續，影響日本人的西方崇拜。

㈦人際關係方面，日本人尊重對方的立場和態度，不顯露真正的想法，傾向表面支持。日本人盡量避免集團成員彼此間的對立或摩擦，日本人直到現在仍透過妥協、商量、附和雷同、模稜兩可地解決、曖昧的表現等手法，費盡心思維持集團主義的運作。

(八)許多外國人都認為日本人很難理解，他們也將此當成經濟摩擦、文化摩擦等各種國際摩擦的原因。這是當今日本人論最重要的課題。日本人自己也深信「關於這點，很難跟外國人說清楚，外國人是不會瞭解我們的」。為瞭解決這種溝通上的困難，日本人論在國際間會是一個重要的議題。

讀者只要看看收錄在本書中的個別論著，就能瞭解它們是針對國民性這個心理結晶體的哪個層面所提出的。

總之，我寫這本書的目的在於，透過檢討各種日本人論去探究何謂國民性，因為，日本人論是映照國民性的泉源。

愛戀智慧 閱讀大師

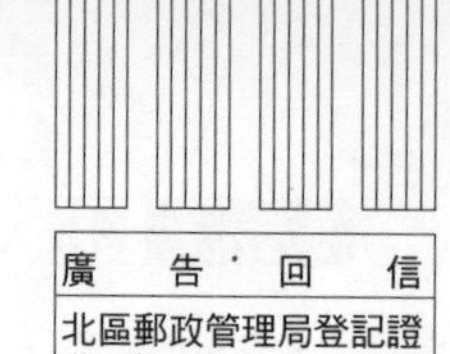

立緒文化事業有限公司 收

新北市 2 3 1

新店區中央六街62號一樓

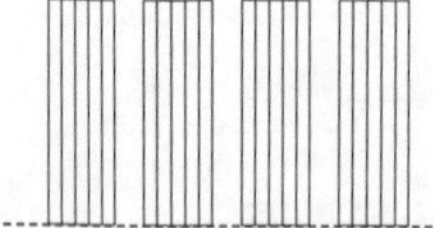

請沿虛線摺下裝訂，謝謝！

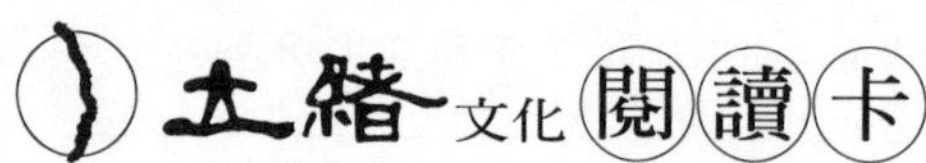

感謝您購買立緒文化的書籍

為提供讀者更好的服務，現在填妥各項資訊，寄回閱讀卡（免貼郵票），或者歡迎上網http://www.facebook.com/ncp231 即可收到最新書訊及不定期優惠訊息。

大緒文化閱讀卡

姓　名：

地　址：□□□

電　話：(　　)　　傳　眞：(　　)

E-mail：

您購買的書名：＿＿＿＿＿＿＿＿＿＿＿＿＿＿＿＿

購書書店：＿＿＿＿＿＿市（縣）＿＿＿＿＿＿＿＿書店

■您習慣以何種方式購書？

□逛書店 □劃撥郵購 □電話訂購 □傳真訂購 □銷售人員推薦 □團體訂購 □網路訂購 □讀書會 □演講活動 □其他＿＿＿＿

■您從何處得知本書消息？

□書店 □報章雜誌 □廣播節目 □電視節目 □銷售人員推薦 □師友介紹 □廣告信函 □書訊 □網路 □其他＿＿＿＿＿＿

■您的基本資料：

性別：□男 □女　婚姻：□已婚 □未婚　年齡：民國＿＿＿＿年次

職業：□製造業 □銷售業 □金融業 □資訊業 □學生 □大眾傳播 □自由業 □服務業 □軍警 □公 □教 □家管 □其他＿＿＿＿＿＿＿＿＿＿

教育程度：□高中以下 □專科 □大學 □研究所及以上

建議事項：

年度好書在立緒

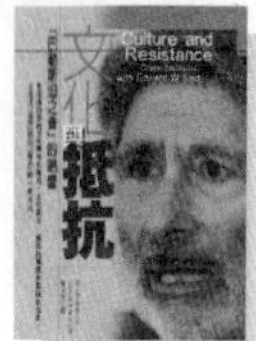

文化與抵抗
- 2004年聯合報讀書人最佳書獎

威瑪文化
- 2003年聯合報讀書人最佳書獎

在文學徬徨的年代
- 2002年中央日報十大好書獎

上癮五百年
- 2002年中央日報十大好書獎

遮蔽的伊斯蘭
- 2002年聯合報讀書人最佳書獎
- News98張大春泡新聞2002年好書推薦

弗洛依德傳
（弗洛依德傳共三冊）
- 2002年聯合報讀書人最佳書獎

以撒・柏林傳
- 2001年中央日報十大好書獎

宗教經驗之種種
- 2001年博客來網路書店年度十大選書

文化與帝國主義
- 2001年聯合報讀書人最佳書獎

鄉關何處
- 2000年聯合報讀書人最佳書獎
- 2000年中央日報十大好書獎

東方主義
- 1999年聯合報讀書人最佳書獎

航向愛爾蘭
- 1999年聯合報讀書人最佳書獎
- 1999年中央日報十大好書獎

深河(第二版)
- 1999年中國時報開卷十大好書獎

田野圖像
- 1999年聯合報讀書人最佳書獎
- 1999年中央日報十大好書獎

西方正典(全二冊)
- 1998年聯合報讀書人最佳書獎

神話的力量
- 1995年聯合報讀書人最佳書獎

立緒文化事業有限公司　信用卡申購單

■信用卡資料

信用卡別（請勾選下列任何一種）

□VISA　□MASTER CARD　□JCB　□聯合信用卡

卡號：________________________________

信用卡有效期限：______年______月

訂購總金額：________________________

持卡人簽名：________________________（與信用卡簽名同）

訂購日期：______年______月______日

所持信用卡銀行________________________

授權號碼：____________________（請勿填寫）

■訂購人姓名：____________________性別：□男□女

出生日期：______年______月______日

學歷：□大學以上□大專□高中職□國中

電話：____________________職業：____________________

寄書地址：□□□

____

■開立三聯式發票：□需要　□不需要（以下免填）

發票抬頭：________________________

統一編號：________________________

發票地址：________________________

■訂購書目：

書名：__________、______本。書名：__________、______本。

書名：__________、______本。書名：__________、______本。

書名：__________、______本。書名：__________、______本。

共__________本，總金額____________________元。

⊙請詳細填寫後，影印放大傳真或郵寄至本公司，傳真電話：(02)2219-4998

國家圖書館出版品預行編目資料

近代日本的百年情結：日本人論／南博著；
邱琡雯譯. 二版. －新北市新店區：立緒文化，民 103.09
面； 公分.（新世紀叢書；130）

ISBN 978-986-360-016-9（平裝）
1.民族性 2. 近代史 3.日本史

535.731 103014739

近代日本的百年情結：日本人論

（原文書名：日本人論：明治から今日まで）

出版——立緒文化事業有限公司（於中華民國 84 年元月由郝碧蓮、鍾惠民創辦）
作者——南博
譯者——邱琡雯

發行人——郝碧蓮
顧　問——鍾惠民

地址——新北市新店區中央六街 62 號 1 樓
電話——(02)2219-2173
傳真——(02)2219-4998
E-Mail Address: service@ncp.com.tw
網址：http://www.ncp.com.tw
劃撥帳號——1839142-0 號　立緒文化事業有限公司帳戶
行政院新聞局局版臺業字第 6426 號

總經銷——大和書報圖書股份有限公司
電話——(02)8990-2588
傳真——(02)2290-1658
地址——新北市新莊區五工五路 2 號
排版——伊甸社會福利基金會附設電腦排版
印刷——祥新印刷股份有限公司

法律顧問——敦旭法律事務所吳展旭律師

分類號碼——535.731
ISBN 978-986-360-016-9
出版日期——中華民國 92 年 11 月初版至 96 年 10 月初版　一～四刷(1～6,000)
中華民國 103 年 9 月二版　一刷(1～1,000)
中華民國 107 年 9 月二版　二刷(1,001～1,500)

定價◉450 元 

羅洛 · 梅 Rollo May

愛與意志

生與死相反，
但是思考生命的意義
卻必須從死亡而來。

ISBN:978-957-0411-23-2
定價：380元

自由與命運：羅洛 · 梅經典

生命的意義除了接納無
可改變的環境，
並將之轉變為自己的創造外，
別無其他。
中時開卷版、自由時報副刊
書評推薦
ISBN:978-986-6513-93-0
定價：360元

創造的勇氣：羅洛 · 梅經典

若無勇氣，愛即將褪色，
然後淪為依賴。
如無勇氣，忠實亦難堅持，
然後變為妥協。

中時開卷版書評推薦
ISBN:978-986-6513-90-9
定價：230元

權力與無知：羅洛 · 梅經典

暴力就在此處，
就在常人的世界中，
在失敗者的狂烈哭聲中聽到
青澀少年只在重蹈歷史的覆轍。

ISBN:978-986-3600-68-8
定價：350元

哭喊神話

呈現在我們眼前的....
是一個朝向神話消解的世代。
佇立在過去事物的現代人，
必須瘋狂挖掘自己的根，
即便它是埋藏在太初
遠古的殘骸中。

ISBN:978-986-3600-75-6
定價：380元

焦慮的意義

焦慮無所不在，
我們在每個角落
幾乎都會碰到焦慮，
並以某種方式與之共處。

聯合報讀書人書評推薦
ISBN:978-986-7416-00-1
定價：420元

尤瑟夫 · 皮柏 Josef Pieper

二十世紀最重要的哲學著作之一

閒暇：一種靈魂的狀態 誠品好讀重量書評推薦

Leisure, The Basis of Culture
德國當代哲學大師經典名著

本書摧毀了20世紀工作至上的迷思，
顛覆當今世界對「閒暇」的觀念
閒暇是一種心靈的態度，
也是靈魂的一種狀態，
可以培養一個人對世界的關照能力。

ISBN:978-986-360-107-4
定價：280元

神話學

喬瑟夫・坎伯 Joseph Campbell

20世紀美國神話學大師

如果你不能在你所住之處找到聖地，
你就不會在任何地方找到它。
默然接納生命所向你顯示的實相，
就是所謂的成熟。

坎伯與妻子珍・厄爾曼

英雄的旅程

讀書人版每週新書金榜
開卷版本周書評
Phil Cousineau ◎著
梁永安 ◎譯

ISBN: 978-986-360-001-5
定價：420元

神話的力量

1995聯合報讀書人
最佳書獎
Campbell & Moyers ◎著
朱侃如 ◎譯

ISBN: 978-986-360-026-8
定價：390元

千面英雄

坎伯的經典之作
中時開卷版、讀書人版每周
新書金榜
Joseph Campbell ◎著
朱侃如 ◎譯

ISBN: 957-8453-15-9
定價：420元

坎伯生活美學

開卷版一周好書榜
讀書人版每周新書金榜
Diane K. Osbon ◎著
朱侃如 ◎譯

ISBN: 957-8453-06-X
定價：360元

神話的智慧

開卷版一周好書榜
讀書人版每周新書金榜
Joseph Campbell ◎著
李子寧 ◎譯

ISBN: 957-0411-45-7
定價：390元

美國重要詩人**內哈特 John Neihardt**傳世之作

巫士詩人神話　長銷七十餘年、譯成八種語言的美國西部經典

這本如史詩般的書，述說著一個族群偉大的生命史與心靈史，透過印第安先知黑麋鹿的敘述，一部壯闊的、美麗的草原故事，宛如一幕幕扣人心弦的電影場景。這本書是世界人類生活史的重要資產，其智慧結晶將爲全人類共享，世世代代傳承。

ISBN: 986-7416-02-3　定價：320元

20世紀美國實用宗教學鉅著

威廉‧詹姆斯 William James

百年百萬長銷書，宗教學必讀

宗教經驗之種種

這是宗教心理學領域中最著名的一本書，
也是20世紀宗教理論著作中最有影響力的一本書。
——*Psychology Today*

如果我們不能在你我的房間內，
在路旁或海邊，
在剛冒出的新芽或盛開的花朵中，
在白天的任務或夜晚的沈思裡，
在眾人的笑容或私下的哀傷中，
在不斷地來臨、莊嚴地過去而
消逝的生命過程中看見神，
我不相信我們可以在伊甸的草地上，
更清楚地認出祂。

2001年博客來網路書店十大選書
中時開卷版本周書評
誠品好讀重量書評
ISBN:957-0411-36-8
定價：420元

20世紀美國宗教學大師

休斯頓‧史密士 Huston Smith

ISBN:978-986-6513-79-4
定價：400元

人的宗教：人類偉大的智慧傳統

為精神的視野增加向度，
打開另一個可生活的世界。
中時開卷版一周好書榜

半世紀數百萬長銷書
全美各大學宗教通識必讀
橫跨東西方傳統
了解宗教以本書為範本

燈光，是不會在無風的地方閃動。
最深刻的真理，
只對那些專注於內在的人開放。
——*Huston Smith*

永恆的哲學

找回失去的世界
ISBN:957-8453-87-6
定價：300元

權威神學史學者

凱倫‧阿姆斯壯 Karen Armstrong

神的歷史：猶太教、基督教、伊斯蘭教的歷史

紐約時報暢銷書
探索三大一神教權威鉅著
讀書人版每周新書金榜

ISBN:978-986-6513-57-2
定價：460元

帶領我們到某族群的心，
最佳方法是透過他們的信仰。

Peter Gay彼得・蓋伊

NATIONAL BESTSELLER

弗洛依德傳 Freud: A Life for Our Time

精神分析是辨認二十世紀、
乃至二十一世紀特徵的一種時代口音。

精神分析大師
弗洛依德
在我們的時代

劉森堯推薦 近年所出版最具份量，且最詳實也是敘述風格最傑出的一本書。這顯然是近五十年來，繼鍾斯於1950年代所寫的三大冊《弗洛依德的生活與工作》一書後，最詳實也是最精采的弗洛依德傳記。所動用的資料也是史無前例。

聯合報讀書人最佳書獎、中時開卷版、誠品好讀書評推薦

1856-1905

ISBN:957-0411-61-9
定價：360元

1902-1915

ISBN:957-0411-62-7
定價：390元

1915-1939

ISBN:957-0411-63-5
定價：490元

史尼茨勒的世紀

布爾喬亞經驗一百年
100年來中產階級的生活

彼得・蓋伊在這本大膽、顛覆性的文化史著作中，重新檢視自拿破崙敗於滑鐵盧至一九一四年第一次世界大戰爆發之間的一百年光景。

他帶點挑釁地把這一百年重新命名爲「史尼茨勒的世紀」，重新評估十九世紀的文化，精采描繪維多利亞時代布爾喬亞多樣的面貌。
布爾喬亞的挺進仍在持續……

聯合報讀書人、中時開卷版、誠品好讀書評推薦
ISBN:957-0411-91-0
定價：390元

ISBN:957-0411-74-0
定價：340元

威瑪文化

文化評論學者 劉森堯 ◎ 譯

湯瑪斯・曼、里爾克、康丁斯基、韋伯、海德格、阿多諾、班雅明、馬庫色、史賓格勒、田立克、愛因斯坦、荀白克、……創造了威瑪文化「黃金20年代」。

歷史學家的三堂小說課

中國時報開卷版・
聯合報讀書人版書評推薦

最愚蠢的社會，
最細膩的報復！

狄更斯是憤怒的無政府主義者？
福樓拜是患有恐懼症的解剖師？
湯瑪斯・曼是叛逆的貴族？

讀小說的方法不只一種，史學巨擘彼得・蓋伊透過三部寫實主義經典，精采辯證了小說家超越現實的原則，他們對自身時代之蒙昧愚蠢所施展的細膩報復。

ISBN:986-7416-08-2
定價：250元

上癮五百年 Forces of Habit (第三版)

咖啡、菸草、大麻、酒的歷史力量

一支煙、一杯咖啡、一罐可口可樂、一杯烈酒、一部現代世界生活史的形成：咖啡、菸草、大麻、酒...正人君子所諱言的藥物，在歷史上的力量有多大？

1881年間，一位西班牙醫生接生了一個死嬰，
他狠狠吸了口雪茄朝嬰兒臉上一噴，
本來死寂的嬰兒開始抽動，
接著臉部一扭，哭出聲來。
這嬰兒即是畢卡索。

2002年中國時報開卷好書獎
聯合報讀書人、中央日報副刊、破週報書評推薦
David T. Courtwright◎著
ISBN：978-986-360-098-5
定價：350元

近代日本的百年情結

日本人論

當代日本社會心理學大師南博精心巨構
邱琡雯◎譯 南華大學亞太研究所教授
2003新新聞874期評論

日本人論研究的必讀書，
掌握時代動脈，
最具整合性的日本人論。
—總合研究大學院大學名譽教授 濱口惠俊

一百多年來，討論日本人的集大成之作，
網羅從明治維新到1990年代初期，
近五百本論著的豐富作品，
是近代日本人的自我意識史，
是深層的文化史，也是社會百態史。

ISBN: 978-986-360-016-9
定價：450元

ISBN:957-8453-39-6
定價：250元 見20頁

天才、狂人與死亡之謎

貝多芬的頭髮，
訴說了他創作巔峰後謎樣的死亡？
舒伯特、舒曼的抒情樂章，
譜寫著生命中不可承受的痛楚？
這些創造文學風流的大家，
因何承受欲死欲仙的苦痛？
他們是天才、是狂人、
他們的死亡是謎，
藏著不可告人的.....

傳染病在現代與歷史上，
對於個人與社會有什麼樣的影響？

中時開卷版、聯合報讀書人版、
中央日報副刊書評推薦

ISBN:957-0411-84-8
定價：390元

譯者簡介

邱琡雯

台灣大學政治學學士，日本一橋大學社會學博士，現任南華大學亞太研究所教授。主編《日本流行文化在台灣與亞洲II》（台北：遠流出版社，二〇〇三），譯作《近代日本的百年情結：日本人論》（台北：立緒出版社，二〇〇三；桂林：廣西師範大學出版社，二〇〇七）、《八重山的台灣人》（台北：行人文化實驗室，二〇一二），著作《性別與移動：日本與台灣的亞洲新娘（增訂一版）》（台北：巨流出版社，二〇〇五）、《出外：台日跨國女性的離返經驗》（台北：聯經出版社，二〇一三）。

我們階段性整理日本情結，也是重新認識日本和自我的一次機會，從「知彼知己，知己知彼」的過程中，找到屬於台灣人主體性的方位，這個方位既是多元的，也是辯證的。

作者簡介

南博（一九一四—二〇〇一）

生於東京，一九四〇年京都大學哲學系畢業，一九四三年取得美國康乃爾大學博士學位，赴紐約大學、哥倫比亞大學進行異常心理學和精神分析學的臨床研究。一九四七年回到日本，先在日本女子大學任職，隨即轉任一橋大學，一九七八年退休成為該校名譽教授，之後再轉赴成城大學任教，直到一九八五年退職為止。

他是引介美國社會心理學到日本的重要學者，除教學之外，並創立許多研究機構與社團組織，如社會心理研究所、日本心理中心、傳統藝術協會，還擔任國際應用心理學會常任理事、日本社會心理學會理事長、國際心理學聯合評議員、日本映像學會會長、日本新聞專門學校校長、全日本氣功協會會長、日本劇團協議會顧問等職。

主要著作有：《近代日本的百年情結：日本人論》、《日本人的心理》、《日本人的心理與生活》、《日本人的藝術與文化》、《日本人論的系譜》、《日本的自我》、《家族內性愛》、《體系社會心理學》、《行動理論史》、《人間行動學》等，另編著《近代庶民生活誌》（全二十卷）。

內容簡介

日本人可能是世界上最愛好自我定義的民族，而這是一本嘗試客觀整理「日本人看日本人」的專書，時間跨距從明治、大正、昭和、占領時期到現代，長達百年，因此也可說是一部日本人自我意識的近代史。

「日本人論」是指關於日本人的文化、社會、國民性特徵的論述，在不同的時代和社會背景下，發展出各式各樣的日本人論，探討日本人論的專書很多，本書可說是涵蓋層面最廣的集大成之作，網羅了明治維新到一九九〇年代初期近五百本論著，沒有其他書籍能提供如此豐富的資訊。

南博是二次大戰之後將美國社會心理學引介到日本的重要學者之一，特別從社會歷史、文化生產、意識型態等脈絡，探索文化與人格之間的關係。南博的《近代日本的百年情結：日本人論》主要把日本人論當成「文本」（text）來分析，日本人論多變的形式，乃是因應不同時期的社會、文化、經濟狀況以及國際情勢而被不斷生產與再生產，從這個立場出發，本書不僅爬梳日本人論的發展流變，也提供從多元層面解讀日本近現代史的探索路徑。

在日本自我追尋的漫長百年中，一直透過西方人來對照自己、找尋自己，「日本人論」論戰長期在與西方人對照下不停來回擺盪，彷彿只有西方人比日本人更高級、更上層、更值得模仿，而亞洲幾乎是不存在的。即便日本承認中國文化與文明對他們影響深遠，但在本書中可以清楚看到，近世以來的日本多麼渴望擺脫中國的束縛。

反觀台灣對日本的深層依賴，從被殖民至今的百年期間，反日、仇日、哈日、媚日等錯綜複雜的歷史情結不斷糾結台灣人的意識。因此，《近代日本的百年情結：日本人論》中文版的問世，不僅有助於

人名索引

あ 行

か 行

さ 行

な 行

は 行

ま 行

や 行

ら 行

わ 行

書名論文名索引

あ 行

か 行

さ 行

た 行

な 行

は 行

ま 行

や 行

ら 行

わ 行